孟　子

貝塚茂樹

まえがき

孟子が当時の日本人を知っていたとしたら、それはどんなものであったろうか。

中国の古代王朝、つまり殷《いん》・周《しゅう》王朝人は、周辺の異民族にたいする知識をどうして得たのであろうか。公式にこれを得る機会は、王朝の王が前王についではじめて即位式をおこなうときに、広く周辺の民族の代表者の参集、つまり朝貢を求めたさいに得られるのが例であった。この儀式はどんなしきたりでおこなわれたのであろうか。周王朝の場合は、成周つまり洛陽に参集させた儀式を述べたという「王会解《おうかいかい》」という一篇が『周書』のなかに残っている。

その最後に殷王朝の開祖の湯王《とうおう》が名宰相の伊尹《いいん》に聞いた、そのさいに各民族に朝貢品の負担をきめた「四方の献令」というのが付加されている。

東方の諸民族の九夷《きゅうい》のなかに、ひょっとすると日本人が入っていたかも知れない。注によると剪髪、つまりざんばら髪である。ということは中国人のように正式に衣冠をかぶらず、身体に「入墨《いれずみ》」を施していたという。中国人が見たのは恐らく九州あたりの漁民で海に潜水するさいに鱶《ふか》の害をさけるために「文身《いれずみ》」していた人たちらしい。そのさいに肌身離さず持っていた護身の匕首《あいくち》を献上したということである。

日本と中国との交流がはじまってから、日本人の知識人や官吏などが往来したが、そのころは中国人と同じ服装をしていたにちがいない。そして『孟子』のような専門の本も、しぜんに日本に伝えられたはずである。

儒教の創始者である孔子に対して、その継承者である孟子は、今まで孔・孟と並称され、聖人・賢人という儒教道徳を体現した理想的人格者として考えられてきた。私はこれにたいして、孟子を中国古代の戦国という時代のなかに生まれ、死んだ現実の人間としてとらえてみたいと思う。

『孟子』のテキスト、訳本、注釈書は、現在山のように出版されているけれども、さて興味をもって読めるものを捜すと、なかなか見当らない。そこで専門でもないのに、その役を引き受けることになってしまった。

貝塚茂樹

昭和六十年六月

目次

まえがき …… 3
I 孟子思想の時代背景――孟子の生きた戦国時代―― …… 15
1 渾沌とした時代 …… 16
2 新しい文化の息吹き …… 21
3 孔子の歴史的位置と諸子百家 …… 29
II 孟子の人と思想 …… 35
1 孟母三遷 …… 37
2 孟子の生涯 …… 39
一 不明な生卒年 …… 39

二　鄒という国……41
三　諸国遊説……45
四　政治への野心……48
五　晩　年……52
3　孟子の性善説……55

III　『孟子』という著作……59

著作解題……61
第一巻　梁恵王章句　上……64
仁義の徳……65
五十歩百歩……69
類推法の論法……74
仁者は敵なし……77
君主の資質……80

仁政とは……83
第二巻　梁恵王章句　下……100
衆とともに楽しむ……101
人材登用について……106
革命の容認……109
王道主義者孟子の汚点……111
孟子の占領政策……115
孟子のはで好み……119
第三巻　公孫丑章句　上……123
浩然の気……124
人に忍びざるの心……139
人間の職業と徳性……142
第四巻　公孫丑章句　下……145

天の時・地の利・人の和……146
王にたいする態度……149
責任の回避……157
孟子の一性格……159
第五巻　滕文公章句　上……163
井田制改革案……164
許行の農本思想にたいして……172
第六巻　滕文公章句　下……187
真の大丈夫とは……187
弁論を用いる理由……190
第七巻　離婁章句　上……198
政治の規矩準縄……199
修身の心得……203

政治家の悪癖……205
人民の心を得る……205
自暴と自棄……208
誠は天の道……209
人を見る目……211
偶然の妙……213
人間の欠点……214
第八巻　離婁章句　下……215
三　有　礼……215
孟子の大人観……218
君子の求道……220
人間たる所以……222
歴史批判……223

故の本質……225
君子たる所以……226
君子の目……229
第九巻　万章章句　上……233
父母への情……233
政権授受の正統性……238
第十巻　万章章句　下……243
孔子への賛美……244
孟子の就職観……248
尚論・尚友……250
譜代の大臣・外様の大臣……251
第十一巻　告子章句　上……254
人間の本性……254

人間の善・不善……257
人間の生と性……258
仁内義外……260
善か悪か……264
心の一致点……267
理性の重要さ……270
天爵と人爵……272
第十二巻　告子章句　下……274
『春秋』の解釈……274
官僚軍人批判……278
第十三巻　尽心章句　上……280
安心立命の根本……280
人事を尽くして天命を待つ……282

自我のなかにおいて求める……283
万物皆我に備わる……284
良知・良能……285
人間の三楽……286
第十四巻　尽心章句　下……288
春秋に義戦なし……288
歴史書の読み方……289
民主主義的思想……291
儒教への確信……292
孟子関係年表……294
語句索引……311

孟子

I 孟子思想の時代背景——孟子の生きた戦国時代——

1 渾沌とした時代

西周から東周へ

中国の春秋時代のあとの、孟子の生きた戦国時代とは、いったいどんな時代だったのだろうか。孟子の思想や行動を理解するためにも、そのころの時代状況を予《あらかじ》め追ってみたいと思う。春秋、戦国という時代区分は、有名な歴史書である『春秋《しゅんじゅう》』と『戦国策《せんごくさく》』にもとづいて生まれた。

前五、六世紀ころの中国では、先祖代々、世襲化した太史《たいし》などとよばれる史官が、政府の公式記録を、年代的に書きとめておく習慣があった。当時、曲阜《きょくふ》（山東《さんとう》省曲阜県）に都した魯《ろ》国の史官が残したこういう記録をもとに、儒教《じゅきょう》の創始者で知られる孔子が、筆を加えて編《へん》纂《さん》しなおしたものが『春秋』であるといい伝えられた。前七二二年から前四八一年におよぶ、『春秋』が語るこの約二百四十年間は、孔子を祖とする儒教者たちからみると、まったく末世の様相を呈していた。前七七〇年、陝西《せんせい》省に根拠をおいていた西周の都（西安《せいあん》）が、北方の蛮族《ばんぞく》によって踏みにじられ、河南省の洛陽《らくよう》にのがれて東周王朝をたてた。この周室東遷につづく時代であるから、諸国はうちつづく内憂外患《ないゆうがいかん》に秩序を失い、君主を弑《しい》する臣下や、父を殺す子が横行するといった収拾《しゅうしゅう》のつかない渾沌《こんとん》たる時代であった。儒教学者は、孔子が、このように道徳のすたれた社会や、道義を忘れた臣子の行動に忿懣《ふんまん》やるかたなく、理想とする西周の制度を復興し、大義名分をたてなおそうと考え、こうして世に問うたのが『春秋』だと信じた。

孔子は、「春秋の筆法」という言葉があるように、勧善懲悪《かんぜんちょうあく》を念頭とした厳正な批判を魯国の年代記に加えたとされているのである。

春秋時代は西周の滅亡後五十年を経た前七二二年にはじまっているが、おおまかにいって春秋時代とは、東周時代の前期だと考えておけばまちがいない。

これにたいして戦国時代は「春秋」の終わった前四八一年以後、前二二一年の秦《しん》の始皇帝《しこうてい》の統一にいたるまでの東周時代後期をさす時代区分である。しかし、この時代のはじまりについては、従来、いろいろの説がたてられていた。最近は春秋時代の中原《ちゅうげん》の最大強国であった晋《しん》が、その豪族であった韓《かん》・魏《ぎ》・趙《ちょう》三氏の手で実質的に分割された前四五三年を当てる説がおこなわれているが、また年代をすこしさげて、三氏が周の王室から諸侯として認可された前四〇三年とする説が、古くから中国では有力であった。

戦国という言葉は前漢の末、紀元前後に最終的に編纂された『戦国策』という本からでてきている。『戦国策』の作者は不明であるが、その内容は、春秋時代から南方の強国であった楚《そ》国とならんで、中原の韓・魏・趙・斉《せい》らの勃興《ぼっこう》に辺境の秦・燕《えん》など七つの強国ができて、覇権《はけん》をめぐって猛烈な外交と戦闘を展開する。その間、外交舞台におどった幾多の雄弁家の弁論を中心として、諸国間の抗争や政治家・遊侠《ゆうきょう》・刺客《しかく》などの話を集めたのが『戦国策』という書物である。

戦国時代とは、つまり七つの国がはげしく対立し、当時第一流の外交家とか従横《じゅうおう》（縦横）家《か》とよばれる雄弁家たちが、たがいにしのぎをけずって説をたたかわせた時代であった。『戦国策』は、かれらの弁論集であり、『春秋』のような年代記ではないから、その時代ははっきりきめられない。中国最初の歴史家、司馬遷《しばせん》は、春秋時代につぐ戦国時代を、新興の七国から秦をのぞいて六国《りっこく》時代と定義しているので、これにしたがい戦国時代を東周後期をさす名称としてつかった。

西周の文化は、文王という中国屈指の偉人によって基礎がおかれ、その子の周公旦《しゅうこうたん》の手で完成されたと伝えられる。周公は孔子がもっとも崇拝してやまない人物であるからというだけでなく、孔子の祖国は、周公の子孫がたてた魯でもあるから、周公が創設した西周の文化を理想のものとし、それに異常なまでの憧憬《しょうけい》をいだいたのである。中国の歴史家たちは、儒学者でもある。だから儒教の創始者、孔子の理想の人物である周公は、そのままかれらの理想の人物となった。ところが不幸にも、孔子をはじめ歴史家たちにとって、理想的な国家であり、完備した制度・文物であるはずの西周とその文化（礼）が、しだいに崩壊していった。春秋戦国時代は、こういう周国の完成した理想の文化と制度が崩壊してゆく、悲しむべき過程の時代にあたる。春秋戦国時代はいずれも文化の衰退の時期として、とらえられてきたのである。

たしかに春秋と戦国時代はかれらのいうとおり、西周の文化が崩壊していく過程にあたるが、よく眺めると、両者の間にはいちじるしいギャップがあり、するどく対立するもののさえ、しばしば認められる。まず具体例を政治面に求めてみよう。

祭政一致の伝統

西周王朝の政治は、祭政一致という点に特色がある。当時、各地に小都市国家が散在した。そこには周の一族や功臣が分封《ぶんぽう》されていたから、周とこれらの都市国家との関係は、いわば本家と分家の関係であり、分家は本家でとりおこなわれる祖先の祭りに参加する義務を負っていた。周の王室は宗家として宗廟《そうびょう》の祭祀《さいし》をおこなうときは、分家たる諸侯をよび集め、各々に適当な役目を割りあて、かれらのつながりを緊密《きんみつ》にたもち、ひいては宗室にたいする諸侯の忠誠を確認しようとした。このように祖先の祭祀を媒介にして政治をまとめるのが祭政一致であり、現代風に表現するとテオクラシー（神権政治）である。

春秋時代になると、周王室と諸侯との血縁関係が希薄《きはく》になるにつれて、宗廟の祭りにたいする信仰もしだいに失われてゆくのはやむをえない勢いであった。しかし、国の大事は祭りと兵とにありというように、国の大事といえば、やはり祭祀と軍事であった西周時代の風習は、かなり根強く残っていた。たとえ東周王朝は、実質的に中央集権的な統治力をなくしたといっても、列国はまだいぜんとして周の王室を、本家つまり宗主と認めていたので、観念的には中国全土を支配しているという伝統的権威が残っていた。

春秋列国はたがいに熾烈《しれつ》な権益闘争を展開したが、それでも対立する諸国が宗廟の祭りを中心に一堂に会する、いわゆる会盟が開かれていた。この会合のおりに、諸国の大臣たちはそれぞれ自国のもっている伝統的な権利を主張するならわしがあった。この主張を発表する場合、その根拠となる古いしきたりがあって、周王朝の祭祀をもととする宗教的な行事についての各国の役割と序列や、各国の建国などの故事来歴《こじらいれき》が、かなりの影響力をもっていた。このような宗教的行事や、有職故実《ゆうそくこじつ》に通暁《つうぎょう》している人びとが、思想界の権威者と認められ、また第一等の外交官と称賛《しょうさん》されていた。各国の代表者は、あらんかぎりの記憶をさらけだして、故事来歴などを滔々《とうとう》とまくしたてたものであった。

祭祀の儀がとどこおりなく終わると、盛大な酒宴が設けられる。ここでも、故事来歴に明るい、古典に造詣《ぞうけい》の深い教養豊かな人びとが、すぐれた外交官としておおいにもてはやされる。かれらは暗誦《あんしょう》している『詩経《しきょう》』のなかから、その場にふさわしい文句を適宜に選びだして宴会の席上でこれを朗誦し、かれらの立場を象徴的に説明したのであった。春秋時代の文化は饗宴《きょうえん》の文化であったといえるであろう。

2　新しい文化の息吹き

西周文化の崩壊

戦国時代になると様相は一変する。この時代には、周を総本家とする観念はまったく影をひそめ、宗廟の祭りなどという伝統的信仰は完全に失われてしまった。春秋時代と同様に、列国の会盟がおこなわれたが、その席上では、たがいの権益を露骨に主張しあっただけであった。すでに宗教的な意義を見失っているので、自国のもっている経済的・軍事的な実力をバックに、自己の利害をいかにアピールするかが第一に重視された。また誓約をとりかわすにあたって、血をすすりあうならいであった。このとき、先にすすった者が上位を占めるという、この盟約地位の先後の順位だけが問題となる傾向が生じてきた。これらはまったく実力に左右されるもので、実力闘争の時代になったといえる。

祭祀に付随する宴会も、戦国時代になると消失し、会盟はただ論議をたたかわすだけの場となった。春秋時代の宴会外交から実力外交へと大きく変貌《へんぼう》した。そうなると、故事や古典などの伝統的教養は、もはや重要視されなくなり、かえって各国の利害関係とか、経済・軍事など目前のことに熟達した遊説家《ゆうぜいか》、雄弁家《ゆうべんか》が要求され、珍重《ちんちょう》されてくる。蘇秦《そしん》・張儀《ちょうぎ》などの従横《じゅうおう》家がはなやかに登場し、歴史の舞台にみごとな色どりをそえる準備が、こうしてできあがるのである。

春秋と戦国の二つの時代は、このように色々の面で大きな差異がある。いずれも祭政一致という西周の伝統的文化が段階的に、しだいにおとろえ、ついに根底から崩れ去っていく時代であることは、疑うべくもない事実である。前にもいったとおり、儒者流の歴史家は、つい近年まで、この段階的な崩壊を衰退と堕落として、悪口雑言《あっこうぞうごん》をあびせてきた。それは中国の伝統的な歴史観からみればたしかにそうみられるであろうが、この歴史観は歴史事実をよく調べてみると、大きな誤りを犯していたことがわかる。

第一に、かれらは西周を中国史上でもっともりっぱな王朝だったと考えているが、これは自分たちが勝手につくりあげた幻影にまどわされているのである。

この西周王朝の歴史自体は、たしかな編年的記録がないため、その実体はあまりよくわからない。そういう不確実な史料をもとにしたひとつのイメージにすぎないからである。中国の歴史年代がややはっきりするのは、前八四一年、周の宣王《せんおう》の時代からである。しかし政治とか文化の推移が不完全ながらも、年代的に一貫してわかるのは、前七二二年から前四八一年、『春秋』にしるされた時代である。この書物によって魯《ろ》の国をはじめ、ふつう十二列国とよばれる春秋諸侯国の動静が、おぼろげながらも知られる。それ以前は、たとえ『詩経』や『書経《しょきょう》』などの古典が伝わっていても、クロノロジー（年代学的記録）は欠けていて、歴史はほとんど不明であるから、西周の文化というけれども、その内容を歴史的にときあかすことは至難である。史料のきわめてとぼしい西周の歴史は、史料的には暗黒時代に近いのである。

新国家制度への移行

従来、春秋時代は十二列国が分立し、国内戦をたえずくりかえしていたという点では乱世であり、周王朝の立場からみると、国威が漸次衰退した時代だとみられてきたが、この考え方は少し視野が狭すぎる。中国民族全体に視点をおきかえてみると、殷《いん》がほろんだ後、中国各地に散在した周の植民地都市群が、河北平原のいたるところに定住していた異民族を同化しながら、未開発の領域を開拓していった時代である。

春秋時代もなかばを過ぎると宗教的な観念が失われ、他国をほろぼすことに、さしたる障害もなくなり、小都市国家はつぎつぎと併呑《へいどん》され、戦国の七雄が決定する。この七国は、もはや都市国家の連合体ではなく、実質上、完全な統一国家、領土国家の性格を備えたものであった。さらに七国の統一過程において、新たに征服した国を存続させず、官吏を派遣して地方をおさめさせる中央集権的なシステムが生まれてきた。これが素朴な形式の郡県制度であって、その萌芽はすでに春秋の中ごろに求められるが、完全な国家制度になったのは戦国時代に入ってからである。

桓公と管仲

周の封建制とは各地方を直接統治するものではなく、間接的に支配する政治制度であった。春秋時代を経て、古い制度である祭政一致という都市国家の政治が崩壊し、戦国時代になって郡県制度が起こった点を熟視すると、この時代に、のちの王朝国家に発展する下地が育《はぐく》まれる。これも過渡期にふさわしい現象と思われる。

春秋戦国の文化的概観

さて、文化的な面から両時代の特色をながめると、西周の後半期には文化の発達がめざましく、社会の姿も初期とはかなり変化し、古い貴族である大土地所有者がおとろえ、商工業を中心とする新興貴族が生まれていた。この傾向は一時代おくれた春秋初期の小都市国家群にもあらわれはじめる。その先陣をうけたまわったのが鄭《てい》と衛《えい》で、鄭は商人層が、衛は手工業者が勢力をもっていたといわれる。両国はこれにともなって音楽などもかわり、儒教がオーソドックスだと認める古典音楽に対し、鄭衛の楽とさげすんだ新体の歌謡音楽がさかんとなった。この意味で春秋初期の文化を創造し、指導的な役割を果たしたのは、もっとも洛陽《らくよう》に近い新たに抬頭《たいとう》してきた商工業者を支えとする鄭・衛の二都市国家であったことになる。この傾向を一歩つきすすめたのが東の斉《せい》である。現在でもそうであるが、山東省《さんとう》では乾燥しているため製塩業がさかんにおこなわれ、大量に生産されている。塩は必需品でありながら貴重品であったから、製塩業は、またとない企業である。これに着目した斉の桓公《かんこう》は、宰相管仲《かんちゅう》のすすめもあり、経済開発の一環として製塩をはじめ、さらに製鉄にも手を染《そ》めた。

戦国時代の鉄製農具

製鉄は周の初期にも若干《じゃっかん》おこなわれたが、春秋のなかばごろまでは、主な武器とか道具には青銅が使われていた。桓公は真っ先に製鉄業をおこし、武器よりも主に農具に利用した。それまでの農具は鎌《かま》・犂《すき》などに青銅を使う以外は、ほとんど木製であったのにくらべ、たいへんなちがいである。鉄製農具の出現は、治水《ちすい》・灌漑《かんがい》の技術を刺激して大規模な灌漑がおこなわれるようになり、農具の改良と連繫《れんけい》のうえに、農業技術は飛躍的な発展を遂げることになった。その基礎を築いたのは勃興《ぼっこう》する商工業者であることはいうまでもない。春秋時代まで、土地所有の形態は日本の荘園《しょうえん》に似ており、地方では農村共同体が中心となり、その間に領主による封鎖的な土地所有がおこなわれていたから、けっして能率の高い生産体制ではなかったはずである。ところが戦国時代になって農業技術が進歩すると、領主的所有から地主所有の形態へうつり、新興地主のもとでさかんに土地改良がはかられ、生産力も格段に高まったと思われる。王朝国家は領主経済ではなく、地主経済のうえに成り立つものであるから、戦国時代に地主経済の基礎がおかれたのは、きたるべき王朝国家の誕生を予想させるものである。

商工業の発達にともない、膨大《ぼうだい》な人口を擁《よう》する大都市が林立する。ことに七国の都はそれぞれ大規模な都会となり、斉の首都臨淄《りんし》などは、その盛時には戸数七万をかぞえ、成年男子だけでも二十一万、人口およそ五十万以上といわれる。のちの唐時代まで大都市といっても、これをこえるものは少なかったのだから、この大都市の成立という点ですでに戦国時代はひとつのピークに達していたことになる。

都市国家の拡張

地理的にみると、春秋から戦国にかけて、黄河流域の広大な原野は運河などの開鑿《かいさく》によって、耕地にかわり、だいたい開拓しつくされてしまう。中国の古代文化は最初黄河流域におこってくるのだが、その完成は、西周時代ではなく、黄河の開発がすすめられた春秋から戦国時代にかけてなしとげられるのである。黄河流域の開発がすすむと、中国の勢力は周囲へ徐々に伸び、異民族との対立を深める。北方では匈奴《きょうど》をはじめ、草原地帯に住む騎馬民族との争いがはじまり、しだいにこれを北へ圧迫して長城を築き、かれらが不時に侵入するのを防いだ。漢民族の居住地は長城が北の境界線となっているが、それが確定するのもこのころである。南では南方の異民族が漢民族のところへ侵入するということはなかったので、北とはちがい闘争の過程を通じて同化するのではなく、平和裡《り》に開発と同化がすすめられた。揚《よう》子《す》江《こう》中流の武《ぶ》漢《かん》地方、さらに上流の四《し》川《せん》省の一部、下って江南地帯の開発も春秋末期から戦国にかけておこなわれた。その先駆をなすものが武漢一帯に覇権《はけん》を確立した楚《そ》であり、中国の穀倉地帯といわれる、揚子江下流のデルタ地帯に国をたてた呉《ご》・越《えつ》である。西周時代、これらの地方にも植民地都市が建設されたが、本格的に開発されたのは、春秋時代であり、この地に楚や呉・越のような土着の都市国家が生まれたのである。これらの国々は中国の宝庫といわれる自然条件を背景に勢力をのばし、まず楚が中原《ちゅうげん》へ進出し、ついで越が呉を破って北に領土をひろげ、山東省の瑯琊《ろうや》に都をうつして春秋最後の覇者となるのである。

前述のとおり、貴族制が春秋時代に崩壊し官僚制にかわったが、春秋から戦国にかけて政治のうつりかわりはどうかというと、春秋時代はまだ従来の貴族が政権を握っており、君主はあたかも日本の天皇のように、祭祀の主宰者で俗界のことにたずさわることはできなかった。したがって実権は卿《けい》という大臣職を世襲する有力貴族の手にゆだねられていた。この貴族は春秋初期には同姓の家から出たが、後半になると異姓の貴族が有力者となる者が多くなった。

3　孔子の歴史的位置と諸子百家

歴史の方向の決定者孔子

春秋末に出た孔子は、魯《ろ》の出身であるが、かれの先祖は、宋《そう》の国から魯へ亡命してきた貴族である。孔子の父は身分は低いが武勇にひいでていたので、魯の貴族に仕え、侍大将ともいうべき地位にあった。当時、孔子の家のような新興の家は、貴族の家臣となってひとつの階層を形づくっていた。孔子はこの階級の出でありながら、周公を崇拝し、周公のはじめたという周の制度を復興して、世の混乱を救おうとしたので、一種の復古的な立場に立った革新主義者とみられる。かれは異常なまでの情熱を傾けて、魯の横暴な貴族を倒し、実権を君主の手に奪いかえし、その君主のもとで民主的な社会をうち立て、古代都市国家の伝統を再現しようと念願した。しかし、この運動は失敗に帰した。かれは、やむなく自己の理想実現を他国に求め、国をすてて流浪《るろう》の旅をつづけたがこれらはすべて失敗してしまった。翻然《ほんぜん》と悟ったかれは、帰国すると社会改革の夢をすべて弟子の育成に託《たく》し、弟子の手を通じて実現しようときめた。こうして孔子のアカデミーが開かれる。

孔子の弟子はおおむね新興の武士階級に属する人びとで、かれはそのころ貴族の教養書であった『詩』とか『書』などをはじめ、礼の学問を非常な努力をはらって習得し、この教養を新興階級の人間形成に役立たせようと考えた。その弟子である新興の武士階級は、やがて僭主《せんしゅ》の家臣となり、戦国七強の国家形成になくてはならないものとなる。七国での君臣関係はこういう私的の主従関係で結ばれていた。そのなかでは武士階級がかなりの数にのぼっていたから、これがこのまま放置されると、日本の徳川時代のような封建国家になっていたかも知れない。孔子の弟子たちは各国へ分散して、各国の君主に招かれ師となり最高の官吏となり、政治顧問の地位についたから、政治的な影響はきわめて大きかった。まことに孔子教団に育った弟子たちが、やがてあらわれる中央集権的性格を備えた新官僚群を生みだす母体となったともいえる。かれらの努力によって、秦・漢など中央集権国家が、封建国家でなく官僚制的国家となり、武力中心の国家ではなく文治国家となりえたのであって、中国の歴史の方向を決定したのである。ただし孔子自身、かならずしもそれを意図して弟子を教育したのではなく、中央集権国家が形成されていく過程において、孔子の思想が取り上げられていったのであった。

中国の文化遺産は偉大なものであった。易姓《えきせい》革命によって幾多の王朝がおこり、そしてほろんでいったが、孔子の思想学説は子孫や弟子たちへ綿々《めんめん》と伝わり、また現在まで孔子の家は中国第一の旧家となっているのである。だが儒教の学説は孔子の死後、いくぶん変化した。孔子の学説を原始儒教《じゅきょう》とすると、これはつぎの戦国時代には、これを母体として弟子たちの間に異説を生み、さまざまに分裂していった。

百家争鳴の時代

はじめこの儒教文化が導入され盛行するのは、賢君の誉《ほま》れ高い文侯《ぶんこう》の統治する中原《ちゅうげん》の文化国家、魏《ぎ》であった。文侯は孔子の高足子《こうそくし》夏《か》をはじめ多くの学者を招き、学芸をおこした開明君主であった。この人の下《もと》で、孔子一門はあるいは文侯の師となり、あるいは最高顧問となって、儒教的な理想をもって法典を制定し、新しい集権国家の原型をつくりあげていった。

こうした孔子学派の業績が一段とすすめられるのは、魏の東にある斉の都、臨淄《りんし》においてであった。斉の威王《いおう》と宣王《せんおう》は強く文化政策を推進した。五十万をこえる人口を誇る臨淄城の稷門《しょくもん》付近に、堂々たる邸宅をかまえ、全国から学者を招聘《しょうへい》して一種の文化区域をもうけた。稷下《しょくか》の学士とよばれるこれら文化区域の住人のなかには、孟子も含めて多くの孔子学派に属する人びとのほかに、道

孔　子

家・法家・名家などの多方面な思想家がおり、いわゆる諸子百家の黄金時代をみごとに開花させた。

戦国時代はもっとも自由な思索ができた時代で、多数の思想家が輩出し、独自の思想を展開する百家争鳴《ひゃっかそうめい》の時代である。諸子百家といわれるこれら思想家が、なぜ戦国時代に、一時にあらわれたのであろうか。

前四五三年、七国の対立がはじまってから、秦の始皇帝が天下を統一するまで、約二百三十年の長期にわたり、国力の匹敵する七つの強国が対立抗争するのは、中国の歴史上、実にめずらしい出来事である。戦国の七雄は、国内の政治がかなり安定していたからこそ、二世紀半という争いがつづけられたと思われる。分裂抗争の時代には富国強兵策が何にもまして優先する。

熾烈な人材争奪戦

各国は他国を制圧するため、あらそって政治・経済・軍事・外交などにひいでた人材を国籍と出身を問わず全国から招聘《しょうへい》し、かれらの指導のもとに大胆な制度の改革を実施し、政策を、そして戦略体制を強化した。この対立する強国の人材争奪戦は熾烈《しれつ》をきわめ、人材獲得に失敗すると、いかなる強国もたちまち劣者の位置に転落するおそれがあった。

いっぽう学者や思想家たちは、いろいろ独創的な改革案を大胆に提出し、その国で受け容《い》れられなければ他国へとわたり歩き、遊説家の行脚《あんぎゃ》が自由におこなわれた。戦国時代では後世の統一国家とちがい思想の統一がなく、自由な気風がみなぎっていた。こうした開放的風潮を背景に、あらゆる面で独創的な毛色のちがった学問が続出した。中国の思想はやがて伝来する仏教思想の影響を受け、大きく変化するが、仏教をのぞく中国のあらゆる思想の原形は、この時代に完成されたものであった。

百家争鳴の招来された、もうひとつの原因は、従来政治的・文化的に指導的役割を果たしてきた旧貴族階級が没落し、下剋上《げこくじょう》の傾向が助長され、実力のある者は、家柄や身分の上下を問わず、才能によってとりたてられ、身分制度が完全に崩壊し去ったからである。社会の進歩を阻害《そがい》していた身分制が撤廃《てっぱい》され、何人《なんぴと》も才能に応じた地位が与えられる可能性があった。これを基盤として豪華絢爛《けんらん》たる学問思想の花が咲きほこったのである。

戦国時代の九流百家の思想は、秦の始皇帝によって統一され、さらに漢帝国が出現すると、儒教を中心に統合された。けれども思想統一の後でも、これら幾多の思想は中国思想界の底流となり、深い影響をおよぼしたのである。

中国思想史上でも文化基礎形成上でも特記されるべきこの時代に、孟子は生まれ、育ち、活躍の場を諸国に求めたのであった。

II　孟子の人と思想

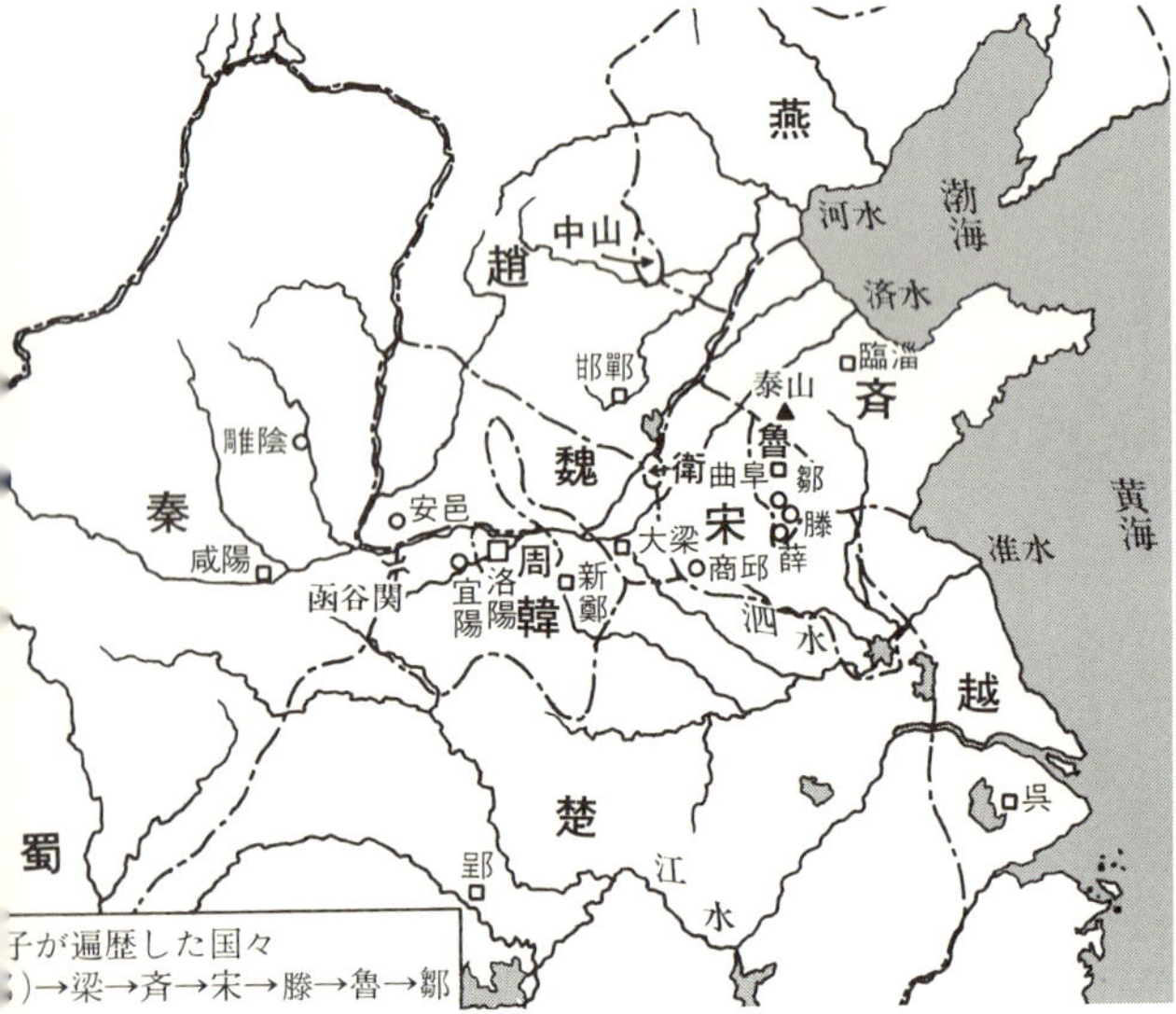
燕
河水
渤海
中山
趙
済水
邯鄲
臨淄
泰山
斉
雕陰
魏
衛
魯
曲阜
鄒
安邑
秦
宋
滕
黄海
咸陽
周
大梁
薛
淮水
函谷関
宜陽
洛陽
新鄭
韓
商丘
泗水
越
楚
呉
蜀
郢
江水
子が遍歴した国々
)→梁→斉→宋→滕→魯→鄒

孟子のころの中国

1　孟母三遷

『孟子』という本は、孔子の『論語』などとならんで四書のひとつである。わが国でも儒学のもっともよく知られた本である。戦前のわが国の国定教科書に載《の》っていた関係から孟子の幼時についてよく知られているのが、いわゆる「孟母三遷《もうぼさんせん》」の教えである。

孟子は幼少のころ、家が墓場のそばにあったので、いつも墓場で遊んでいた。孟子が墓掘りや埋葬《まいそう》の真似《まね》をしているのを見つけた母は、子供を育てるのにいい環境ではないといって、市場の近所に転宅《てんたく》した。孟子がこんどは商人のせり売りの真似をはじめているのを見た母は、ここもよくないといって、すぐ学校のそばに移った。孟子はさっそく、学校の礼の実習を真似て、神さまにお供《そな》えをあげ、主人と客とで譲り合って挨拶《あいさつ》をかわす作法《さほう》をおこないはじめた。孟子の母は、ここが子供を育てるのにほんとうに相応《ふさわ》しい場所だったとよろこんだ。孟子が成長して、ついに大学者と

孟母三遷祠

なる素地《そじ》は、母の教育熱心のおかげでつくられたのだという話である。

この話は、孟子の死後およそ三世紀、前漢《ぜんかん》の終わりころの学者で、漢政府の図書館長として有名な劉向《りゅうきょう》の著作であり、古代の模範的女性の伝記を集めた『古列女伝』にはじめて書かれたものである。これよりも百余年以前に司馬遷の書いた『史記』にも載っていないので、どのくらい古くまでさかのぼれる話か不明である。無名の父母の間に生まれ、幼時あまり恵まれない生活を送りながら、母の励ましによって勉強したという話が、『古列女伝』のなかにもうひとつ、「孟母断機《だんき》（織《しょく》）」として語られている。

青年となった孟子は、師を求めて他国に修業に出かけたが、いや気がさして中途で故郷の家に帰ってきた。ちょうど機織《はたおり》の仕事中であった母は、黙って刀でぷっつりと織りかけの布を断ち切ってしまった。孟子がびっくりしてたずねると、「おまえが中途で学問をやめるのは、この織りかけの布を断つようなものだ。それでは学者で身を立てることはできず、他人の使い走りをする身分に終わるだろう。織りかけの布を断ったのは、これをわからせるためなのだ」と、母はじゅんじゅんとさとしたという。孟子は発奮《はっぷん》してふたたび学業にもどり、ついに大学者となることができたと述べている。

この話も前の話も、実話かどうかは保証できないが、母の励ましで苦しい生活に堪えながら勉強したという話が、紀元前後、いろいろの説話となって民間で語りつがれていたことがわかる。

2　孟子の生涯

一　不明な生卒年

孤高の一生

孟子の故郷の鄒《すう》国は、孔子の祖国である魯《ろ》国の南隣の小国であった。魯国の首都である山《さん》東《とう》省西南部の曲阜《きよくふ》県と鄒国にあたる鄒県とは、わずか十キロぐらいしか離れていない。曲阜の位置は現在とそのままかわらないけれども、孟子の生きていた戦国時代の鄒国の都は、現在の鄒県よりはやや南東にあったと推定されているが、それでも曲阜から十五キロぐらいのところにあった。

鄒の都は嶧山《えきざん》の南麓《なんろく》の要害の地にあったと伝えられている。嶧山は秦の始皇帝が東方に巡遊したとき、立ち寄ったといわれる名山であった。一九三六年八月、かつての東方文化研究所の同僚の塚本善隆君とともに山東旅行に出かけたとき、曲阜の見学を終えて、津浦線を南下する車中から遠望したことがある。列車からやや東方の平野のなかに屹立《きつりつ》しているのが印象に残っている。山東省西南部の泗水《しすい》中流の平野のなかに、独り離れてぽっつりそびえている嶧山は、この麓《ふもと》に生まれ育った孟子の孤高の一生を象徴しているように見える。

孟子の本名は軻《か》で、他人からよぶ字《あざな》は子車、または子輿といったと伝えられているが、字のほうはあまり確かでない。いつ生まれ、いつ死んだかも、実ははっきりしていない。祖師《そし》の孔子のほうは、魯国の年代記である『春秋』の注釈の『穀梁伝《こくりょうでん》』に魯の襄公《じょうこう》二十一年（前五五二年）十月二十一日の生まれだということが書かれているし、死んだのは魯哀公《あいこう》十六年（前四七九年）夏の四月十一日だと記されている。

ところが、孟子のほうは生卒の年代がはっきりしていない。司馬遷《しばせん》の『史記』「六国《りっこく》年表」の戦国時代は誤りが多く、記述も正確を欠いている。戦国時代の魏《ぎ》国の年代記が、晋《しん》の時代の魏の王墓から、竹簡《ちくかん》に書かれたのが発掘され、『竹書紀年《ちくしょきねん》』または『汲冢紀年《きゅうちょうきねん》』とよばれた。しかし、宋《そう》代以後に佚《いつ》してしまって、諸書に引用され、佚文《いつぶん》が残っているだけであるので、戦国時代に関しては、年代記がもとのまま残っていないので、孟子の事績《じせき》で確かに知ることはむつかしかったのである。

生卒年研究

したがって孟子がいつ生まれ、いつ死んだかは、孟子の著書とされている『孟子』にも載っていないが、『孟子』をもとにして推測するほかはない。生卒年代については、いろいろの学説が発表されているけれども、まだ定説となっていない。

戦国時代の思想史の研究者で、もっとも著名なのは銭穆《せんぼく》と羅根澤《らこんたく》であり、前者は『孟子要略』（民国二十二年、一九四三年）、後者は『孟子評伝』（民国二十一年、一九四二年）という伝記をあらわしているけれども、その年代については、紀元前三七〇年から、前二九〇年ごろまでと概数を挙げるに止《とど》まっている。孟子の年譜についても、昔からいろいろ説が出ているけれども、戦国時代の紀年について精細な研究をおこない『戦国紀年』の大著を著した清末の林春溥《りんしゅんふ》が『孟子時事年表』を著した。彼も孟子の年代を前三七二年から前二八九年と概算している。私は孟子の伝記を書くのに、主としてこの林春溥の年表を参考にした。この前三七〇年から前二九〇年ごろという年代は、I部でもすでに述べたように、戦国時代の中期で、独創的な諸子百家の思想家たちが輩出した、中国思想の黄金時代に相当している。

孟子像

二　鄒という国

文公の英断

戦国時代の孟子の生まれたころの鄒《すう》は現在の鄒県城

から南約二十キロはなれた紀王城とよばれる古城にあたるとされている。一九六四年に中国科学院考古研究所が工作班を派遣して調査したことがあり、その報告が『考古』一九六五年十二号に発表されている。それによると、先に述べた嶧山という海抜五百五十メートルの山の南麓に位置した、およそ一キロ半余りのやや不定形の矩形《くけい》の城壁が残存しているそうである。魯国の年代記の如《ごと》き形をとっている『左伝《さでん》』に前四八八年魯軍が邾国《ちゅ》（春秋時代、鄒を邾国とも書く。魯の隣の小国）に進攻したとき、邾国民たちは都を放棄して嶧山に山籠《やまご》もりしたと述べている。

北魏の酈道元《れきどうげん》（？—五二七年）の『水経注《すいけいちゅう》』（巻二十五）によると、邾の都の北に嶧山の岩山が高くそびえていて、岩の洞穴がつづいていて、戦乱のさいにはここにのがれて戦禍をさけるといっている。その要害の有様は、現在の紀王城と一致しているので、ここが邾の国都の遺迹であったと認めてもよさそうである。

ここが邾国の遠い祖先の文公《ぶんこう》が遷《うつ》ってきた都であるが（前六一四年）、その前に文公が亀の甲の卜《うらな》いをさせると、卜師《ぼくし》は「人民には吉ですが、君主には不吉だ」と報告した。文公は「人民に吉であることは、とりもなおさず君主自身の吉である。天が民を地上に生みだし、そのために君主を立てたのだ、民に幸福であれば、自分は必ずこれにあやかれる」といった。臣下は「長命になれるときまっているのなら、わが君はこれに従って遷都を見合せられないのですか」とすすめるのに、これをことわって遷都に踏みきったところ、間もなく文公は病死することになった。

この文公の英断のおかげで、百二十六年後に魯軍が邾のこの都城を囲んだとき、嶧山にこもって難をさけることができたのである。この一場の物語はおそらく邾国に口頭で伝承され、邾国の英雄伝説が魯国の年代紀をもととして『左伝』に載せられたものであろう。

邾国初期の歴史

この邾国の初期の歴史はよくわかっていない。『左伝』とならんで『春秋』の簡単な記事を補い注釈する『公羊《くよう》伝』と『穀梁伝』とが並立しているが、その『穀梁伝』の冒頭の魯の隠公《いんこう》元年（前七二二年）三月に「隠公が邾儀父と眛という地で盟約を結んだ」という『春秋』の本文にたいして、伝が邾義父といってその字《あざな》でよんでいる。邾国王の本来の爵号によって「邾子」とよばなかったのは何故であったのか問題とし、それは邾国の上古がはっきりせず、周王朝によって爵号を授与されなかったからだと説明している。春秋時代（前七二二―前四八一年）より昔の邾国によって、よるべき文字に書かれた史料が欠けていたとされていたのであり、そのころはまだ伝記が口頭で伝承されていたものと思われる。『公羊伝』『穀梁伝』などの『春秋』の注釈もまた口頭で伝えられていたのであった。

『左伝』に記せられている、前六一四年邾文公が、魯国の都曲阜の附近の旧邾国都から、現在の鄒県の東南の嶧山の南麓に都を遷すにあたって、邾国内に異論が出たらしい。亀甲《きっこう》の卜いがおこなわれ、卜師のこれが君主の邾文公の身に不吉なことが起こるのではないかという危惧《きぐ》を押し切って移軒が強行されたが、果たして五月に入って、邾文公が病死したので、『左伝』は、君子すなわち心ある人が邾文公が運命を予知しながら、よくも決断を下したと賞《ほ》めたたえている。

この君子曰《い》わく云々《うんぬん》とは、事件当日におこなわれた評言ではなく、むしろ『左伝』の作者が、この一場の物語をしめくくるために附加した教訓にすぎないと言われるかも知れない。

それよりも私が注意を促《うなが》したいのは、卜師が邾の文公に「民には吉であるが、君には不吉だ」と判じたのにたいして、文公が「民に吉であるなら、自分に吉であることだ。民に吉であれば、それは自分もあやかるのだ」と答え、臣下が「わが君の御寿命が延びるのですから、なぜ遷都を御見合せにならないのですか」とのすすめにたいし「自分の寿命より人民の利益を優先する」と答えたことである。

春秋時代の邾国は、先に述べたように魯国とは隣国であったが、春秋の初年である魯の隠公の元年（前七二二年）に隠公が邾の君主と盟約を結び、友好関係を堅めた記事にはじまっていて、公が邾国との善隣関係を重視したことを示している。それにもかかわらず、その後両国は相互に度々《たびたび》戦争をくりかえしている。

三　諸国遊説

稷下における修業

『孟子』という書物は、梁《りょう》の恵王《けいおう》の招聘《しょうへい》に応じて以後、斉・滕《とう》などの諸国における晩年の政治思想家としての活躍期と、最晩年の故国鄒《すう》において弟子の教育に従事した隠退期だけを主として記録している。したがって、孟子の前半期はまったく不明である。『孟子』では、孟子はまったく一個の完成した思想家として出現しているので、孟子がいかにしてこういう思想を持つにいたったのか、彼の生涯の前半期における修業のころの経歴が闇《やみ》にとざされている。

墨　子

戦国時代の鄒・魯の保守的な、静かな環境のなかで青年期を送ってきた孟子が、『孟子』にみられるように、楊朱《ようしゅ》・墨子《ぼくし》などの異端思想にたいして、儒教の正統を守って一歩も退《ひ》かない戦闘的な雄弁家にいかにしてなりえたのかは、まったく想像にたよるほかはない。

孟子が育った鄒・魯に近く、そしてもっと

も強く文化的影響をおよぼしていたのは、当時の覇者《はしゃ》であり、開明君主であった斉の威王《いおう》の奨励のもとに、斉の首都臨淄《りんし》に育った稷下《しょくか》の思想家の集団であった。強い感受性に恵まれ、腐敗した時代を救おうと熱情をもやしていた若い孟子が、故国の静かな環境にじっとしていられず、早晩、故郷をあとにして斉に入国し、臨淄にあらわれたにちがいない。

臨淄の城門のひとつ、稷門《しょくもん》のそばには、四方から集まってきた学者・思想家の住宅の集団地がつくられ、有名な思想家は政府によって生活を保障され、広場に集まっては自由に討論をおこなっていた。百家争鳴《ひゃっかそうめい》ということばは、稷下の学問的雰囲気をもっとも適切に表現したものといえるであろう。

孟子が前三二五年ごろから、前三二〇年ごろにかけて、臨淄の学団に留まっていたという説もある。だが、まだ無名の田舎《いなか》学者であった孟子は、「稷下の学士」として斉国の政府から高い待遇を受けることはできなかっただろうが、稷下の諸学士と接触し、先輩の思想家によっていろいろ啓蒙《けいもう》されたことと想像される。

孟子が、稷下でもっとも濃く影響を受けたのは、その自由な弁論のやり方であった。稷下の学園で指導的な位置をしめていたのは、淳于髡《じゅんうこん》であった。卑《いや》しい奴隷の出身で、五尺《しゃく》にみたない小男《こおとこ》で、珍妙な容貌《ようぼう》をしていた淳于髡は、博覧強記《はくらんきょうき》で、君主や大臣の顔色をうかがっては意表をつく発言をした天才的な雄弁家であった。とくに彼の比喩《ひゆ》の巧《たく》みさは、いつも弁論の相手の度胆《どぎも》を抜いたという。孟子の弁論は巧妙な比喩が主体となっているが、この雄弁術は主として淳于髡から学んだと思われる。

また孟子が思想的にもっとも強く影響されたのは、孔子の弟子の子貢《しこう》を師とする斉の儒教の一派、いわゆる斉学であった。とくに、孔子が晩年に魯国の年代記に手を入れて、時代を風刺し、裁判し、後世にきたるべき社会を予言したという『春秋《しゅんじゅう》』についての解釈学であった。孟子の先輩の公明高《こうめいこう》が、この解釈学の一派である公羊《くよう》学派の開祖であった。彼は、公明高についてこの公羊学を学んだらしい。孟子は、これによってゆたかな歴史的感覚を養い、独自の歴史哲学を発展させた。

異端思想の影響

孟子はまた、儒教以外のいわゆる異端思想からも相当に影響を受けた。稷下には、宋銒《そうけん》・尹文《いんぶん》などのいわゆる原始道家《どうか》に属する思想家が多く来住し、その思想は、斉でのちに編集された『管子《かんし》』のなかの心術・内業《ないぎょう》・白心などの諸篇によって現代まで保存されている。この宋・尹《いん》学派の特色は、隠遁《いんとん》的・出世間《しゅつせけん》的である点において道家に一致するが、一方において、天下のために利をはかるという目的観で墨家《ぼくか》の実用主義に一致している。しかし、そのために心を清浄・空虚にして気を養う必要があるといういわゆる浩然《こうぜん》の気を養うことを説いた孟子の説に近似している。じつは孟子の浩然の気を養うという学説は、孟子が魯で学んだ子《し》思《し》学派の天下を誠に帰するという学説を、この宋・尹学説の内心説と調和させたものである。

この点において、宋・尹の原始道家の形而上学《けいじじょう》の体系の影響が強く認められるのである。

稷下においては、もちろん当時の支配的思想であった墨子の実用主義、楊朱《ようしゅ》の感覚論的個人主義などが、思想のうずの中心となっていた。こういう思想的混沌のなかで、若い孟子は混迷しながら、結局自分の使命は、楊朱・墨子の思想を異端として排斥し、孔子・曽子・子思を通じて受けつがれてきた仁義の道を正統として護持することにある、と信ずるようになったのであろう。そこで梁《りょう》国の恵王《けいおう》が賢者を招いていると聞くと、故郷の鄒・魯から倉《そう》皇《こう》として大梁《たいりょう》におもむいたのである。

四　政治への野心

政治の舞台へ

東方の魯国で儒教を修め、斉の稷下の学者に伍《ご》しておおいに知見をひろめたものの、まだ無名だった孟子は、こうしてはじめて政治の舞台に登場した。秦《しん》国の東進の脅威をさけて、華北平原の中央部の中原《ちゅうげん》、現在の河南省開封《かいほう》付近の大梁に遷都した魏《ぎ》の恵王は、梁《りょう》と国名を改め、梁の恵王と呼ばれるようになった。

前三二〇年前後、孟子はこの恵王のもとにあらわれた。『孟子』の「梁恵王章句　上」の巻頭に、孟子が恵王にはじめて謁見《えっけん》したときの対話が載せられている。梁の恵王は、孟子にまずたずねた。

叟《そう》、千里を遠しとせずして来たる。亦将《またまさ》に以《もっ》て吾《わ》が国を利《り》することあらんとするか。

（「梁恵王章句　上」第一章）

老先生が千里の道をものともせず、東方の国から遠路はるばる中原の梁国に来てくださったのだから、さぞかし斉に馬陵《ばりょう》の一戦で敗北して覇権《はけん》を奪われ、しかも秦国の東侵《とうしん》におびえている梁国の危機を救い、富国強兵を実現する妙策をもってこられたにちがいない、と王は期待をもってたずねた。

これにたいして孟子は答えた。

「王何ぞ必ずしも利を曰《い》わん。亦《ただ》仁義あるのみ」

王様、私はお国に利益になることなどを申し上げに来たのではありません。ただ国家社会を維持する基礎である仁義の道徳を、お国にすすめるために来たのですという。

これは、すでにふれたように、この時代の思想界を支配している楊朱・墨子らの思想が志向しているのが、実用主義的な「利」であるので、孟子は断固としてこの「利」に反対し、忘れられていた儒教の仁義をもととする道徳主義の教説を説きに来たのだと、私は解釈する。墨子の実用主義や楊朱の感覚論のうえにたつ個人主義の異端思想にたいして、孔子の説いた道徳主義による政治の正統を防衛すること、これを孟子は自己の使命と信じていた。政治の舞台への登場にさいして、孟子はまず自分の思想的立場をあきらかにしたものである。
恵王はこの孟子の説を認めたのであるが、その恵王はまもなく世を去り、国勢もようやく下降の一途《いっと》をたどっていた梁国に見切りをつけて、故国の鄒・魯に近い東方の大国斉にふたたび帰ってきた。斉では威王《いおう》についで宣王《せんおう》が立ち（前三一九年）、稷下の学園を整備して、学者を招いてその意見を聞き、新しい政策を打ち出そうとしているという風聞《ふうぶん》がひろがっていたからであろう。

野心の挫折

孟子が宣王に最初に謁見したとき、王は口をひらいて質問した。

斉《せい》の桓公《かんこう》・晋《しん》の文公《ぶんこう》の覇者の事績について何かお話しくださいませんか。（「梁恵王章句上」第七章）

『春秋』学に精通しているといわれる孟子に、覇者の典型である斉の桓公・晋の文公の政治の方法を聞いて、それを参考として新政策を樹立しようとしたのである。これにたいして孟子はこう答えた。

孔子の一門は斉の桓公・晋の文公の事績を伝えていませんし、私もまだ聞いたことがございません。やむをえませんから、覇道ではなく王道についてお話しいたしましょうか。

（同）

われら儒教の学徒は斉の桓公・晋の文公の力による政治などは軽蔑しているから、ここで問題にできないが、道徳を基礎とする王者の政策、いわゆる仁政ならご諮問《しもん》に応じられようといって、その原理を展開した。賢明な君主だった宣王は、梁では迂遠《うえん》な政策としてかえりみられなかった仁政の価値を認めたのであろう、孟子を師と仰《あお》いで、これから国政の最高顧問として重く任用することになった。

すっかり得意になった孟子は、巧みに宣王の意欲をかきたてて、仁政の政策を実施にうつそうとしているうちに、斉国を中心とする国際関係に大きな異変が起こった。魏《ぎ》・趙《ちょう》・韓《かん》・楚《そ》・燕《えん》の五国の連合軍が、西方の秦国を攻撃し、敗北して退却したのである。そのため、燕国に大内乱が勃発《ぼっぱつ》し、容易に収拾の見込みがたたない。

この内乱の情報は、すぐ斉国にとどいた。列国の勢力は弱っているので、たとえ斉国が出兵しても、これに干渉するものはないであろう。燕国は容易に征服できるにちがいない。王は群臣の意見を問うた。最高顧問として信任のあつかった孟子は、当然のことながら諮問されたはずで、『戦国策』によると、孟子は、天下に王たる絶好の機会であるから、この機をはずさず出兵することをすすめたという。孟子がこれをすすめたのかどうかは多少問題であるが、すくなくとも、正面から反対しなかったのは事実であったろう。

ところが、燕を征服すると、占領軍の略奪行為が続出し、燕国民の抵抗もつよまり、国際世論も硬化し、斉を連合して征伐する計画がめぐらされた。孟子は、占領政策について宣王に聞かれたとき、燕の民が斉軍を支持するならば占領をつづけたほうがよいと述べたという。しかし、四囲の情勢が悪化したのを知った孟子は、略奪した燕の宝物を返還して、燕国の王子を即位させ、いち早く軍を返すことを勧告したが、宣王はこの趣旨にそうことができず、燕国民の反抗にあって、斉軍は総退却の羽目《はめ》におちいった。

あつい信任を得ていた孟子は、斉の宣王を天下の王として中国を統一させ、理想の仁政を天下におこなおうとひそかに野心をいだいていたので、これはたいへんな打撃であった。そのうちに、宣王との間がしだいに不和となり、ついに斉国を去って、宋《そう》国をへて故郷の鄒国に隠退することになった。

五　晩　年

滕に理想国家の夢

孟子が故郷に帰ると、しばらくして隣の小国、滕《とう》の文公から国政の顧問として招聘《しょうへい》された。先に斉国を去って宋国に滞在しているとき、ちょうど楚《そ》国に使いして帰国の途中に立ち寄った滕の太子と会合したことがある。父の滕の定公《ていこう》が没して滕の文公となった太子が、宋で親しく接して深い感銘を受けた孟子を忘れられず、使いをつかわして迎えたのである。

高齢の孟子は、また活気をとりもどした。強国の斉では、宣王に仁政をおこなわせることによって現実に天下を統一させようとはかったが失敗した。しかし、小国の滕では、小国ゆえにかえって仁政の理想を完全におこなうことができる。小国の滕を理想の王国に仕上げ、王国のモデルをつくって、天下の大国をしてこれに追随《ついずい》させよう、孟子はこう考えた。

滕の文公の諮問に応ずる孟子の答申《とうしん》は、しだいに熱がこもってきた。農村共同体を再建して、井田《せいでん》制といわれる古代の共同耕作制を復活し、これを基礎として滕国を理想国家に仕上げようと、いろいろの政策を進言し、最後の夢をこの小国に託した。彼の提出した井田制は、戦国時代の社会では実現することができなかった。しかし、農民に農地を平等に配分するという思想は、以後の中国の政治思想家に非常に大きな影響をあたえた。漢代の大土地所有を制限する限田《げんでん》制、北魏・隋《ずい》・唐の均田《きんでん》制度はみなこの影響のもとにある。孟子の夢は、のちの中国の歴史で生かされたのである。

最晩年は故国で

大学者孟子が、滕国で新しい国づくりを試みているといううわさは、四方に流れた。農家の許行《きょこう》などいろいろの学者が滕国に集まってきて、孟子と猛烈に論争する情景がみられた。しかし、孟子はまもなく故国に帰り、最晩年を公孫丑《こうそんちゅう》・万章《ばんしょう》らの弟子の問いに答えて、人間の性は本来善であるという彼の性善説の本旨の説明につとめた。孟子はこういう静かな雰囲《ふんい》気《き》のなかで、波瀾《はらん》にとむ生涯を終えたらしいが、すでにふれたようにその没年もよくわからない。

3　孟子の性善説

理性にしたがう

孟子の学説としては、人間の本性は善であるという性善説がもっとも有名であり、これについて告子《こくし》などの学者との論争が『孟子』のなかに載っている（「告子章句　上」）。

周の幽王と褒姒

人間にはだれでも、人の悲しみに同情する心をもっているというわけは、今ここに、よちよち歩きの子供が井戸に落ちかけているのを見かけたとすると、人はだれでも驚きあわて、いたたまれない感情になり、救《たす》けにかけだすにちがいない。子供の父母に懇意《こんい》になろうという底意《そこい》があるわけではないし、村人や仲間に、人命救助の名誉と評判を得たいからでもない。またこれを見すごしたら、無情な人間だという悪名をたてられはしないかと思うからでもない。このことから考えてみると、いたたまれない感情をもたぬ者は、人間ではない。羞恥《しゅうち》の感情をもたぬ者も、人間ではない。謙遜《けんそん》の感情をもたぬ者も、人間ではない。善《よ》いことを善いとし、悪いことを悪いとする是非の感情をもたぬ者も、人間ではない。このいたたまれない感情は、仁の端緒《たんしょ》である。羞恥の感情は、義の端緒である。謙遜の感情は、礼の端緒である。是非の感情は、智の端緒である。人がこういう四つの端緒をそなえていることは、人間が四肢《しし》をそなえているようなものである。この四つの端緒をもちながら、自分で仁義《じんぎ》礼智《れいち》を実行できないという人は、自分の君主の殺害者である。すべて、この四つの端緒を自分の内にそなえた者は、だれでもこれを拡大し充実することができる。火がはじめて燃えだし、泉源から水がはじめて流れだすように、これを拡充すれば、じゅうぶんに世界を支配することができるし、もしこれを拡充することができなければ、父母にさえじゅうぶんにつかえることはできないのである。（「公孫丑《こうそんちゅう》章句　上」）

これは、すべて人間の性は本来善であるという性善説を述べたものである。
これにたいして、墨子《ぼくし》学派の告子が反対をとなえた。

人間の本性は善でもなく、悪でもないといいます。ある人は人間の性は善もすることができるし、悪もすることができるので、それゆえ、周の文王・武王が出現すると、人民は善を好み、幽王《ゆうおう》・厲王《れいおう》が出現すると、人民は暴虐を好むといいます。また、本性が善の人もあれば、悪の人もある。堯《ぎょう》のような聖人を主君とした臣のなかに象《しょう》のようなものがあり、瞽瞍《こそう》のようなものを父としながら舜《しゅん》のような聖人が生まれ、紂王《ちゅうおう》のような横暴なものを兄弟とし、また君主と仰ぎながら、微子啓《びしけい》・王子比干《おうしひかん》が出てきたと申します。（「告子章句　上」）

告子のこの反論にたいして、さすが弁論の巧みな孟子も弱ったらしい。その答弁はしばしば感情的にはしって、論理的に飛躍が多すぎ、客観的にみると反論になっていない場合が多い。

孟子の性善論は先行する楊朱《ようしゅ》の感覚論的唯物論の影響を受け、感覚の普遍妥当性から思惟《しい》の妥当性を基礎づけた。侯外廬《こうがいろ》が批評したように、感性と理性とを峻別《しゅんべつ》し、感性に悪の根源があるとしてこれをおさえ、もっぱら善の根源である理性をのばすことにあった。感性にとらわれないで理性にしたがえば、人間は自然に善になるという主張である。

浩然の気を養う

人間の性は善であるという孟子の性善論の主張は、孟子の人柄とはうまく合っていない。

大丈夫《だいじょうふ》をもって任じる孟子は、外界の圧力をはねかえし、自己の意見をたてとおすためには、強烈な意志力が必要であることをみとめている。人間の善なる本性を拡充することは、自然にできることではなく、非常な意志力を必要とする。性善を完成するためには孟子は精神を養い、外物にひかれないように「欲を寡《すくな》くす」(「尽心《じんしん》章句　下」)ることが大切だとする。また精神を安定させるために、浩然の気を養わねばならぬとした。その点において孟子は理性主義者ではなく、むしろ意志主義者であり、モラリストであり、それが彼の本質であったといえよう。したがって、性善説の哲学は、議論としては素朴で、あまり説得的ではなかった。

しかし、孟子の性善論は、理論的には常識論の範囲を出ないけれども、後世の儒教にあたえた影響は深くひろい。人間の性は善であるという信念は、儒教のみならず、中国の人間論の基礎となって現代にも生きており、また日本においても徳川時代以来の『孟子』の学習にともなって、現代なお日本の人間論のなかで強く生きているのである。

III 『孟子』という著作

凡例

一　本書は『孟子』七篇十四巻から、孟子の人と思想を理解するうえに必要と思われるものを抽出、訳出収録した。訳出文頭の漢数字は、もとの章番号を示す。

二　『孟子』の注釈書は、中国および日本のものを含め相当数あるが、趙岐注『孟子』を主なテクストとし、訳出については、後藤点の朱子の『孟子集註』をもととし、竹内義雄・小林勝人訳注『孟子』（岩波文庫）、金谷治『孟子』（朝日新聞社）を参考とした。

三　原文は省略し、必要と思われるところに、簡単な注、解説、見出しをつけた。

著作解題

書物としての成立時

稷下《しょくか》の学園に渦巻《うずま》いた諸思潮のうち、儒教の一派を代表したのは孟子であった。かれは聖人の孔子と並ぶ賢者として、孔孟と呼ばれ、その著述の『孟子』は孔子の『論語』、子思の『中庸《ちゅうよう》』および『大学』とともに四書にかぞえられている。かれの思想を再評価して、聖人につぐ賢人の位にまで高めたのは、唐の文学者の韓愈《かんゆ》(七六八―八二四年)であった。

そもそも『孟子』という書物の成り立ちについては、漢代の注釈家の趙岐《ちょうき》が、孟子が晩年、政界から隠退したのち、弟子《でし》の公孫丑《こうそんちゅう》や万章《ばんしょう》などと一方で対話・議論しつつ、また一方では自分の意見をみずから語りながら編集したものだといったことがある。しかし、思想家が自己の意見をみずから書物に書いて発表するという習慣は、まだ前四、三世紀の中国には存在しなかった。この時代は、紙はもちろんまだ発明されておらず、絹布《けんぷ》などに文字を書くことすら知らなかった。書物は竹簡《ちくかん》という竹の札《ふだ》を紐《ひも》でつないだ巻物に漆《うるし》で書いたものである。非常に手間のかかるこの竹簡の巻物は、主として政府などの公式文書のほか、政府の記録所や貴族などが使用するだけで、民間にはほとんど普及しなかったから、孟子がこんな高価な竹簡の巻物に、いちいち自分の意見や対話を書きつけることはまずありえない。孟子自身のことばや対話は、これを聞いた孟子の弟子たちが、孟子の死後集まって、その記憶をたよりに竹簡に書きとめたのが『孟子』という書物のはじまりであったろう。

孟子自身が書いたものでなく、弟子たちが記憶によって書いたものだとすれば、孟子の晩年の述懐はべつとしても、原則としては孟子がかなり有名になり、弟子たちのだれかが孟子に侍従するようになったのちの対話が、その中心的部分をしめたとみてよいであろう。したがって、前半生の無名時代の孟子のことばが、少しも『孟子』という書物のなかに残っていないとしても、それは不思議ではなく、むしろ当然のことなのである。

構成と内容概観

七篇十四巻から構成される『孟子』という書物の成り立ちから考えると、第一巻の「梁恵《りょうけい》王《おう》章句　上」の第一章に、梁恵王にはじめて謁見《えっけん》し、実利主義にたいして仁義の道を説いた対話がおかれているのは、これが弟子たちの直接見聞し、記憶している孟子のことばのなかで、歴史的にもっとも古いものであったからである。この第一巻・第二巻の「梁恵王章句　上・下」から、第三巻・第四巻の「公孫丑章句　上・下」、さらに第五巻・第六巻の「滕文《とうぶん》公《こう》章句　上・下」までは、弟子たちの知っている孟子の後半生の伝記的知識をもとにして、記憶していた孟子のことばと対話を、多少の例外はあるけれども、だいたい歴史的順序にしたがって配列したように思われる。

これにたいして、後半部の第七巻・第八巻の「離婁《りろう》章句　上・下」、第九巻・第十巻の「万《ばん》章《しょう》章句　上・下」、第十一巻・第十二巻の「告子《こくし》章句　上・下」、第十三巻・第十四巻の「尽心《じんしん》章句　上・下」などは、歴史的にはいつおこなわれたのか不明の会話、孟子自身のことばなどを無秩序に編纂《へんさん》したものらしい。

第一巻　梁恵王《りょうけいおう》章句　上

『孟子』という書物については、漢代のころの趙岐《ちょうき》注釈本は七篇から成っていて、各篇がそれぞれ上・下にわかれ、総計十四巻で構成されている。だいたいが章のはじめの語句をとって篇名とするのは、『論語』と同じである。この第一巻は全体が七章より成るが、そのうち、本書では第二章を省《はぶ》いて、六章を採った。

第一章の梁《りょう》の恵王《けいおう》にはじめて謁見したときの対話は、五十歳に達したと考えられる孟子の政治世界への門出《かどで》をなす記念すべき章である。孟子はここで、当時の思想界の主流をなしていた墨子《ぼくし》の実用主義の政治哲学にたいして、道徳を基本とする理想主義的政治哲学を提唱し、為政者に高い倫理性を要求した。しかし、長い治世に疲れ、斉国《せい》に覇権《はけん》を奪われ、秦《しん》の東進《とうしん》を防ぐのに追われた老齢の梁の恵王には、孟子の提唱した新しい政策を採用する勇気に欠けていた。

二、三年ののち恵王が死に、凡庸《ぼんよう》な襄王《じょうおう》が相続すると孟子は、彼に見切りをつけて、梁国から覇権を奪った斉の宣王《せんおう》のもとに身を投じた。最後の第七章は、新興の意気あがる斉の若き君主にたいする対話である。一問一答を通じて、しだいに若い宣王に王道政治への関心をかりたてさせてゆく彼の雄弁の技巧は、じつにみごとである。宣王があこがれている斉桓《せいかん》・晋文《しんぶん》の、力による覇者《はしゃ》の夢が、現実には不可能なことを論証し、これに代わって王道政治を持ち出したこの『孟子』全巻を貫く主題といってもよい重要な部分である。

仁義の徳

〔一〕　孟子、梁《りょう》の恵王《けいおう》に(1)見《まみ》ゆ。王曰《い》わく、「叟《そう》(2)、千里を遠しとせずして来たる。亦将《またまさ》に以《もっ》て吾《わ》が国を利《り》することあらんとするか」。孟子対《こた》えて曰わく、「王何ぞ必ずしも利を曰わん。亦《ただ》(3)仁義あるのみ。王は何を以て吾が国を利せんと曰い、大夫《たいふ》は何を以て吾が家を利せんと曰い、士・庶人《しょじん》は何を以て吾が身を利せんと曰いて、上下《しょうか》交《こもごも》利を征《と》らば(4)、而《すなわ》ち国危うからん。万乗の国、その君を弑《しい》する者は(5)、必ず千乗の家なり。千乗の国、その君を弑する者は、必ず百乗の家なり。万に千を取り、千に百を取るは、多からずとせず。苟《いやし》くも義を後にして利を先にすることをせば、奪わざれば饜《あ》かず(6)。未《いま》だ仁にしてその親を遺《す》つる者

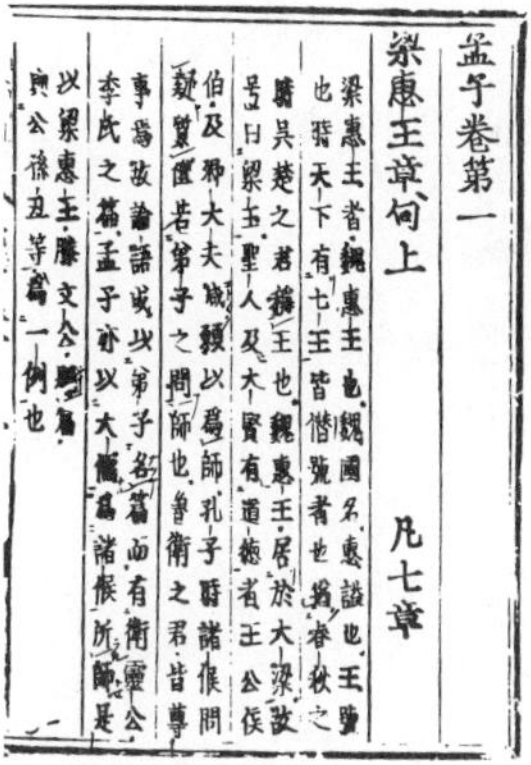

孟子巻第一
梁惠王章句上　凡七章
梁惠王者魏惠王也魏國名惠謚也王號
也時天下有七王皆僭號者也猶春秋之
時吳楚之君稱王也魏惠王居於大梁故
號曰梁王聖人及大賢有道德者王公侯
伯及卿大夫咸願以爲師孔子時諸侯問
疑質禮若弟子之問師也魯衛之君皆尊
事焉故論語或以弟子名篇而有衛靈公
季氏之篇孟子亦以大儒爲諸侯所師是
以梁惠王滕文公題篇
與公孫丑等爲一例也

趙氏『孟子注』（孟子巻第一）

はあらざるなり。未だ義にしてその君を後にする者はあらざるなり。王も、亦仁義を曰わんのみ。何ぞ必ずしも利を曰わん」

孟先生が、梁の恵王に拝謁された。恵王はいわれた。

「老先生、あなたは千里の道を遠しとされずにおいでくだされた。さだめしわが国に利益をもたらされることと存ずる」

孟先生が、かしこまって答えられた。

「王様、どうして利益のことなぞ仰《おお》せになるのですか。王様はただ仁義のことだけお気にかけられたらよろしいと私は存じます。今かりに、王様がどうしたらわが国に利益になるかといわれ、大夫《たいふ》(家老)たちはどうしたらわが家に利益になるかといい、役人や庶民たちはどうしたらわが身に利益になるかといい、上も下もかってがってに利益を求めると、国家は危機におちいるでしょう。万台の戦車を出せる国家で、その主君を殺す者があったとしたならば、それはきっと千台の戦車の出せる家老の家でしょう。千台の戦車を出せる国家で、その主君を殺すものがあったとしたならば、それはきっと百台の戦車を出せる家老の家でしょう。臣下として、主君の万のうちから十分の一の千をいただき、千のうち十分の一の百をいただく。それはけっして多くないとは申されません。しかし、もしも義理をあと回しとして利益を真っ先にはかるとしますならば、主君の財産を奪い取らねばあき足りないことになります。世の中で仁をおこなって、その親を捨てておく者を見たことがありません。義をおこなって、その主君を後回しにする者も見たことがありません。王様はただ仁義だけをお気にかけられたらよろしい。どうして利益のことなど仰せになることがありましょうか」

注

(1)魏《ぎ》の恵王、名は罃《おう》。魏はがんらい安邑《あんゆう》(山西省西南部の夏《か》県)に都していたが、恵王の九年(前三六一年)に大梁《たいりょう》(河南省開封《かいほう》県)に遷都したので、梁とよばれるようになった。戦国七雄のひとつ。恵王の年代については『史記』の記事に誤りがあり、『竹書紀年《ちくしょきねん》』によって改訂された。前三六九年に即位、前三三四年、斉《せい》の威《い》王《おう》と協定を結んで、たがいに王と称することになって後元《こうげん》元年とし、前三一九年の後元十六年に死亡するまで、五十年にわたって在位した。梁の恵王の在位年代については、異説が多いが、ここでは楊寛《ようかん》の『戦国史』、陳夢家《ちんぼうか》の『六国紀年《りっこくきねん》』の説によった。孟子が梁を訪問し、恵王に謁見したのは、恵王の晩年、後元十五年(前三二〇年)ころと推定されている。

(2)五十歳以上の老人の尊称。普通は「艾《がい》」といわれる。

(3)普通は上の文を受けて「も亦《また》」と読まれる。この場合は上の文を受けないで、独立の助字として用いられ、「ただ」と読まれる。

(4)取ること。原義は税を取りたてるの意。

(5)臣・子が、君・父を殺すこと。

(6)満足すること。「饜」は「厭」と同じ。

孟子が梁の恵王に謁見した年代がいつにあたるかは、学者の間で論争点となっている。五十歳に達した孟子は、秦国に敗れて東遷《とうせん》し、国家を再興するため、恵王が四方の賢者を召しかかえているといううわさを聞いて、その顧問となろうと意気込んで、故郷の山東からはるばると大梁《たいりょう》の都にやって来たのである。当時の中国の政治情勢は、一時中原《ちゅうげん》に進出し覇権《ぎ》を握っていた江南の越国《えつ》が凋落《ちょうらく》し、これに代って山西から黄河中流の中原に進出してきた魏国が次第に実力をつけてきていた。これに対抗できるのは、東方の山東地方に拠る斉国《せい》であったが、斉国はまだ中原とは交渉が乏《とぼ》しく、文化的にも、直接の交流はなかったらしい。孟子が魏国を訪問したのは、おそらく、自分を用いてくれない山東の政治界に絶望したからであろう。当時思想界は墨子《ぼくし》が全盛をきわめていた。墨子は「仁人が事をなそうとする目的は、天下の利を興《おこ》し、天下の害を除き去ることにある」（『墨子』兼愛中篇）と主張している。恵王が孟子にたいして、口を開くや否や「亦将《またまさ》に以《もっ》て吾《わ》が国を利《り》することあらんとするか」とたずねているが、この発言は、当時の支配的思想である墨子の実用主義の立場に立って発想されている。これにたいして孟子は、墨子の実用主義の政治ではなくて、孔子の流れをくむ仁義をもとにした道徳主義を根幹とする政治を実現しようとするものだと答えた。

孟子はこれまで、墨子の説をよく研究し、実用主義では中国の現状を救うことができないという確信に達したのであろう。かれは、胸を張って、堂々として道徳主義の政治を主張した。

この梁の恵王との対話は、道徳主義の儒教政治の理想をはじめて公《おおやけ》にした弁論として、画期的な意義をもつものである。『孟子』の書物が、この対話をその第一章においたことは、この孟子のあげた第一声が、弟子《でし》たちの間にも生々《なまなま》しく記憶されていたからにちがいない。

五十歩百歩

〔三〕　梁《りょう》の恵王《けいおう》曰《い》わく、「寡人《かじん》(1)の国に於《お》けるや、心を尽くせるのみ。河内《かだい》(2)凶なれば、則《すなわ》ちその民を河東《かとう》に移し、その粟《ぞく》を河内に移す。河東《かとう》(3)凶なるも亦然《またしか》り。隣国《りんごく》の政《まつりごと》を察するに、寡人の心を用うるが如《ごと》くなる者なし。鄰国《りんごく》の民少なきを加えず、寡人の民多きを加えざるは、何ぞや」。孟子対《こた》えて曰わく、「王戦を好む、請《こ》う戦を以《もっ》て喩《たと》えん。塡然《てんぜん》(4)としてこれを鼓《つづみう》って、兵刃(5)既《すで》に接《まじ》わる。甲《こう》を棄《す》て兵《へい》を曳《ひ》いて走《に》げ、或《あ》るは百歩にして後《のち》止まり、或るは五十歩にして後止まる。五十歩を以《もっ》て百歩を笑わば、則ち何如《いかん》」。曰わく、「不可なり。直《ただ》百歩ならざりしのみ。是《これ》も亦走《またに》ぐるなり」。曰わく、「王如《も》しこれを知らば、則ち民の鄰国より多からんことを望むなかれ。農の時に違《たが》わざれば、穀勝《あ》(6)げて食《くら》うべからず。数罟《そくこ》(7)洿《お》池《ち》(8)に入らずんば、魚鼈《ぎょべつ》勝げて食うべからず。斧斤《ふきん》時を以て山林に入らしめば、材木勝げて用うべからず。穀と魚鼈と勝げて食うべからず、材木勝げて用うべからざる、是《こ》れ民をして生を養い死を喪《も》して憾《うら》みなからしむるなり。生を養い死を喪して憾みなきは、王道《おうどう》の始めなり。五畝《ごほ》の宅、これに樹《う》うるに桑を以てせば、五十の者以て帛《きぬ》を衣《き》るべし。鶏豚狗彘《けいとんこうてい》(9)の畜《やしな》い、その時を失うなくんば、七十の者以て肉を食うべし。百畝《ひゃっぽ》の田《でん》、その時を奪う勿《な》くんば、数口《すうこう》の家、以て飢《う》うることなかるべし。庠序《しょうじょ》(10)の教えを謹《つつ》しみ、これに申《かさ》(11)ぬるに孝悌《こうてい》の義を以てせば、頒白《はんぱく》の者道路に負戴《にお》わず。七十の者帛を衣、肉を食い、黎民《れいみん》飢えず寒《こご》えず。然《かくのごと》くにして王たらざる者は、未《いま》だこれ有らざるなり。狗彘人の食を食いて、検《とど》むることを知らず、塗《みち》に餓莩《がひょう》(12)有って、発《ひら》くことを知らずして、人死すれば、則《すなわ》ち我に非《あら》ず歳《とし》なりと曰うは、是れ何ぞ人を刺してこれを殺し、我には非ず兵なりと曰うに異ならんや。王、歳を罪することなくんば、斯《すなわ》ち天下の民至らん」

梁の恵王がたずねられた。

「私は国家にたいして精根の限りを尽くしたつもりだ。河内地方が飢饉《ききん》だと、その人民を河東地方に移住させ、河東地方の食糧を河内地方に輸送する。河東地方が飢饉だと、その逆の施策をおこなう。隣国の政治をみていると、私のように注意のとどいている者はない。それなのに隣国の人民はちっとも減少しないし、私の国の人民はちっとも増加しないのはなぜだろうか」

孟先生はかしこまって答えられた。

「王様は戦争がお好きなようですから、ひとつ戦争に例をとりましょう。太鼓をどどんと打ち鳴らし、戦いの幕が切って落とされました。甲冑《かっちゅう》を脱ぎ捨て、槍刀をひっさげて逃走する者があります。あるやつは百歩で踏みとどまります。あるやつは五十歩で踏みとどまります。五十歩で踏みとどまったやつが、百歩で踏みとどまったやつをあざけり笑ったとします。いかがでしょうか」

王様がいわれた。

「それはおかしい。百歩は行かないが、五十歩でも逃げたのは同じではないか」

孟先生がいわれた。

「そこです。王様がこのわけをおわかりになられたら、人民が隣国より増加することを期待されるはずはないと存じます。王様が人民を土木工事などに徴用されるのに、農作のじゃまにならないよう季節を選ばれたならば、穀物は自然によくできて、食べきれないほどになりましょう。漁師が目の細かい網を沼地で打つことを禁止されたならば、魚も鼈《すっぽん》の類も繁殖して食べきれないほどになりましょう。木こりが斧《おの》・斤《ておの》でもって材木を伐採する季節を制限されたならば、材木は余るほどになりましょう。穀物と魚・鼈の類が食べきれず、材木が余るほどになると、人民の衣食住と死者の葬儀をおこなうためになんの遺憾もなくなるでしょう。人民の衣食住と死者の葬儀が遺憾なくおこなわれることは、天下に王たる道の出発点であります。人民の五畝《ごほ》の宅地に桑《くわ》を植えさせると、五十歳の老人は暖かい絹が着られましょう。鶏・豚・犬の飼育にあたって繁殖に時期を失わないように注意させると、七十歳の老人は肉を食うことができるようになりましょう。農家の百畝の田畑の耕作に支障のないように課役《かえき》の季節を制限すると、四、五人の家族は食糧に困ることはなくなりましょう。村里の塾の教育に注意し、さらに親への孝行と老人への柔順などの道徳教育を加えると、白髪《しらが》まじりの老人が道路で荷物を背負う光景はなくなるでしょう。七十歳の老人が絹の衣服を着て肉を食べ、一般の人民が飢えも寒さも感じなくなる。こういう情況のもとで、天下の王となれない者があるはずはありません。豊年には犬や豚が人間の食糧に食い込んでいるのを取り締まることを怠《おこた》り、凶年には道ばたに餓死《がし》した死体がころがっているのに、倉庫を開いて救済することを忘れています。そして人民が死んでも、自分の責任ではない、年の気候のせいだとうそぶいています。これは他人を刺し殺しておいて、自分の責任ではない、刃物のせいだというのとなんのかわりがありましょう。王様が餓死人の多いのを年の気候のせいにしないで政治に責任をもたれたならば、天下の民はお国に集まって来るにちがいありません」

注

(1)中国古代の諸侯が人民にたいして使った自称のことば。自分を孤独で不幸な人間といって謙遜《けんそん》したことば。

(2)河南省の黄河流域以外、とくに済源《さいげん》県一帯の地区。

(3)山西省の西南の隅、北から南に曲がる黄河につつまれた地方。安邑《あんゆう》県を中心に汾西《ふんせい》・隰《しつ》県以南、安沢《あんたく》・

沁水県《しんすい》以西の地区。
(4)太鼓の音。
(5)武器。
(6)「すべて」「皆」の意味。
(7)数《こま》かい罟《あみ》。古代の魚網の目は当時の四寸（九十二ミリ）以下の細かいものを禁止し、幼魚を保存した。
(8)大きい池、つまり沼池。
(9)「豚」は子豚、「彘」は大豚。食料には大豚だけを使う。子豚は祭祀《さいし》にしか使用しない。
(10)農村の塾《じゅく》。殷《いん》代は「庠」、周《しゅう》代は「序」とよんだ。
(11)「重」と同じ。
(12)餓死人。

梁の恵王の祖父文侯、父武侯の時代の魏《ぎ》国は全盛期で、戦国最初の覇者であり、文化的にももっとも先進国であった。恵王の時代に西の新興国の秦《しん》国の東進を防ぐことができず、都を東に遷《うつ》した。恵王は、運河の土木工事の専門家であり、また投機的な大商人でもあった白《はく》圭《けい》を大臣とし、運河・灌漑《かんがい》の大工事をおこない、開発につとめ、国運を再興しようとした。ここに述べているように、凶年にたいする救済政策もなかなか思いきったものであった。ところが魏の国勢はいっこう上昇しない。当時は、農業生産の向上の基礎は農民の人口数の増加、つまり労働力に正比例するとされた。人口増加は農業の生産力ばかりでなく、戦力の増強を意味し、富国強兵のための最大要因でもあり、諸侯にとっては重大な政治的関心事であったのである。そこで恵王は人口の増加が実現しない悩みを孟子に訴えたのである。これにたいして孟子は、この善政を隣国に比べるとたしかにまさっているが、人民の生活にたいする配慮が政策にゆきわたっていないことを指摘したのである。五十歩をもって百歩を笑うという比喩を持ち出したのは孟子の得意の雄弁術であった。五十歩百歩の比喩は現在でも熟語として使われている。しかし量の差を無視して、ただ質だけを取り上げようとするところに問題がある。孟子の雄弁の第二の特色は、「五畝の宅」以下に見られるように、ユートピア社会を描いた点にあった。このユートピア社会の描き方もなかなか新鮮で、たしかに人間の心をひきつける。しかし、現実から遊離したこの理想社会は空想的で、そこにいたる政策が欠けているのが難点である。孟子はここではじめてこのユートピア社会を提出したのであるが、この後しだいにこれを概念的に整理し、のちに井田制《せいでんせい》の新しい社会体系をつくりあげようとしていた（「滕文公章句　上」参照）。この門答は彼のユートピア社会の最初の提唱として注目される。

類推法の論法

〔四〕梁《りょう》の恵王《けいおう》曰《い》わく、「寡人《かじん》願《ねが》わくは教えを承《う》けん」(1)。孟子対えて曰わく、「人を殺すに梃《つえ》を以《もっ》てすると刃《やいば》と、以て異なること有るか」。曰わく、「以て異なること無し」。「刃を以てすると政《まつりごと》と、以て異なること有るか」。曰わく、「以て異なること無し」。曰わく、「庖《くりや》に肥肉《ひにく》有り、廏《うまや》に肥馬有りて、民に飢色《きしょく》有り、野に餓莩《うえじにするもの》有るは、これ獣《けもの》を率《ひき》いて人を食《は》ましむるなり。獣相《あい》食むすら且《なお》人これを悪《にく》む。民の父母と為《な》りて政を行ない、獣を率いて人を食ましむることを免れざる、悪在《いずく》んぞそれ民の父母たらんや。仲尼《ちゅうじ》の、『始めて俑《よう》(2)を作れる者は、それ後《のち》無からんか』、と曰《のたま》えるは、その人に象《かたど》(3)りてこれを用いしが為《ため》なり。これを如何《いかん》ぞ、それ斯《こ》の民をして飢えて死なしめんには」

梁の恵王がたのまれた。

「先生、どうかもうすこし詳しくご説明願いたい」

孟先生がかしこまってお答えした。

「杖《つえ》によって人を殺すのと、刀によって殺すのと、違いがあるでしょうか」

王がいわれた。

「何も違いはない」

「では刀によるのと、政治によるのと、違いがあるでしょうか」

王が答えられた。

「何も違いはない」

孟先生がいわれた。

「お台所に脂《あぶら》ののった肉がありますし、お馬小屋には脂ののった馬がいます。しかし、国民はひもじそうな顔をしていますし、野外には行き倒れの死骸《しがい》がころがっています。これは獣類に人間を食べさせているのです。獣類が、たがいに食い合いをしているのすら、人びとは見ていいやがります。国民の父母として政治をおこなっておられて、獣類に人間を食べさせていられるしまつで、どうして国民の父母といえるでしょうか。孔子が、『墓場に埋める人形を発明した人は、子孫が絶えるにちがいない』と申されています。それは人間の形に似たものをつくって墓場に埋めるのをいやがられたからです。人形でさえそうなのに、生きた人間の国民を飢えて死なせて、どうしていいものでございましょうか」

注

(1)普通は「願わくは安んじて教えを承《う》けん」と読ませている。しかし兪樾《ゆえつ》が「安」と「焉」とは通用するから、「願焉」つまり「願わくは」と読むとしたのが正しい。

(2)陶器や木器で作った、死骸とともに墓に埋める人形。近年、楚《そ》国の領内であった長沙《ちょうさ》や信陽《しんよう》で戦国時代の「俑」がたくさん発見された。

(3)形を似せる。

朱子《しゅし》は、この章が前章にすぐ続けたことばだとみている。前章の最後の「我には非ず兵なり……王、歳を罪することなくんば、斯《すなわ》ち天下の民至らん」の意味がよくのみ込めないので、孟子にさらに説明してくれとたのんだのであるから、この見解は正しい。人を殺すのに刀で切り殺すのも杖でなぐり殺すのも、殺人にはかわりはない。政治の誤りで人を殺すのも、殺人にかわりはない。この孟子の論理は正しい。これは孟子の三段論法の省略で、論理に合っている。三段論法は、すでに墨子《ぼくし》が発見した。孟子は墨子の書から学んで明確な形式に仕上げたのであろう。孟子は三段論法を心得てはいたが、その論法は平凡すぎるので、他人の度胆《どぎも》を抜くために比喩による類推法を使ったのである。そこに孟子の雄弁術・修辞法の特色があるといえる。

仁者は敵なし

〔五〕梁《りょう》の恵王《けいおう》曰《い》わく、「晋《しん》(1)国は天下焉《これ》より強き莫《な》きこと、叟《そう》の知れる所なり。寡人《かじん》の身に及び、東《ひがしのかた》斉《せい》に敗れて長子焉に死し、(2)西《にしのかた》地を秦《しん》に喪《うしな》うこと七百里、(3)南《みなみのかた》楚《そ》に辱《はずかし》めらる。(4)寡人これを恥じ、死者の比《ため》(5)に壱《ひと》たび(6)これを洒《すす》(7)がんと願う。これを如何《いか》にせば則《すなわ》ち可ならん」。孟子対《こた》えて曰わく、「地、方百里にして以《もっ》て王たるべし。王如《も》し仁政を民に施《ほどこ》し、刑罰を省《はぶ》き、税斂《ぜいれん》を薄くし、深く耕し易《と》く耨《くさぎ》(8)り、壮者は暇日を以てその孝悌《こうてい》忠信を脩《おさ》め、入りては以てその父兄に事《つか》え、出でては以てその長上に事えしめば、梃《つえ》を制《と》(9)って以て秦《しん》・楚《そ》の堅甲《けんこう》・利兵《りへい》を撻《う》たしむべし。彼、その民の時を奪いて、耗耨《こうどう》して以てその父母を養うを得ざらしめ、父母は凍餓《とうが》し、兄弟妻子は離散す。彼、その民を陥溺《かんでき》せしめんとき、王往《ゆ》きてこれを征《せい》せば、夫《そ》れ誰か王と敵せん。故《ゆえ》に、仁者は敵なしと曰《い》えり。王請《こ》う、疑うこと勿《な》かれ」

梁の恵王がたずねられた。

「晋国は、天下にこれにまさる強国がないことは、老先生もご存じでしょう。私の代になってから、東方は斉《せい》国に敗北し、長子は戦死し、西方は秦国に七百里の領土を取られ、南方は楚《そ》国にも戦敗のうきめをみた。私はこれを恥ずかしく思い、戦死者のためにこの恥をすっかりそそごうと念願している。いったいどうすればよいだろうか」

孟子がかしこまってお答えした。

「さようなことは気にかけられることはありません。百里四方の領土でも王様であるにかわりはないでしょう。もし王様がその領土の国民に仁徳にあふれた政治をおこなわれ、刑罰を寛大にし、租税《そぜい》を少なくし、農民には土地をふかく耕《たがや》し、早く草刈《くさか》りさせ、壮年の者には暇々に父兄らにたいする孝行・柔順・忠実・信義の徳をみがかせ、家庭内では父兄によくつかえ、外では年長と目上の者によくつかえるようにしつけられる。そうすれば棒切れをもって、秦・楚の堅固な甲冑《かっちゅう》をつけ、鋭利な武器を持った精兵をたたきつけることができましょう。敵国が国民を季節にかまわず使役し、農業によって父母を養うことを不可能にすると、父母は飢え寒がり、一家の兄弟・妻子は分散してしまいましょう。敵国がこうして国民を落し穴におとしいれ、水中に沈めるように苦しめている。その様子を見すまして王様が親征されたら、だれが王様に抵抗するものがありましょう。『仁者に敵するものはない』というのはこのことです。王様、どうか自信をとりもどされませ」

注

(1)梁すなわち魏国は、趙《ちょう》・韓《かん》の二国とともに春秋の覇者の晋国を分割した国であるが、晋国の首府のあった山西省西南部を領有しているので、晋国を継承するとして、晋国とよばれることもあった。祖父の魏の文侯、父の武侯の時代は、戦国の最初の覇権をにぎっていた。

(2)前三四一年に、魏（梁）の将軍龐涓《ほうけん》が太子申《しん》を奉じて、孫臏《そんぴん》の軍師となった斉の将軍田忌《でんき》の軍に馬陵《ばりょう》で大敗し、涓は戦死し、太子申は虜《とりこ》となった。

(3)魏（梁）は前三三〇年、河西の地を秦に与え、前三二八年、上郡十五県を秦に割譲《かつじょう》した。

(4)前三二三年、楚の柱国《ちゅうこく》昭陽《しょうよう》が魏（梁）を襄陵《じょうりょう》に破って、八邑《ゆう》をおさめた。

(5)「代わりに」「ために」という意味の助字。

(6)「いちどに」「すっかり」の意。

(7)洗い流す。

(8)「易」は「疾く」「速く」の意。「耨」は草刈り。

(9)手にとる。「制」は「掣」と同じ。

この梁の恵王のことばに出てくる秦・斉・楚にたいする屈辱は、注であきらかにしたように前三四一年、前三三〇年、前三二八年、前三二三年の史実であり、恵王が孟子に面会した年代を決定する重要な史料である。『史記』の「六国《りっこく》年表」の魏王の年代に誤りがあるので、これを『竹書紀年《ちくしょきねん》』で改訂して、これが恵王つまり恵成王の後元の十年（前三二三年）以後、その没年前三一九年までのことであると推定できるようになった。

君主の資質

〔六〕孟子、梁《りょう》の襄王《じょうおう》(1)に見《まみ》ゆ。出でて人に語《つ》げて曰《い》わく、「これを望むに人君に似ず、これに就《ちかづ》くに畏《おそ》るる所を見ず。卒然(2)として問いて曰わく、『天下悪《いず》くにか定まらん』。吾対《われこた》えて曰わく、『一《いつ》に定まらん』と。『孰《たれ》か能《よ》くこれを一にせん』と。対えて曰わく、『人を殺すことを嗜《たしな》まざる者、能《よ》くこれを一にせん』と。『孰か能くこれに与《くみ》せん』。対えて曰わく、『天下与せざるなきなり。王夫《か》の苗を知るか。七八月の間、旱《ひでり》すれば則《すなわ》ち苗槁《か》れん。天油《ゆう》然《ぜん》(3)として雲を作《おこ》し、沛然《はいぜん》(4)として雨を下《くだ》さば、則ち苗浡然《ぼつぜん》(5)として興《お》きん。其《も》し是《か》くの如《ごと》くなれば、孰か能くこれを禦《とど》めん。今夫《そ》れ天下の人牧《きみ》(6)、未だ人を殺すことを嗜まざる者有らざるなり。如《も》し人を殺すことを嗜まざる者有らば、則ち天下の民、皆領《くび》を引《の》べ(7)てこれを望まん。誠に是くの如くならば、民のこれに帰せんこと、由《なお》水の下《ひく》きに就《つ》きて沛然たるがごとくならん。誰か能くこれを禦めんや』」

孟先生が梁の襄王に謁見された。退出してきた先生は門人に話された。

「遠くからながめたところでは、人に君たる方とは見えない。そばに寄っても少しも威厳がない。彼はあわただしく質問された。

『天下はどういうようにして安定するだろう』

私はかしこまってお答えした。

『天下は統一いたします』

『だれが統一できるのか』

私はかしこまってお答えした。

『人間を殺すことを好まない人が、天下を統一することができます』

『その人にだれが加勢するのか』

私はかしこまってお答えした。

『天下に加勢しないものはありますまい。王様は作物の苗をご存じでしょう。七、八月のころ日照りになると、苗は枯れてしまいましょう。しかし空にむくむくと雲がわいてきて、雨がざあっと降ってくると、苗はむっくりと立ってきます。そうなると、だれもその勢いを止めることができません。現在天下の人民を飼育する君主たちで、人間を殺すことが好きでない人はありません。もし人間を殺すことが好きでない人が出てくれれば、天下の人民はみな首をのばしてその君をながめるでしょう。ほんとにそうなると、人民のその君に帰服することは、まるで水が低いほうにざあっと流れるようで、だれがその勢いを止めることができましょうか』」

注

(1)恵王の子。名は嗣《し》。在位の年代は、『史記』が前三三四年から前三一九年としているのは誤りで、前三一八年あるいは三一七年から前二九六年とされている。私は銭穆《せんぼく》・楊寛《ようかん》両氏にしたがって前三一八年即位説をとった。
(2)にわかに。
(3)雲がわいてくるさま。
(4)雨のさかんに降るさま。
(5)もののおき上がるさま。
(6)君を、民を牧畜するのにたとえる。
(7)「領」は首。首を長くして期待する。

孟子は前三一九年、彼を招いた梁の恵王の死にあって、身のふり方に迷った。翌年太子の襄王が即位すると、さっそく謁見を求めた。会ってみるとまったく君主としての威厳を欠いている。「天下がどう定まるか」という問い方でも、それが斉が勝つか、楚が勝つか、秦が勝つかという当時の政治世界の重大問題にたいし、まったく他人事《ひとごと》のようにみていて、責感も自信ももっていない。孟子は愛想《あいそ》をつかして早々に梁国を見捨て、東方の新しい覇者の斉の宣王《せんおう》のもとに出発したのである。

仁政とは

〔七〕斉《せい》の宣王(1)問いて曰《い》わく、「斉桓《せいかん》・晋文《しんぶん》(2)の事、聞くことを得べきか」。孟子対《こた》えて曰わく、「仲尼《ちゅうじ》の徒《と》、桓《かん》・文《ぶん》の事を道《い》う者なし。是《こ》の以《ゆえ》に後世伝うるなし。臣、未だこれを聞かざるなり。以《や》むことなくんば則《すなわ》(3)ち王か」。曰わく、「徳如何《いか》なれば、則ち以《もっ》て王たるべき」。曰わく、「民を保《やす》(4)んじて王たらば、これを能《よ》く禦《とど》むること莫《な》きなり」。曰わく、「寡人《かじん》の若《ごと》き者も、以て民を保んずべきか」。曰わく、「可《か》なり」。曰わく、「何に由《よ》りて吾《われ》の可なるを知るか」。曰わく、「臣これを胡齕《ここつ》(5)に聞けり。曰わく、王、堂上に坐《いま》せるとき、牛を牽《ひ》きて堂下を過ぐる者あり。王これを見て曰わく、『牛何《いず》くにか之《ゆ》く』。対えて曰わく、『将《まさ》に以て鍾《かね》に釁《ちぬ》(6)らんとす』。王曰わく、『これを舎《お》(7)け。吾その觳觫若《こくそくぜん》(8)として罪なくして死地に就《つ》くに忍びざるなり』。対えて曰わく、『然《しか》らば則ち鍾に釁るを廃《や》めんか』。曰わく、『何ぞ廃むべけんや。羊《ひつじ》を以てこれを易《か》えよ』と。識《し》らず諸《これ》ありや」。曰わく、「これあり」。曰わく、「是の心以て王たるに足れり。百姓《ひゃくせい》、皆王を以て愛《お》しめり(9)と為《な》すも、臣は固《もと》より王の忍びざることを知る」。王曰わく、「然り。誠に百姓のいうごときものあり。斉国褊小《へんしょう》な(10)りと雖《いえど》も、吾何ぞ一牛を愛しまんや。即ちその觳觫若《こくそくぜん》として罪なくして死地に就くに忍びず、故に羊を以てこれに易えしなり」。曰わく、「王、百姓の王を以て愛しめりと為すを異《あや》(11)しむことなかれ。小を以て大に易えたり。彼悪《いずく》んぞこれを知らん。王若《も》しその罪なくして死地に就くを隠《いた》(12)まば、即ち牛羊《ぎゅうよう》何ぞ択《えら》ばん」。王笑いて曰わく、「是れ誠に何の心ぞや。我その財を愛しみて、これに易うるに羊を以てせるに非《あら》ざりしも、宜《うべ》なるかな、百姓の我を愛しむと謂《い》える」。曰わく、「傷《いた》むことなかれ。是れ乃《すなわ》ち仁術《じんじゅつ》なり。牛を見て未だ羊を見ざりしなり。君子の禽獣《きんじゅう》に於《お》けるや、その生けるを見ては、その死するを見るに忍びず。その声を聞きては、その肉を食うに忍びず。是の故に君子は庖厨《ほうちゅう》を遠ざくるなり」。王説《よろこ》びて曰わく、「詩(13)に、『他人に心あり、予《われ》これを忖《はか》り度《はか》(14)る』と云えるは、夫子《ふうし》の謂《いい》なるかな。我乃ちこれを行ない、反《かえり》みてこれを求むれども、吾《わ》が心を得ず。夫子これを言いて、我が心に於いて戚戚《おもいあ》たるものあり。この心の王たるに合《た》る所以《わけ》の者は何ぞや」。曰わく、「王に復《もう》す者ありて、『吾が力は以て百鈞《ひゃくきん》(15)を挙《あ》ぐるに足るも、以て一羽《いちう》を挙ぐるに足らず。明《めい》は以て秋毫《しゅうごう》(16)の末を察《み》るに足るも、輿薪《よしん》を見ず』と曰わば、則ち王これを許さんか」。曰わく、「否《いな》」。「今恩《なさけ》は以て禽獣に及ぶに足るも、功の百姓に至らざるは、独《ひと》り何ぞや。然らば則ち一羽の挙がらざるは、力を用いざるが為《ため》なり。輿薪《よしん》の見えざるは、明を用いざるが為なり。百姓の保んぜられざるは、恩を用いざるが為なり。故に王の王たらざるは、為《な》さざるなり。能《あた》わざるに非ざるなり」。曰わく、「為さざると、能わざるとの形、何以《いか》に異なるや」。曰わく、「大山(17)を挾《わきばさ》みて以て北海(18)を超《こ》ゆること、人に語《つ》げて『我能わず』と曰う。是れ誠に能わざるなり。長者の為に枝《てあし》を折《ま》ぐること(19)、人に語げて『我能わず』と曰う。是れ為さざるなり。能わざるに非ざるなり。故に王の王たらざるは、大山を挟みて以て北海を超ゆるの類《たぐい》に非ざるなり。王の王たらざるは、是れ枝を折ぐるの類なり。吾が老を老として、以て人の老に及ぼし、吾が幼を幼として、以て人の幼に及ぼさば、天下は掌《たなごころ》に運《めぐ》らすべし。詩に云う、『寡妻《かさい》を刑《ただ》し(20)、兄弟に至《およ》ぼし、以て家邦を御《おさ》む』と。斯《こ》の心を挙げて諸《これ》を彼に加うるを言うのみ。故に恩を推《お》せば、以て四海を保んずるに足るも、恩を推さざれば、以て妻子をも保んずることなし。古《いにしえ》の人、大いにいまの人に過ぎたる所以《ゆえん》の者は、他《た》なし。善《よ》くその為す所を推せるのみ。今恩は以て禽獣に及ぶに足れども、功は百姓に至らざるは、独《ひと》り何ぞや。権《はかりにてはか》りて後に軽重を知り、度《ものさしにてはか》りて後に長短を知る。物皆然《しか》り。心を甚《はなは》だしと為す。王請う、これを度れ。抑《そもそ》も王甲兵を興し、士臣を危うくし、怨《うら》みを諸侯に搆《むす》びて、然して後《のち》心に快《こころよ》きか」。王曰わく、「否《いな》、吾何ぞ是に快からん。将《まさ》に以て吾が大いに欲する所を求めんとすればなり」。曰わく、「王の大いに欲する所、聞くを得べきか」。王笑いて言《ものい》わず。曰わく、「肥甘《ひかん》の口に足らざるが為か。軽煖《けいだん》の体に足らざるか。抑《ある》いは采色《さいしょく》(21)の目に視《み》るに足らざるが為か。声音《せいおん》の耳に聴くに足らざるか。便嬖《べんぺい》(22)の前に使令せしむるに足らざるか。王の諸臣、皆以てこれを供するに足れり。而《すなわ》ち王豈《あに》是が為にせんや」。曰わく、「否、吾是が為にせざるなり」。曰わく、「然らば則ち王の大いに欲する所知るべきのみ。土地を辟《ひら》き、秦《しん》・楚《そ》を朝《ちょう》せしめ、中国に莅《のぞ》みて(23)、四夷《しい》を撫《ぶ》せんと欲するなり。若《かくのごと》く為す所を以て、若く欲する所を求むるは、猶《なお》木に縁りて魚《うお》を求むるがごとし」。王曰わく、「是《か》くの若《ごと》くそれ甚だしきか」。曰わく、「殆《ほとん》ど焉《これ》より甚だしきものあり。木に縁りて魚を求むれば、魚を得ずと雖《いえど》も、後の災《わざわ》いなし。若く為す所を以て、若く欲する所を求むるは、心力を尽くしてこれを為して、後必ず災いあり」。曰わく、「聞くことを得べきか」。曰わく、「鄒人《すうひと》(24)、楚《そ》人《ひと》と戦わば、則《すなわ》ち王以て孰《いず》れか勝つと為さんか」。曰わく、「楚人勝たん」。曰わく、「然らば則ち小は固《もと》より以て大に敵すべからず。寡《か》は固より以て衆に敵すべからず。弱は固より以て強に敵すべからず。海内の地、方千里なる者九。斉集《ただ》(惟)その一を有《たも》つ。一を以て八を服せんとするは、何を以てか鄒《すうひと》の楚に敵せんとするに異ならんや。蓋《なん》ぞその本に反《かえ》らざる。今、王、政《まつりごと》を発し仁を施さば、天下の仕うる者、皆王の朝に立たんと欲し、耕す者皆王の野に耕さんと欲し、商賈《しょうこ》皆王の市に蔵《おさ》めんと欲し、行旅皆王の塗《みち》に出でんと欲し、天下のその君を疾《いと》う者をして、皆王に赴《つ》け愬《うった》(25)えんと欲せしめん。それ是くの若くならば、孰《たれ》か能くこれを禦《とど》めん」。王曰わく、「吾惛《くら》くして是《ここ》に進む能わず。願《ねが》わくは夫子《ふうし》吾が志を輔《たす》け、明らかに以て我を教えよ。我不敏なりと雖も、請うこれを嘗試《こころ》みん」。曰わく、「恒産《こうさん》無くして恒心《こうしん》有る者は、惟《ただ》士のみ能くすと為す。民の若きは、則ち恒産無ければ、因《よ》りて恒心無し。苟《いやし》くも恒心無ければ、放辟邪侈《ほうへきじゃし》、為さざるなし。罪に陥《おちい》るに及びて、然る後従いてこれを刑《つみ》するは、是《こ》れ民を罔《あみ》(26)するなり。焉《いず》くんぞ仁人、位《くらい》に在《あ》る有りて、民を罔して為《おさ》むべけんや。是の故に明君《めいくん》の民の産を制するや、必ず仰いでは以て父母に事《つか》うるに足り、俯《ふ》しては以て妻子を畜《やしな》うに足り、楽歳《らくさい》には身を終《お》うるまで飽《あ》き、凶年にも死亡を免れしめ、然る後駆《か》りて善に之《ゆ》かしむ。故に民のこれに従うや軽《やす》し。今や民の産を制するや、仰いでは以て父母に事うるに足らず、俯《ふ》しては以て妻子を畜うに足らず。楽歳《らくさい》にも身を終うるまで苦しみ、凶年には死亡を免れざらしむ。これ惟《ただ》死を救いて贍《た》[27]らざらんことを恐る。奚《なん》ぞ礼義に治むるに暇《いとま》あらんや。王これを行なわんと欲せば、則ち蓋《なん》ぞその本に反《かえ》らざる。五畝《ごほ》の宅、これに樹《う》うるに桑を以てせば、五十の者以て帛《きぬ》を衣《き》るべし。鶏豚狗彘《けいとんこうてい》の畜《やしな》い、その時を失うなくんば、七十の者以て肉を食《くら》うべし。百畝《ひゃっぽ》の田《でん》、その時を奪う勿《な》くんば、八口《はっこう》の家以て飢うることなかるべし。庠序《しょうじょ》の教えを謹《つつ》しみ、これに申《かさ》ぬるに孝悌《こうてい》の義を以てせば、頒白の者道路に負戴《にお》わず。老者帛を衣肉を食い、黎民《れいみん》飢えず寒《こご》えず。然《かくのごと》くにして王たらざる者は、未だこれ有らざるなり」

斉の宣王がたずねられた。

「斉の桓公・晋の文公の覇者の事績について何かお話しくださいませんか」

孟先生がかしこまってお答えした。

「孔子の一門は斉の桓公・晋の文公の事績を話題にしなかったので、後世にその事績を伝えていませんし、私もまだ聞いたことがございません。やむをえませんから、覇道《はどう》ではなく王道《おうどう》についてお話しいたしましょうか」

宣王がいわれた。

「ではどうしたら道徳によって王になれるのだろう」

孟先生は答えられた。

「人民を愛護されれば王となれるのでして、その勢いをだれも止めることはできません」

王は聞かれた。

「自分のようなふつつかな者でも、人民を愛護することができるだろうか」

「けっこうできます」

「どうして自分ができることがわかるのか」

「私は胡《こ》齕《こつ》から聞いたのです。彼のいうには、王様が御殿にすわっていられると、牛を引っぱって下を通りかかったものがあった。王様はこれをご覧になられて、

『その牛はどちらへ連れて行くのだ』

ときかれた。牛飼いはかしこまって、

『これから鐘の落成式に行き、殺してその血を鐘に塗っておまじないするのです』

とお答えした。王様は、

『その牛を放してやれ。しょんぼりして罪もないのに刑場に連れて行かれるのを見るに耐えないから』

といわれた。牛飼いはかしこまって、

『それなら鐘の落成式をやめにいたしましょうか』

とお答えした。王様は、

『式は取りやめにはできない。羊を身代わりにしろ』

といわれましたと。

　いったいこれは事実あったことでございますか」

「そういうことがたしかにあった」

「このお気持ちさえあれば、王となられるのにじゅうぶんです。しかし国民はみな王様を物惜しみからなさったと邪推《じゃすい》しています。私はもちろん王様の殺すに忍びない慈悲の情かららなさったことを承知していますが」

　王がいわれた。

「そうだ。なるほど国民のいうとおり、物惜しみらしいところもある。しかし斉国がいかにちっぽけだといっても、君主たる自分がどうして牛の一頭を惜しがることがありえようか。ただしょんぼりとして罪もないのに刑場に連れて行かれるのを見るに耐えなかったので、羊に代えたのだ」

「王様は、国民が王様を物惜しみしたと考えるのを不思議がられることはありますまい。小さいものを大きいものの代わりにされたから、彼らが物惜しみから出たとみたので、どうして王様のほんとうの理由がわかりましょう。じっさい、罪がなくて刑場に引かれるの

斉宣王にまみえる孟子（『孟子故事』より）

をふびんに思われるなら、牛でも羊でもべつに変わりはないでしょう」

王が笑っていわれた。

「あれはいったいどういう気持ちだったのだろう。自分は財物が惜しくて牛を羊に代えたわけではなかったのだが、なるほど人民どもが自分をけちんぼうとそしったのは、もっともだった」

「人民どもの評判などお気になされることはありませぬ。これも仁の方便なのです。王様は牛を目の前にご覧になっておられるが、まだ羊のほうはご覧になっておられなかったからです。君子は鳥獣にたいして、その生きている姿を見ると、殺される姿を見るに忍びず、その悲しい声を聞くと、とてもその肉を食べる気が起こりません。それだから君子は料理場を遠い所に建てるといいます」

王は喜んでいわれた。

「『詩経《しきよう》』に、『他人に心あり、予《われ》これを忖《はか》り度《はか》る』という句があるが、先生のことをいったみたいである。あの牛を羊に代えたことは、自分の行為であるのに、かえって自分で自分の心が了解できなかった。今先生がこれを表現されたので、自分の心にそのときの心持ちが、まざまざと思い出される。ところが、この心持ちが王となるにじゅうぶんだといわれるのはどういうわけだろう」

「今だれかが王様に、『私の腕力は百鈞《きん》つまり三千斤《きん》の重さを持ち上げることができるが、一枚の羽根を持ち上げることがむつかしい。私の視力は鳥獣の秋のうぶ毛を見分けることができるが、車いっぱい積んだ薪《まき》を見失います』と申し上げたとしたら、王様はお認めになりましょうか」

「いや、認められないな」

「今王様のご恩は鳥獣まで及ぶほどであるのに、ご政治の効果が人民たちに達しないのは、そもそもどういうわけでございましょう。いったい一枚の羽根が持ち上げられないのは、腕力を使わないからです。車いっぱい積んだ薪を見失うのは、視力を使わないからです。人民たちが愛護されないのは、じっさいにご恩を使われないからです。要するに王様が真の王とならないのは、しないからであって、できないからではないのです」

「しないことと、できないことのあらわれ方はどう違うのだろう」

「泰山《たいざん》を小脇《こわき》にかかえて北海を飛び越えるという諺《ことわざ》があります。他人にたいして、『私はこんなことはできません』と語ったとします。これはほんとうにできないのです。老人のために按摩《あんま》してあげよといわれて、『私はそんなことはできません』と語ったとします。これはしないので、できないのではありません。要するに王様の真の王になりえないのは、泰山を小脇にかかえて北海を飛び越える類《たぐい》ではありません。王様の真の王になりえないのは、按摩する類なのです。わが家の老人をいたわる心持ちを拡張して、他家の老人に及ぼし、わが家の幼児をかわいがる気持ちを拡張して、他家の幼児に及ぼすなら、天下は掌《てのひら》の上のように動かすことができます。『詩経』に、『わが妻に礼を正し、兄弟に及ぼし、家族国家を治める』と歌っているのは、この思いやりの心持ちをもって、他人の上に置くことをいったにすぎません。そこで思いやりつまり恩を拡大すると世界の果てまで太平にできるが、恩を拡大しないと一家のなかでも不平が起こります。昔の聖人が、常人をはるかに越えたのはほかでもなく、その同情にもとづく行為を他人に広く拡大したためでありました。現在、同情はじゅうぶんに鳥獣に及んでいながら、同情にもとづいた政治の効果が人民たちに達していないのは、そもそもどういうわけでしょうか。秤《はかり》のおかげで物の重さがわかり、物差《ものさ》しのおかげで長さがわかります。物体がみなそうであるばかりか、とくに人間の心にはそういう物差しのようなものが必要です。王様の心は、どうか自分で測ってみていただきとうございます。いったい王様は軍隊を出動させ、家臣たちの生命を犠牲にし、恨《うら》みを他の諸侯国に結んで、それで愉快なのですか」

王が答えられた。

「いや、自分はなにも戦争が愉快なわけではない。戦争によって、自分のひどくほしがっているものを求めているにすぎないのだ」

「では、王様のひどくほしがっているものをお聞かせくださいませんか」

王は笑って答えられない。孟先生はさらにたずねられた。

「肥えた肉や甘い食物などがお口に合わないためですか。軽くて暖かな衣服がお体《からだ》にぴったりしないためですか。それとも建物・調度の色彩がお目ざわりなためですか。楽師の音楽がお耳にあき足りないためですか。御前で使われるお気に入りの近習小姓《きんじゅこしょう》が不足しているためですか。こんなものは王様のご家来でみな調達できることですから、どうして王様の欲望の対象となるはずがありましょう」

「いや、自分はそんなものがほしいのではない」

「そうすると、王様のひどくほしがっておられるものがわかりました。領土を拡張し、秦《しん》・楚《そ》の大国を機嫌《きげん》伺いに来させ、中国の覇者となり、四方の蛮族を手なずけることにきまっています。しかし、今王様の考えておられる手段によって望みを遂げようとされるのは、まるで木によじのぼって魚をとろうとするのと同じです」

王がいわれた。

「それほど場違いかな」

「もっと場違いだと申せましょう。木によじのぼって魚がとれなくとも、たいした害が残りません。今王様の考えておられる手段によって王様の望みを遂げられようとされると、あるかぎりの心力を使い果たしたあとに、きっと害が残るにちがいありません」

「そのわけをお聞かせ願えないか」

「鄒《すう》国と楚国とが戦ったとします。王様はどちらが勝つと思われますか」

「楚国が勝つだろう」

「それならば小国はもちろん大国にかなわないし、力の弱いものは強力なものにかなわないのです。中国の内地は千里四方の国が九つとれます。斉国の領土はそのひとつに相当します。九分の一の斉国で残りの八国を従属させようとするのは、鄒国が楚国に対するのとなんのかわりがありましょうか。そうわかればどうしてこの政策をご破算にされ、政治の本筋に立ち返られないのでしょうか。今王様が法令を発布して、仁政を実施されるとします。天下の仕官するものが、残らず王様の朝廷にたってつとめようと希望し、農耕に従事するものは、みな王様の田畑で耕そうと希望し、商売人はみな王様の市場に商品を納めようと希望し、旅人はみな王様の領内の道筋を通ろうと希望し、天下の君主に不平をいだくものが、みな王様のもとに訴え出ようと希望するようになります。もしそうなったならば、だれがこの勢いをとどめることができましょうか」

王がいわれた。

「自分は愚鈍で、とても仁政をおこなう自信はない。先生、どうか自分の志を助け、はっきりと教えていただきたい。自分は才能に乏しいけれども、仁政を実施してみよう」

「きまった生業がなくて、きまった心をもち続けることは、学問のある士たるものだけができます。一般の人民になると、きまった生業がないと、きまった心がなく、すぐにぐらぐらする。心がぐらつくと、気まま、かたより、道をはずす、身分にすぎた贅沢《ぜいたく》など、なんでもやらないことはありません。このように罪を犯すようになってから追っかけて刑罰に処するというのでは、人民に網を打って捕えるのとかわりありません。仁人が君主の位におりながら、民に網をかけるということがあるでしょうか。そこで明君は人民の生業を規制し、かならず上は父母につかえ、下は妻子を養うにじゅうぶんで、豊年には腹いっぱいに食べ、凶年にも死亡を免《まぬが》れるようにします。そのうえで人民をかりたてて、善をなすように仕向けるのですから、人民は君主の指導に造作なくついて行きます。現在の君主は人民の生業を規制して、上は父母につかえ、下は妻子を養うに不十分で、豊年でも苦労に暮れ、凶年では死亡を免れないありさまです。これでは命をまっとうするにもこと欠かないかと心配し、とても礼儀などを整える暇もありません。王様がもし仁政を実行しようと思われるならば、どうしてこの根本に返って、そこから出発なさらないのでしょう。農家各戸ごとに五畝《ほ》の宅地に桑《くわ》を植えさせると、五十歳の老人は暖かい絹が着られましょう。鶏・豚・犬の飼育にあたって繁殖の時期を失わないように注意させると、七十歳の老人は肉を食うことができるようになりましょう。農家各戸百畝の田畑の耕作に支障ないように課役《かえき》の季節を制限すると、八人の家族も食糧に困ることはないでしょう。村里の塾《じゅく》の教育に注意し、親への孝行と老人への柔順とを重んずると、白髪《しらが》の老人が道路で荷物を背負う景色は見られなくなるでしょう。老人が絹物を着、肉を食べ、一般の人民がひもじい思いも、こごえる苦しみも知らなくなり、しかも真の王となれない国は、どこにもありえないのです」

注

（1）姓は田《でん》、名は辟彊《へききょう》。戦国七雄のひとつ斉国の威王の子、湣王《びん》の父。『史記』は斉の宣王即位を前三四二年、その死を前三二四年においているが誤り。前三一九年（または前三一八年）即位、死を前二九九年（または前三〇一年）（銭穆《せんぼく》『先秦諸子繫年《せんしんしょしけいねん》』、楊寛《ようかん》『戦国史』戦国大事年表、陳夢家《ちんぼうか》『六国紀年《りっこくきねん》』などを参照）。

（2）斉の桓公、名は小白《しょうはく》（前六八五―六四三年在位）と、晋の文公、名は重耳《ちょうじ》（前六三六―六二六年在位）にあたる。春秋時代に諸侯を支配した覇者の代表であった。

（3）「以」は「已」と同じ。

（4）「安」つまり安《やす》んずと読む。

（5）斉の臣らしいが、事績は不明。

（6）鐘の鋳造が終わると、牛・羊などを犠牲《いけにえ》とし、これを屠《ほふ》って血をその上に注ぎかける。鐘に生命を与えるための魔術であった。こういう落成式にともなう呪術《じゅじゅつ》儀礼は世界各地に分布している。

(7)「捨」と通用する。ゆるすの意。
(8)上の二字は牛が恐れ身を縮めているありさま。「若」と「然」と読み替え、「觳觫然として」と読むのは兪樾《ゆえつ》の発見である。
(9)惜しむこと、吝嗇《りんしょく》。
(10)「褊」も小さいこと。
(11)怪しむこと。
(12)いたむ、あわれむ。
(13)『詩経』の小雅、巧言《こうげん》篇第四章の句。
(14)どちらも「はかる」と読む。推量すること。
(15)約七・七トン。
(16)秋に生え変わった鳥獣のうぶ毛。あるいは秋の穀物の穂の毛という説もある。
(17)泰山《たいざん》。山東省にあって、五岳の第一として天下の名山とされている。
(18)現在の渤海《ぼっかい》にあたる。
(19)普通は文字どおり樹木の枝を折ることと解される。しかし「枝」は「肢」と通じ、長者のため四肢《しし》を折り曲げ按摩《あんま》してさしあげるという毛奇齢《もうきれい》の説が、もっとも適切である。
(20)以下の三句は、『詩経』大雅の思斉《しせい》篇からとられた。「刑」は「型」、つまり範例。手本を示し、家内を整える。「寡妻」は、中国はこのとき多妻制であったので、そのなかの適妻つまり正夫人のこと。
(21)彩色。
(22)王の左右に使われる気に入りの近侍。
(23)「臨」と同じ。上位の者が、下位の者にたいすること。
(24)春秋時代の邾《ちゅ》国をまた「鄒」とも書く。魯《ろ》の隣の小国、山東省鄒県にあたる。

宣王以下四王墓（左から威王、宣王、湣王、襄王の墓）

(25)「訴」と同義。
(26)「網」と通じる。
(27)足ること。

梁の恵王の死後、そうでなくてさえ覇権から見放され、衰退の色の濃くなった梁国を継いだ襄王《じょうおう》は、平凡な君主にすぎなかった。孟子はまもなく梁国をあとにしてまた東に帰って、梁国に代わって六国の覇者となった斉の首都臨淄《りんし》をたずねて宣王《せんおう》に面会した。

前三一九年、即位早々の宣王は、孟子にたいして口を開くや、斉の桓公《かんこう》・晋《しん》の文公《ぶんこう》の覇業《はぎょう》について教えてほしいといった。梁国を馬陵《ばりょう》の一戦に破って、覇権を奪った父の威王《いおう》のあとを嗣《つ》いだ宣王の野望は、西の秦《しん》、南の楚《そ》をおさえ、完全に天下の覇者となることにあった。そこで宣王は、開口一番、斉の桓公・晋の文公の故事を孟子に語ってもらおうとしたのである。孟子は九国のうちのひとつにしかすぎない斉国が、軍事力だけで中国を統一することが困難であることを説いて、真の王者の道つまり王道によって、人民の生活を安定させ、その善政を聞き伝えて、外国の人民・学者・商人などが斉国に移住して来れば、国力が増加し、自然に敵国にたいして優位に立ち、天下を統一することができると述べた。

　この王道政治は、対話の表面だけを読んでいると、まったく空想的なようにみえるかもしれない。しかし当時は、学者・商人のみならず農民も、後世よりはずっと移動性をもち、善政の施されるという噂《うわさ》を聞くと、集団的にかなり遠い外国に移住することが多かった。この国境を越えた人民の集団的移住の自由さの上に立って、王道政治の理想が形成されたので、いちがいに空想として退《しりぞ》けられない。宣王にたいする孟子のことばは、前もってかなり準備しておいたとみえ、いつもの孟子よりずっと議論の進め方が慎重である。まず鐘の落成式の犠牲《いけにえ》に引かれて行く牛を放して、羊に代えさせた王をほめたうえ、この心持ちを拡大すれば、真の王となれるとおだてておいて、この恩つまり人民にたいする愛情を拡張して政治に結実させるように、一問一答を通じて、しっかりと王の心をつかまえ、その意見を傾聴させた。泰山を小脇にかかえて北海を飛び越えることと、長者のために按摩するという比喩《ひゆ》を対照させて、不可能なことと意欲しないこととの差異を説明する点など、理論的にかなり精密な議論をおこなっている。

第二巻　梁恵王章句　下

この巻は、十六章から成っているが、第一章・第七章・第八章・第十章・第十一章・第十六章の六章を採録した。中心を成すのは「梁恵王章句　上」についで、斉の宣王との対話で、それは第一章から第十一章までを占めているが、同工異曲《どうこういきょく》で類型的なものが多いので、そのうちから五章だけをここに紹介した。同工異曲というのは、宣王《せんおう》がポピュラー音楽を好むとか、別荘を作るのが好きだとか、勇を好むとか、色を好むとかいう弱点とみえる性質を肯定し、彼をおだて上げ、大衆とともに歩む気持ちになれば明君になれると説いたものが多い。これは論理というよりは雄弁の技術に属するし、孟子のこの才能はすばらしい。こういう対話が、『孟子』という書物の最初に集められていることは、当時有名な対話であったからであろう。

当時の孟子は、学者孟子としてより、雄弁家孟子として高名をかちえたのである。孟子は燕《えん》国に内乱が起こると、宣王に勧めて燕国に軍隊を進攻させ、大成功を収める。しかし、占領政策の失敗から燕国の民心を失い、列国の干渉をまねき、結局は燕国から敗退する。こうして、当時第一の強国であった斉《せい》国の前途に暗雲を投ずることになった。斉の宣王をもり立て、天下を統一させ、そのなかで王道政治を実現しようとした孟子の野心は、夢のように消えさった。燕国への侵略は、王道思想からみると、まったく覇道《はどう》の権力主義の政策である。目的はともあれ、これを推進して失敗したのであるから、孟子は失望と良心の悩みとにより、ふたたび政治家として立てないほどの打撃を受けたのである。こうして孟子は斉国を去って、滕《とう》国・魯《ろ》国に巡遊し、寂しく王道の理想だけを説くことになる。省略したが、もとの第十三章以下の各章は、そのときの君主との対話である。「梁恵王章句　上・下」に載せた各章は、だいたい、孟子の巡遊の道筋を追って編集してある。後世の伝記家は考証によって、この順序をいろいろ変えているが、それはかえって信用できない。

衆とともに楽しむ

〔一〕　荘暴《そうぼう》(1)、孟子に見《まみ》えて曰《い》わく、「暴《われ》、王に見えしとき、王、暴に語るに楽《がく》を好むを以《もっ》てせるも、(2)暴未《いま》だ以て対《こた》うることあらず、曰わく、楽を好む何如《いかん》」。孟子曰わく、「王の楽を好むこと甚《はなは》だしければ、則《すなわ》ち斉国それ庶幾《ちか》からんか」。他日、王に見えて曰わく、「王嘗《かつ》て荘子《そうし》に語るに楽を好むを以てせりと。諸《これ》ありや」。王、色を変えて曰わく、「寡人《かじんよ》能く先王の楽を好むに非《あら》ず、直《ただ》世俗の楽を好むのみ」。曰わく、「王の楽を好むこと甚だしければ、即ち斉それ庶幾からんか。今の楽は猶《なおいにしえ》古の楽のごときなり」。曰わく、「聞くを得べきか」。曰わく、「独《ひと》り楽して楽《たの》しむと、人と楽して楽しむと、孰《いず》れか楽しき」。曰わく、「人と与《よ》にするに若《し》かず」。曰わく、「少と楽して楽しむと、衆と楽して楽しむと、孰れか楽しき」。曰わく、「衆と与にするに若かず」と。「臣請《こ》う王の為《ため》に楽を言わん。今、王ここに鼓《こ》楽《がく》せんとき、百姓《ひゃくせい》、王の鐘鼓《しょうこ》の声、管籥《かんやく》(3)の音《ね》を聞きて、挙首《みなこうべ》を疾《いた》(4)め頞《はなすじ》を蹙《しか》(5)め、相告げて、『吾が王の鼓楽を好む、夫《そ》れ何ぞ我をしてこの極に至らしむるや、父子相見ず、兄弟妻子離散す』と曰う。今、王ここに田猟《でんりょう》するとき、百姓、王の車馬の音を聞き、羽旄《うぼう》(6)の美を見て、挙首を疾め、頞を蹙め、相告げて、『吾が王の田猟を好む、夫れ何ぞ我をしてこの極に至らしむるや、父子相見ず、兄弟妻子離散す』と曰わんか。これ他《た》なし。民と楽しみを同じくせざればなり。今、王ここに鼓楽するとき、百姓、王の鐘鼓の声、管籥の音を聞きて、挙欣欣然《みなきんきんぜん》として喜色あり、相告げて曰わく、『吾が王庶幾《さいわい》に疾病《やまい》なからんか、何を以て能く鼓楽する』。今、王ここに田猟するとき、百姓、王の車馬の音を聞き、羽旄の美を見て、挙欣欣然として喜色あり、相告げて、『吾が王庶幾に疾病なきか、何を以て能く田猟する』と曰わんか。これ他なし。民と楽しみを同じくすればなり。今、王百姓と楽しみを同じくせば、則ち王たらん」

荘暴が孟先生にお会いしていった。

「私が王様に謁見したとき、王様は私に音楽が好きだとおっしゃった。私はどうお答えしたらよいのでしょう」

孟先生がいわれた。

「王様の音楽好きが度を越していれば、斉国の政治がよくなるのは目前でしょう」

孟子は、日をあらためて、王に謁見していわれた。

「王様は荘君に音楽が好きだとおっしゃったそうですが、それはほんとうですか」

王は顔色をあからめて答えられた。

「自分は、古代の聖王の作られた古典音楽には、とても歯が立たない。自分はただ現代のポピュラー音楽が好きなだけなのだ」

「王様の音楽好きが度を越していられるなら、斉国の治まるのは目前です。現代音楽も、古典音楽も、かわりはありません」

「それはどういうわけか、もう少し説明してほしい」

「ひとりで音楽を楽しまれるのと、他の人といっしょに音楽を楽しまれるのと、どちらがより楽しいでしょうか」

「他の人といっしょに楽しむほうがまさっている」

「少数の人と音楽を楽しまれるのと、多勢の人と音楽を楽しまれるのと、どちらがより楽しいでしょうか」

「多勢の人といっしょに楽しむほうがまさっている」

「私は王様に音楽の話を続けて申し上げましょう。今かりに王様が音楽を演奏させておられるとします。人民は鐘・太鼓の音《おと》、笙《しょう》・簫《しょう》の音《ね》を聞いて、いっせいに頭をいため、顔をしかめて、『われらの王様は音楽を好まれるあまり、どうしてわれわれをこんなつらい羽《は》目《め》に陥《おとしい》れられるのだろう。親子がたがいに会うこともできず、兄弟・妻子も離ればなれだ』と語り合います。今、王様が狩猟に出かけられるとします。人民は王様の車馬の音を聞き、旗指物《はたさしもの》の美しいのを見かけると、いっせいに頭をいため、顔をしかめて、『われらの王様は狩猟を好まれるあまり、どうしてわれわれをこんなつらい羽目に陥れられるのだろう。親子がたがいに会うこともできず、兄弟・妻子も離散することになる』と語り合います。これらはほかでもありません。ただ人民といっしょに楽しまれないからです。現在、王様が音楽を奏させられると、人民は王様の鐘・太鼓の音、笙・簫の音を聞き、にこにことしてうれしそうな顔色をして、たがいに、『われわれの王様はごじょうぶらしいな。そうでなければ、どうして音楽を演奏されることがあろうか』と語り合います。今、狩猟に出かけられるとします。人民は王様の車馬の音を聞き、旗指物の美々しいのを見て、にこにことしてうれしそうな顔色で、たがいに、『われわれの王様はごじょうぶらしいな。そうでなければ、どうして狩猟に出かけられることができようか』と語り合います。これらはほかではありません。人民といっしょに楽しまれるからです。このように、今、王様が人民といっしょに楽しまれるならば、真の王となられるにちがいありません」

注
(1)荘暴は斉の宣王の臣下である。前章につづいて、斉の宣王のことを孟子は語る。
(2)この「楽」は、音楽の「楽《がく》」とするのが通説で、「楽しみ」とみる説は、穏当ではない。
(3)趙岐《ちょうき》は「管《かん》」を「笙《しょう》」、「籥《やく》」を「簫《しょう》」に当てている。「管」はたんなる笛かも知れないが、「籥」のほうは、多数の管をもった楽器、つまり笙・簫の類《たぐい》をさす。
(4)頭をいためること。
(5)「頞」は鼻梁《びりょう》、つまり鼻の中柱。「蹙」は縮めること。上の「首を疾める」につづいて、その痛みに眉《まゆ》を寄せ、顔をしかめることをさすのであろう。
(6)中国古代の旗には、羽毛をつけたものが多い。

この問答は、荘暴から宣王が音楽を好むと語ったことを聞いた孟子が、宣王と会って交《か》わしたものである。王は音楽は音楽でも、孟子などがたいせつにしている斉《せい》・周《しゅう》の古典音楽ではなくて、当時流行していたいわゆる鄭《てい》・衛《えい》の音楽、現代でいえばポピュラーな音楽だとはにかむ。孟子は、音楽にかかわりはない、王に音楽を好む心さえあれば斉国は安泰だ。それに音楽はひとりで楽しむより、衆とともに楽しむのがまさっている。この衆とともに楽しむ心で政治をやって、人民とともに生活を楽しくするようにすれば、政治はうまくゆくと説く。こういう趣旨は、別荘を持つこと（もとの第二章、第四章）、勇を好むこと（もとの第三章）、財物を欲し、色を好むこと（もとの第五章）についての論法とまったく同じ技巧である。重複を避けてこれらの章は省略した。

孟子のいわゆる精神主義は、人間の欲望を肯定し、その欲望が個人主義の枠《わく》から脱し、広い社会の立場に立つことを説いたものであって、これこそ孟子の、人間の性は本来善であるという有名な性善説の基礎をなす考え方である。

人材登用について

〔七〕孟子、斉の宣王に見《まみ》えて曰《い》わく、「所謂《いわゆる》故国(1)とは、喬木《きょうぼく》(2)あるの謂《いい》を謂《い》うに非《あら》ざるなり。世《せ》臣《しん》(3)あるの謂なり。王には親臣なく、昔者《きのう》進めし所も、今日その亡《な》きを知らざるなり」。王曰わく、「吾何を以《もっ》てその不才を識《し》りてこれを舎《す》てんや」。曰わく、「国君賢《けん》を進むるには、已《や》むを得ざるが如《ごと》くす。将《まさ》に卑《いや》しきをして尊《たっと》きに踰《こ》え、疏《うと》きをして戚《した》しきに踰えしめんとす、慎《つつ》しまざるべけんや。左右皆賢《さか》しと曰うも、未だ可ならざるなり。諸大夫《しょたいふ》皆賢しと曰うも、未だ可ならざるなり。国人《こくじん》皆賢しと曰い、然《しか》る後《のち》にこれを察《みきわ》め、賢しきを見て、然る後にこれを用いよ。左右皆不可と曰うも、聴く勿《な》かれ。諸大夫皆不可と曰うも、聴く勿かれ。国人皆不可と曰い、然る後にこれを察め、不可なるを見て、然る後にこれを去れ。左右皆殺すべしと曰うも、聴く勿かれ。諸大夫皆殺すべしと曰うも、聴く勿かれ。国人皆殺すべしと曰い、然る後にこれを察め、殺すべきを見て、然る後にこれを殺せ。故《かか》れば、国人これを殺すと曰うべし。此《か》くの如くにして、然る後に以て民の父母たるべし」

孟先生が、斉の宣王に謁見されていわれた。

「世間に旧《ふる》い伝統のある国と申しますと、その鎮守《ちんじゅ》の森に高くそびえた神木があることをさしていますが、それはまちがいでして、譜代《ふだい》の家臣がいる国をさすのです。譜代の臣のいない新しい斉国のような国は、王様が親任される臣下も、きのうとりたてたものが、きょうは悪事をはたらいて死刑に処せられるかもしれず、安定しないのです」

王がたずねられた。

「それならば、自分はどうしたら臣下の才能のないものを判別して、任用しないようにできるだろう」

「君主が才能のすぐれた臣下をとりたてるときは、いかにもそうでなければならないように、自然におこなわれないといけません。位の下の賢者を上の位の者を越えてとりたて、また遠い分家の者を近く親しい本家の者を越えてとりたてたりするのですから、どうしても慎重にしなければいけないのです。王様の側近の者が、その男がすぐれているといっても、まだいけません。高官連がすべてすぐれているといっても、まだいけません。首都の市民たちが口をそろえてすぐれているといい、しかもその男をよく調べて、王様がそのすぐれているのを見きわめたのちに、これを任用なされませ。逆に王様の側近が皆だめだといっても、すぐ聞き入れてはなりません。高官連が皆だめだといっても、まだ聞き入れてはいけません。首都の市民が皆だめだといい、しかもその男をよく調べて、王様がそのだめなことを見きわめたのちに、これを免職なされませ。王様の側近が死刑に処すべしといっても、まだ聞き入れてはなりません。高官連が皆死刑に処すべしといっても、まだ聞き入れてはなりません。首都の市民が皆死刑に処せよといい、しかも王様がこれをよく調べて、死刑に値すると見きわめられたのちに、死刑に処せられませ。このやり方なら、王様が死刑に処せられたのではなく、首都の市民が死刑に処したと申してもよいでしょう。王様がこういうように注意されるならば、はじめてほんとうの人民の父母となることができましょう」

注

(1)「故」は古いことであるから、伝統のある国。
(2)高い樹木。それは首都の樹々、公園の森をさしているのではない。国の社稷《しゃしょく》つまり鎮守神社の、国土を象徴する神木のことをさしている。
(3)先祖代々つかえている譜代の家臣。

斉国は、周初太公望《たいこうぼう》の建てた斉国ではなく、他国の陳《ちん》から流れてきた陳氏つまり田《でん》氏が、宣王の父威《い》王《おう》にいたって（前三五六年）、これを奪って新しく建てた国である。宣王の即位した前三一九年まで、まだ三十七年、一代しかたっていない。陳氏が国を建てたとき、呂《ろ》氏の建てた社《やしろ》は、亡国の社として廃棄され、新しい陳氏の社が建てられた。呂氏の社の神木は切り倒されて、新しい陳氏の社の神木が植えられた。三十七年では、まだその神木は昔の呂氏の社のように高くそびえた老木ではなかった。この新しい神木が、新興の斉国の運命を象徴しているのである。孟子は、しかし神木の古いのが故国の特徴ではない。譜代の臣下がいないこと、それが新しい斉国の弱点だといったのは、じつによく斉国の政治の本質を洞察したことばである。こういう歴史的背景を考慮に入れてはじめて、この問答がいきいきとしてくる。

革命の容認

〔八〕斉《せい》の宣王問いて曰《い》わく、「湯《とう》(1)、桀《けつ》を放ち、武王(2)、紂《ちゅう》(3)を伐《う》てること、諸《これ》ありや」。孟子対《こた》えて曰わく、「伝にこれあり」。曰わく、「臣にしてその君を弑《しい》す、可ならんか」。曰わく、「仁を賊《そこ》なう者これを賊《ぞく》と謂《い》い、義を賊なう者これを残《ざん》と謂う。残賊《ざんぞく》の人は、これを一夫《いっぷ》と謂う。一夫紂を誅《ちゅう》するを聞けるも、未《いま》だ君を弑せるを聞かざるなり」

斉の宣王がたずねられた。

「殷《いん》の湯王は、夏《か》王朝の桀王を放逐して天下を取り、周《しゅう》の武王は、殷王朝の紂王を討伐して天下を取ったという。それは歴史事実なのか」

孟先生が答えられた。

「そういうことが語り伝えられています」

「それなら臣下として君主を殺したてまつることは、是認されているのか」

「仁の徳を破壊する人を賊といいますし、正義を破壊する人を残と申します。残・賊の罪を犯した人はもはや君主ではなく、一夫つまりたんなるひとりの民となってしまいます。私は武王が一夫の紂を討ち殺したとは聞いていますが、君主である紂を殺してしまったとは聞いておりません」

注

(1)殷王朝の開祖、天乙《てんいつ》が正しい名で、唐、湯または成湯はその宗廟《そうびょう》の名である。夏王朝の末の暴君桀王を滅ぼして、天下を取った。

(2)周王朝の名君文王のあとを受けて、殷の紂王を牧野《ぼくや》の戦いに破ってこれを殺し、天下を取った周開国の英主。

(3)殷の最後の暴君。

暴君であればすでに君主の資格を失っているから、これを殺しても君主にたいする反逆の罪にならないとする孟子のこの説は、呂氏の斉を奪った田氏の斉の正統性を是認することにもなる。人民の革命権を認める孟子の説は、戦国時代の新興都市国家においてはじめて成立することができる。前の章で、君主が才能の士を門閥にかかわらず任用するには、高官だけではなく、人民の同意が必要であることを説いたことを考え合わせると、都市国家から拡大した領土国家は、民主制の上に基礎をもとうとしたものであることがわかる。しかし、他方において威王を継いだ宣王にとっては、かなり刺激的な学説にちがいない。孟子の説は、この意味ではじゅうぶんに宣王を安心させることはできなかったであろう。

王道主義者孟子の汚点

〔十〕　斉人《せいひと》、燕《えん》を伐《う》ちてこれに勝つ。宣王問いて曰《い》わく、「或《あ》るひとは寡人《かじん》に取る勿《な》かれと謂《い》い、或るひとは寡人にこれを取れと謂う。万乗《ばんじょう》の国を以《もっ》て万乗の国を伐ちて、五旬《ごじゅん》にしてこれを挙《あ》ぐ。人力《じんりょく》はここに至らじ。取らざれば必ず天の殃《わざわ》い(1)あらん。これを取りては何如《いかん》」。孟子対《こた》えて曰わく、「これを取りて燕の民悦《よろこ》ばば、則《すなわ》ちこれを取れ。古《いにしえ》の人これを行なえる者あり、武王是《これ》なり。これを取りて燕の民悦ばずんば、則ち取る勿かれ。古の人これを行なえる者あり、文王是なり。万乗の国を以て万乗の国を伐てるに、簞食壺漿《たんしこしょう》(2)して以て王師を迎えたるは、豈他《あにた》あらんや。水火を避けんとてなり。水益《ますます》深きが如く、火益熱きが如くならんには、亦運《またうつ》らんのみ」

斉国が燕国を攻めて勝ちを収めた。宣王がたずねられた。

「自分に燕国を占領してはいけないと反対する人もあれば、占領をすすめる人もいる。戦車万台を出す国である斉が、同じ戦車万台を出す燕国を攻撃して、五十日ですっかり征服してしまった。人力ではとてもこれほどの成功を収めることはできないので、天の命《めい》であろう。これを占領しなければ、かえって天の咎《とが》めを受けるかもしれない。これを占領したらどうであろう」

孟先生がかしこまって答えられた。

「王様が占領されて燕の国民が喜ぶなら、占領なさいませ。昔の賢人で、これを実行されたお方があります。殷《いん》国を滅ぼした周の武王がそれです。王様が占領されて燕の国民が喜ばなければ、占領するのをおやめなさいませ。昔の賢人で、これを実行されたお方があります。周の文王がそれです。戦車万台を出す大国が、同じ戦車万台を出す大国を攻めたとき、敵国の人民が弁当箱にご飯を盛り、壺《つぼ》に飲み物を入れて、王様の軍隊を歓迎したのは、別に深い理由はなく、水火のような災害を避けようとしてのことなのです。だから占領していいのですが、もし占領によって、水害の浸水がますます深くなり、火災の火の手がますますあがって熱くなることになると、この天の与えた幸運は、また逃げて行くでしょう」

注
(1)天の下された災い。
(2)「簞」は竹を編んで作った丸形の弁当箱、わりご。「漿」は穀物の汁。ときには酒をさす。この場合も、ご飯に酒を添えて軍隊を歓迎したのである。

前三一六年か前三一五年ごろのことであった。斉の北隣の現在の北京《ペキン》付近を中心にして、河北《かほく》省から東北の遼東《りょうとう》地方まで領有する燕国で異変が起こった。燕王噲《かい》が大臣の子之《しし》を信頼し、当時流行していた、帝王の堯《ぎょう》が子供をおいて賢者の舜《しゅん》に帝位を譲ったという禅譲《ぜんじょう》伝説にかぶれ、太子平《へい》の代わりに子之を王に立てようとした。太子平は将軍市被《しひ》とともに貴族と結託して内乱を起こし、軍を率いて王宮を囲み、子之を攻めた。内乱は数ヵ月続き、太子平、将軍市被らが戦死した。

前三一四年に斉の宣王はこの内乱に乗じて、将軍匡章《きょうしょう》に命じて斉の五都の軍を動員し、さらに北方民族とも謀《はかりごと》を通じ、燕国に侵入した。燕王と貴族の内乱に悩む燕の民衆の歓迎を受けた斉軍は、燕王噲を殺し、首都を陥れ、わずか五十日で燕国の主要部分を制圧した。この戦勝のあと、斉軍はそのまま燕国内に駐留して、占領行政を続けるべきか否か、斉の政界では賛否両論がおこなわれ、宣王は決断に迷った。

　この章は、宣王がこの論争について孟子に意見を求めたのにたいして、孟子は、内乱に悩み、王室に愛想《あいそ》をつかして、燕国の国民がもしこの占領を支持するならば、そのまま継続せよ。もし燕国民が占領統治に反対ならば、燕国を放棄して軍を引き揚げるべきこと。占領によって燕国民をさらに難局に立たせることになると、天運はめぐって、斉国に不利をまねきかねないと警告したのである。道徳主義の王道政治を提唱する孟子が、もし燕国民がこれを支持するならば、という前提条件をつけているとしても、このような斉の侵略主義を支持したことは理解しがたい。さらに戦国時代の外交秘話を集めた『戦国策《せんごくさく》』によると、孟子は斉の外国占領政策、植民主義を支持したばかりでなく、燕の内乱を聞き伝えて、斉の宣王に、「今こそ燕国を討ち、周の文王・武王のような統一王朝を実現する絶好の機会で、これを逃してはいけない」とすすめたことになっている。孟子が開戦論者であったことは、「公孫丑章句　下」のもとの第八章（本書では省略）で、沈同《ちんどう》の「燕伐つべきか」との問いにたいして、「可なり」と答えていることでもわかる。孟子が燕国への侵略戦を最初から主張していたことは、たしかな歴史事実であったのである。この孟子の権力主義的・機会主義的な言動は、儒教学者の一般にもっている王道主義者孟子のイメージとは似ても似つかないもののように見える。

孟子の占領政策

〔十一〕 斉人《せいひと》、燕《えん》を伐《う》ちてこれを取る。諸侯将《まさ》に謀《はか》りて燕を救わんとす。宣王曰《い》わく、「諸侯寡人《かじん》を伐たんと謀《はか》る者多し。何を以《もっ》てかこれを待《とど》めん」。孟子対《こた》えて曰わく、「臣、七十里にして政《まつりごと》を天下に為《な》せる者を聞けり。湯是《とうこれ》なり。未《いま》だ千里を以て人を畏《おそ》るる者を聞かざるなり。書に曰わく、『湯一《とうはじ》めて征すること、葛《かつ》(1)より始む』と。天下これを信じ、東面《とうめん》して征すれば、西夷《せいい》怨《うら》み、南面して征すれば、北狄《ほくてき》怨み、奚為《なんす》れぞ我を後にすると曰《い》いて、民のこれを望むこと、大旱《たいかん》の雲霓《うんげい》(2)を望むが若《ごと》し。市に帰する者は止《とど》まらず、耕《たがや》す者も変わらず。その君を誅《ちゅう》してその民を弔《あわ》れむこと、時雨《じう》の降るが若く、民大いに悦《よろこ》べり。書に、『我が后《きみ》を徯《ま》つ、后来たらば其《すなわ》ち蘇《よみがえ》らん』と曰えり。今、燕はその民を虐《しいた》ぐ。王往《ゆ》きてこれを征せるに、民将に己《おの》れを水火の中《うち》より拯《すく》わんとするならんと以為《おも》いて、簞食《たんし》壺漿《こしょう》して以て王師を迎えたり。若《も》しその父兄を殺し、その子弟を係累《つな》ぎ、その宗廟《そうびょう》を毀《こぼ》ち、その重器(3)を遷《うつ》さば、如何《いか》にしてそれ可ならんや。天下固《もと》より斉の彊《つよ》きを畏《おそ》る。今また地を倍して仁政を行なわざるは、是《こ》れ天下の兵を動かさしむるなり。王速やかに令を出して、その旄倪《ぼうげい》(4)を反《かえ》し、その重器を止め、燕の衆に謀りて、君を置きて後これを去らば、則《すなわ》ち猶《なお》止むるに及ぶべきなり」

斉国が燕を征伐して占領したところ、諸侯が謀議して燕国を助けようとした。

宣王がたずねられた。

「列国がわが国を攻撃しようと謀議している。どうしたらこれをやめさせることができようか」

孟先生が答えられた。

「私は、方七十里の国家で天下を統一した人があることを知っています。殷《いん》の湯王《とうおう》がそれです。王様のように方千里の国家をもちながら、他人を気にかけられる人を知りません。『書経《しよきよう》』に申しています。『湯王が最初征伐の軍をあげられたとき、まず無道の葛国からいくさを始められた。天下は湯王の目的を信頼したので、湯王が東方に向かって軍をすすめられると、西方の夷族が恨み、南方に向かって軍を出されると、北方の狄族が、どうしてこちらをあと回しになさったと恨んだ』と。天下の人民が湯王に期待することは、まるで大干害のときに雲と虹《にじ》を見るようでした。市場におもむく者はちっともあとをたたず、耕作する者もすこしも様子がちがいません。湯王が夏《か》の暴君を征伐され、民の難儀を見舞われると、人民はまるで日照りのときにお時雨《しめり》の降るように待ちうけ、大喜びでした。『書経』にある、『わが君の来たりたもうのを待ちこがれる。君が来たりたまえば、われらはみなよみがえる』というようなありさまでした。現在、燕国の君が人民を虐待していたところへ、王様が征伐の軍を進められたので、人民は水火の苦しみから救い出される思いで、弁当箱にご飯を詰め、壺に飲料を入れて王様の軍隊を歓迎したのでした。しかし、聞くところによると、燕の人民の父兄の有力者を殺害し、その子弟を牢屋《ろうや》につなぎ、燕国の宗廟を破壊し、そこに納められた宝器を斉に持ちかえられようとしている。もしそれが事実ならば、これはなんというやり方でありましょう。天下は以前から斉国の強大さを警戒しています。今、さらに燕国を占領して領土が倍になり、しかも占領政策が道理に合わないというのですから、天下が軍隊を動かすことになるのは当然でしょう。王様はさっそく勅令を出され、老人と幼少の囚人たちを放免し、宝器の運搬を中止され、燕国の人民の意見を聞いて、適当な君主を立てて軍隊を撤収されたなら、天下の軍隊の攻撃をとどめることができるでしょう」

注
(1)夏時代の河南省東部の小国。宗廟《そうびょう》の祭祀《さいし》を怠ったので、湯王の征伐を受けたといわれる。
(2)虹。
(3)宗廟を祭祀するときに使われる青銅の器具。古代では神聖な器としてたいせつにされた。
(4)「旄」は八、九十歳の老人で「耄《もう》」と同じ。「倪」は幼児をさす。

斉の宣王が燕を占領したことは、秦《しん》・燕《えん》・趙《ちょう》・韓《かん》・魏《ぎ》などの諸国の勢力の均衡を破壊する大事件であった。たがいに争っていた列強は、この事件にたいして共同の利害を感じ、協定して斉国に出兵して干渉しようとした。斉の宣王は、この形勢に恐れをなして、孟子の意見を求めた。孟子は、たった七十里の国で天下を統一した湯王のような先例がある。千里の大国が、まだじゅうぶん足並みのそろわない諸国の干渉にびくびくすることはないと叱咤《しった》して、しょげている王を激励しておいて、当面の対策を述べた。斉の占領政策は、孟子の目から見ると、けっしてうまくいっていない。とくに燕国の人民を弾圧し、無用の反感をかきたてて、燕国の象徴である宗廟《そうびょう》をこわし、宝器を奪って斉国に持ち去ろうとしている。まずこれらの政策を廃止し、燕国を安定させるため、国民の望む君主を立ててから軍隊を撤収すれば、兵力に大きな損害もなく引き揚げることができるだろうと述べた。燕国の占領が内外の情勢から失敗だったとみてとると、すぐさま燕の国民の反感を和らげ、軍隊の退却の安全を保とうという、思いきった政策の転換をすすめた孟子の決断はみごとである。孟子は一介の学者ではなく、この点では政治現実をよくとらえている政治家として、その才能もなかなかであった。孟子は燕国干渉の侵略政策を強く支持した学者として、その政策が失敗とわかったとき、次善の政策をまじめに考えたのである。

しかし、この侵略の失敗によって、秦と並んで天下の強国であったさすがの斉の覇権にも大きな亀裂《きれつ》が入った。覇者斉の宣王をもり立て、天下を統一させ、そして自己の王道政治を実施しようという孟子の大きな野望は、足もとからくずれ去ったのであった。孟子の挫折《ざせつ》感は深刻であった。孟子は政治家としての自己の完全な破綻《はたん》を経験した。そして孟子はうしろ髪を引かれながら、悄然《しょうぜん》として斉国を後にしたのだった。

孟子のはで好み

〔十六〕　魯《ろ》の平公《へいこう》(1)将《まさ》に出でんとす。嬖人臧倉《へいじんぞうそう》という者請《と》いて曰《い》わく、「他日《さき》に君出でたまうときは、則《すなわ》ち必ず有司《ゆうし》に之《ゆ》く所を命《つ》げたまえり。今、乗輿《みくるま》(2)已《すで》に駕《うまつな》げるも、有司《ゆうし》未だ之《ゆ》く所を知らず。敢《あ》えて請う」。公曰わく、「将《まさ》に孟子を見んとす」。曰わく「何ぞや、君の身を軽《かろ》んじ、以《もっ》て匹夫《ひっぷ》に先だつことを為《な》す所の者は。賢なりと以為《おも》いたまえるか。礼義は賢者より出ず。而《しか》るに孟子の後《のち》の喪は前《さき》の喪に踰《こ》えたり。君見るなかれ」。公曰わく、「諾《よし》」と。楽正子《がくせいし》入りて見《まみ》えて曰わく、「君奚為《なんす》れぞ孟軻《もうか》を見たまわざるや」。曰わく、「或る人寡人《かじん》に告げて、孟子の後の喪は前の喪に踰えたりと曰えり。是《こ》の以《ゆえ》に往《ゆ》きて見ざるなり」。曰わく、「何ぞや、君の所謂踰《いわゆるこ》えたりとは。前には士を以てし、後には大夫《たいふ》を以てし、前には三鼎《さんてい》を以てし、後には五鼎《ごてい》(3)を以てせるか」。曰わく、「否《いな》、棺槨《かんかく》(4)衣衾《いきん》(5)の美を謂《い》うなり」。曰わく、「所謂踰えたるには非《あら》ざるなり。貧富同じからざればなり」と。楽正子、孟子に見えて曰わく、「克《こく》、君に告《つ》げ、君来たり見んとせるも、嬖人臧倉という者ありて君を沮《はば》む。君是の以に来たることを果たしたまわざりき」。曰わく、「行くもこれを使《せし》むるもの或《あ》り、止《とど》まるもこれを尼《とど》むるもの或り。行止《こうし》は人の能《よ》くする所に非ず。吾の魯侯《ろこう》に遇《あ》わざるは天なり。臧氏の子《こ》、焉《いずく》んぞ能《よ》く予《われ》をして遇わざらしめんや」

魯の平公が、外出されようとした。お気に入りの臧倉《ぞうそう》というものが、殿様にせがんだ。

「日ごろ殿様がお出かけになるときは、きっとかかりの役人に行き先を申しつけられます。きょうはお馬車に馬をつけられたのに、役人は行き先を存じません。どうかお聞かせください」

殿様がいわれた。

「これから孟先生に会いに行くのだ」

「なにごとでございます、殿様が軽々しく普通の人民である孟子に、こちらから挨拶に出かけられるとは。いったい殿様は、孟子を賢人と思っておられるのですか、ご冗談でしょう。礼儀は賢者の専売ですが、孟子は継母の葬式を前の実母のときよりりっぱにしたそうではありませんか。そんな者に面会はご無用です」

平公は、

「よくわかった」

といわれた。

孟子の弟子《でし》の楽正子《がくせいし》が、謁見に参って、

「殿様はなぜ孟子にお会いにならなかったのですか」

「ある者が自分に申した。『孟子は継母の葬式を前の実母のときより贅沢《ぜいたく》にしたそうだ』

と。だから行かなかったのだ」

「殿様の、いわゆる贅沢とは、前には孟子が士の礼を用い、のちには大夫《たいふ》の礼を用い、前には鼎《かなえ》三個を用い、後には鼎五個を用いたからでしょうか」

平公はいわれた。

「いや、棺桶《かんおけ》とその外棺《そとかん》、衣服と寝具がはでなことをさしているのだ」

「それなら、贅沢というわけではなく、前後で貧富の度がちがったためです」

楽正子は、孟先生にお目にかかって申し上げた。

「私が殿様に訪問するように申し上げたのですが、お気に入りの臧倉がこれを妨げたので、殿様はついに来られなくなったのです」

孟先生がいわれた。

「物事を促進するものもあれば、妨害するものもある。物事ができ上がるか、中止になるか、それは人間の力の外にある。自分が魯侯に会えなくなったのも天命なのだ。臧氏の息子ひとりの力で、どうして自分を会わなくさせることができようぞ」

注

(1)前三二二年から前三〇三年まで在位。名は叔《しゅく》。

(2)天子・諸侯の乗用馬車をさす。

(3)「鼎」は三本足の銅器。祭祀の犠牲獣の肉を煮て供物とする器。それを三器使うか五器使うかは、その規模と身分とによってきまっている。
(4)棺の外箱。
(5)死体にかぶせる夜具。

孟子はたいへんはでな性格で、贅沢好みだったらしい。それで収入の許す範囲で継母の葬式もできるだけ盛大にやったものとみえ、それが魯公のつまらない側近のため、中傷《ちゅうしょう》される材料となったのである。貧乏な生活にあまんじて、こつこつと本を読んでいる学者になるよりは、世間に出て花を咲かせようというのは、戦国時代中期以後の、思想家だけでなく、一般の社会にも共通した傾向であったので、孟子だけを責めるのは酷なように思える。しかし一方では、そんなものに目をくれないのが学者、とくに儒者の資格だという考えもあったので、世の中の非難の的《まと》にもなったのであろう。

第三巻　公孫丑《こうそんちゅう》章句　上

この巻は九章から成っているが、そのうち第二章・第六章・第七章の三章を採った。弟子の公孫丑との対話が、もとの第一章・第二章でこの巻の中心をなし、篇名ともなっているのだが、ここでは省略した。もとの第一章―第三章は、ほんとうは力によって覇《はたがしら》となる覇者ではなく、徳をもって他人を服させる王者の道を説いている。いずれも覇者の国である斉《せい》に説くにふさわしい議論であるが、類例が多いので省略した。

ここに採録した第一章（もとの第二章）は、『孟子』のなかでもとくに長い章であるばかりでなく、斉国に流行していた原始道家《どうか》の自然哲学的な考え方にたいして、主意主義の道徳哲学を説いた点で、孟子の思想の特徴をよく示す章である。ここで提出している「浩然《こうぜん》の気」という概念も、原始道家の存在論的な思想を深く受け、それを主意的・情緒《じょうちょ》的に発想したものである。人間中心の儒家本来の哲学を取り返したものであるが、その思考はまだじゅうぶんに原始道家の思想を消化しきっていないため、矛盾を含んでいる。

浩然の気

〔二〕公孫丑《こうそんちゅう》(1)問いて曰《い》わく、「夫子《ふうし》、斉《せい》の卿相《けいしょう》に加《お》(2)り、道を行なうことを得ば、これに由《よ》りて覇《は》王《おう》たらしむと雖《いえど》も異《あや》しまず。此《か》くの如《ごと》くんば則《すなわ》ち心を動かさんや否《いな》や」。孟子曰わく、「否《いな》、我四十にして心を動かさず」。曰《い》わく、「是《か》くの若くんば、則ち夫子は孟賁《もうほん》(3)に過ぐること遠し」。曰わく、「是《こ》れ難《かた》からず。告子《こくし》(4)は我に先だちて心を動かさず」。曰わく、「心を動かさざるに道ありや」。曰わく、「あり。北宮黝《ほくきゆうゆう》(5)の勇《ゆう》を養うや、膚撓《はだたわ》まず、目逃《めまじろ》がず。一毫《いちごう》を以《もっ》て人に挫《はずか》(6)しめらるるを思うこと、これを市朝《しちょう》に撻《むち》たるるが若《ごと》く、褐寛博《かっかんぱく》(7)にも受けず、亦万乗《またばんじょう》の君にも受けず。万乗の君を刺すを視《み》ること、褐夫《かっぷ》を刺すが若し。諸侯をも厳《おそ》るることなく、悪声至らば、必ずこれを反《かえ》せり。孟施舎《もうししゃ》(8)が勇を養う所は、曰わく、『勝《か》たざるを視ること、猶《なお》勝つがごとし。敵を量《はか》りて後に進み、勝つを慮《おもんぱか》りて後に会《かい》するは、是れ三軍を畏《おそ》るる者なり。舎豈能《しゃあによ》く必ず勝つを為《な》さんや。能く懼《おそ》るるなきのみ』と。孟施舎は曾子《そうし》に似たり。北宮黝は子夏《しか》(9)に似たり。夫《か》の二子《にし》の勇は、未《いま》だその孰《いず》れか賢《まさ》れるを知らず。然《しか》り而《しこう》して孟施舎は守《まも》り約《やく》なり。昔者《むかし》曾子、子襄《しじょう》(10)に謂《い》いて曰わく、『子《し》、勇を好むか。吾嘗《かつ》て大勇のことを夫子に聞けり。自《みずか》ら反《かえり》みて縮《なお》からずんば、褐寛博と雖《いえど》も吾惴《おそ》れざらんや。自ら反みて縮ければ、千万人と雖も吾往《ゆ》かん』と。孟施舎の気を守るは、また曽子の守り約なるに如《し》かず」。曰わく、「敢《あ》えて問う、夫子の心を動かさざると、告子の心を動かさざると、聞くを得べきか」と。「告子は、『言《げん》に得ざれば、心に求むること勿《な》かれ。心に得ざれば、気に求むること勿かれ』(11)と曰えり。心に得ざれば、気に求むること勿かれとは、可なり。言に得ざれば、心に求むること勿かれとは、不可なり。夫《そ》れ志《こころざし》は気の帥《すい》なり。気は体を充《す》ぶるものなり。夫れ志至れば、気はこれに次《とど》まる(12)。故に曰わく、その志を持《まも》りて、その気を暴《そこ》なうことなかれと」。「『既《すで》に志至れば、気はこれに次まる』と曰いて、また『その志を持り、その気を暴なうことなかれ』と曰うは、何ぞや」。曰わく、「志壱《もっぱ》らなれば則ち気を動かし、気壱らなれば則ち志を動かせばなり。今、夫れ蹶《つまず》く者、趨《はし》る者は、是れ気なり。而《しか》れども反ってその心を動かす」と。「敢えて問う、夫子悪《いずく》にか長《ちょう》ぜる」。曰わく、「我《われ》言を知る、我善《よ》く吾が浩然《こうぜん》の気(13)を養う」と。「敢えて問う、何をか浩然の気と謂う」。曰わく、「言い難《がた》し。その気たるや、至大至剛《しだいしごう》、直《ちょく》を以て養いて害《そこ》なうことなければ、則ち天地の間に塞《み》つ。その気たるや、義と道とに配す。是れなければ餒《う》うるなり。是れ義に集《あ》いて生ずる所の者にして、義襲《おそ》いてこれを取れるに非《あら》ざるなり。行《おこ》ない心に慊《こころよから》ざるあれば、則ち餒う。我、故に、告子は未だ嘗て義を知らずと曰えるは、そのこれを外にせるを以てなり。必ず事とするありて、正《さだ》めること勿《な》かれ(14)。心に忘るることと勿かれ。助けて長ぜしむること勿かれ。宋人《そうひと》の若《ごと》く然《しか》することなかれ。宋人にその苗《なえ》の長ぜざるを閔《うれ》えて、これを揠《ぬ》ける者あり。芒芒然《ぼうぼうぜん》として帰り、その人に謂《かた》りて曰わく、

『今日《こんにち》は病《つか》れぬ、予《われ》苗を助けて長ぜしめたり』と。その子《こ》趨《はし》りて往《ゆ》きてこれを視れば、苗は則ち槁《か》れたり。天下の苗を助けて長ぜしめざる者は寡《すく》なし。以て益《えき》無しと為してこれを舎《す》つる者は、苗を耨《くさぎ》らざる者なり。これを助けて長ぜしむる者は、苗を揠く者なり。徒《ただ》に益無きのみに非ず、而してまたこれを害なう」と。「何をか言《げん》を知る」と謂う。曰わく、「詖辞《ひじ》はその蔽《おお》わるる所を知り、淫辞《いんじ》はその陥《おちい》る所を知り、邪辞《じゃじ》はその離るる所を知り、遁辞《とんじ》はその窮《きわ》まる所を知る。その心に生《お》これば、その政《まつりごと》に害あり。その政に発すれば、その事に害あり。聖人復《また》起こるも、必ず吾が言に従わん」と。「宰我《さいが》(15)・子貢《しこう》(16)は善《よ》く説辞を為し、冉牛《ぜんぎゅう》(17)・閔子《びんし》(18)・顔淵《がんえん》(19)は善く徳行を言い、孔子はこれを兼ねたまえるも、『我辞命《じめい》に於いては、則ち能《あた》わず』と曰《のたま》えり。然《しか》らば則ち夫子は既《すで》に聖《せい》なるか」と。曰わく、「悪《ああ》、是れ何の言ぞや。昔者《むかし》子貢、孔子に問いて、『夫子は聖なるか』と曰《い》えるとき、孔子は、『聖は則ち吾能わず、我は学びて厭《いと》わず、教えて倦《う》まざる』と曰えり。子貢、『学びて厭わざるは智なり、教えて倦まざるは仁《じん》なり、仁にして且《か》つ智ならば、夫子は既に聖なり』、と曰えり。夫《そ》れ聖は孔子も居《い》たまわざるに、是れ何の言ぞや」と。「昔者窃《ひそ》かにこれを聞けり。子夏《しか》・子游《しゆう》(20)・子張《しちょう》(21)は、皆聖人の一体《いったい》あり、冉牛《ぜんぎゅう》・閔子《びんし》・顔淵《がんえん》は、則ち体を具《そな》えて而《しこう》して微《び》なり、と。敢《あ》えて安《お》る所を問う」と。曰わく、「姑《しばら》く是《これ》を舎《お》け」。曰わく、「伯夷《はくい》(22)・伊尹《いいん》(23)は如何《いかん》」。曰わく、「道を同じくせず。その君に非ざれば事《つか》えず、その民に非ざれば使わず。治まれば則ち進み、乱るれば則ち退くは、伯夷なり。何《いず》れに事うるとしてか君に非ざらん、何れを使うとしてか民に非ざらん。治まるも亦《また》亦進み、乱るるも亦進むは、伊尹なり。以て仕《つか》うべくんば則ち仕え、以て止《や》むべくんば則ち止み、以て久しかるべくんば則ち久しくし、以て速やかにすべくんば則ち速やかにするは、孔子なり。皆古《いにしえ》の聖人なり。吾は未だ行なうことある能わざるも、乃《すなわ》ち願う所は、則ち孔子を学ばん」、と。「伯夷・伊尹の孔子に於けるは、是くの若く班《ひと》しきか」。曰わく、「否。生民《せいみん》ありてより以来《このかた》未だ孔子あらざるなり」。曰わく、「然らば則ち同じきあるか」。曰わく、「あり。百里の地を得て而してこれに君たらば、皆能《よ》く以て諸侯を朝《ちょう》せしめて、天下を有《たも》たん。一不義《いちふぎ》を行ない、一不辜《ふこ》を殺して、而して天下を得るは、皆為《な》さざるなり。是れ則ち同じ」。曰わく、「敢えてその異なる所以《ゆえん》を問う」。曰わく、「宰我・子貢《しこう》・有若《ゆうじゃく》(24)は、智以て聖人を知るに足り、汙《ほ》むるもその好《よ》みする所に阿《おもね》るに至らず。宰我は、『予《よ》を以て夫子を観《み》れば、堯《ぎょう》・舜《しゅん》に賢《まさ》ること遠し』と曰い、子貢は、『その礼を見て而してその政を知り、その楽《がく》を聞きて而してその徳を知る、百世の後より、百世の王を等《はか》るに、能く違《たが》う莫《な》きなり、生民より以来《このかた》、未だ夫子あらざるなり』と曰い、有若は、『豈惟《あにただ》民のみならんや、麒麟《きりん》の走獣《そうじゅう》に於《お》ける、鳳凰《ほうおう》の飛鳥《ひちょう》に於ける、泰山《たいざん》の丘垤《きゅうてつ》(25)に於ける、河海《かかい》の行潦《こうろう》(26)に於ける、類《るい》なり、聖人の民に於けるも、亦《また》類なり、その類より出でて、その萃《すい》に抜《ぬき》んでたること、生民より以来、未だ孔子より盛《さか》んなるはあらざるなり』と曰えり」

公孫丑《こうそんちゅう》がおたずねした。

「先生が、斉国の大臣の位につかれ、その理想の政治を実行されるようになったとしたら、お説のように、これによって天下の覇者・王者が実現することは、だれも疑わないでしょう。しかし、そういう場合にたちいたられたら、先生でも心が動揺されることが起こりうるのではないでしょうか」

孟先生がいわれた。

「いや、わたしは四十歳になったときから、心が動揺することはなくなった」

「それがほんとうですと、先生は勇士の孟賁《もうほん》よりもはるかにまさっていられるわけですね」

「それはそんなむつかしいことではない。告不害《こくふがい》君は、わたしより前から心が動揺しないそうだ」

「心が動揺しないのに方法があるのですか」

「そうだ。北宮黝が勇気を鍛えるのには、皮膚に刃物が迫っても、身動きせず、目の前に針をつきつけられても、またたきしないようにする。他人から毛筋《けすじ》ほどのはずかしめを受けても、町の広場で公衆の面前でひっぱたかれたように感じるようにする。そうして、毛織のだらだらの衣服を着たいやしい人間から受ける恥辱をはねかえすし、万乗の大国の君主から受ける恥辱もはねかえして受けつけない。大国の君主を刺殺することも、毛織の衣服を着たいやしい人間を刺殺するのとなんのかわりもない。列国の君でも、なんの遠慮もなく、悪口をいっていると聞くと、かならず報復するのだ。また孟施舎《もうししゃ》は、勇気の鍛え方について、『勝てない場合も、勝てる場合と同じような態度で対するように心がける。敵の力をはかって、味方より劣っている場合にはじめて進攻し、味方の勝利を予測できるときに敵と会戦するというのでは、敵が三軍の多勢であると、きっとしりごみすることになるからである。自分としても、いつもかならず勝つときまったわけではない。ただ、敵の多数にびくびくしないだけだ』といっている。孟施舎は学者にたとえると曽子に近いし、北宮黝は子夏に似ている。どちらがまさっているとはいえないが、孟施舎のほうが守り方が簡単で要を得ているといえる。かつて曽先生が子襄に向かって語られた。『あなたは勇気を愛されるか。わたしは昔、孔先生に向かっておたずねした。《大勇とはどんなのをさしますか》と。孔先生が答えられた。《自分で反省してみて、まっすぐでないとわかったら、相手が毛織のだらだらの衣服を着ている賤民《せんみん》だとしても、恐れないわけにはいかない。自分で反省してみて、まっすぐだと思ったら、敵が千万人あっても、堂々と相手にするだろう》』と。これでみると、孟施舎の気の守り方は、曽子の、簡単で要を得ているのに及ばないのである」

「失礼ですが、先生の心が動揺しないのと、告先生の心が動揺しないのと、どういうちがいがあるのか、お聞かせ願えませんか」

「告子は、『ことばによってわからないことを、心によってわかろうとしてはいけない。心によってわからないことを、気によってわかろうとしてはいけない』といっている。心によってわからないことを、気によってわかろうとしてはいけないというのはまだよろしい。ことばによってわからないことを、心によってわかろうとしてはいけないというのはまちがっている。そのわけは、意志というのは、気の指揮官であり、気というのは、肉体に充満しているものだ。意志がそこにおもむくと、気もこれにしたがってゆくものだ。だから、意志はたいせつに保って乱れないようにし、気をむやみにはたらかせて傷つけてはならないというのだ」

「先生は、一方では『意志がそこにおもむくと、気もこれにしたがってゆく』といわれながら、一方では『意志はたいせつに保って乱れないようにし、気をむやみにはたらかせて傷つけてはならない』といわれる。矛盾してはいないでしょうか」

「意志は一方に集中されると、気も自然に動かされるものだ。しかし、気が一方に集中されると、逆に意志もはたらきだすものである。今、人がつまずいたり、走ったりするのは、たしかに気がそうさせているのである。しかし、つまずいたり、走ったりすることで、心が動かされているではないか」

「失礼ですが、先生は何がお得意なのですか」

「わたしは、他人の議論はみなわかっている。わたしはまた浩然《こうぜん》の気を養っている。このふたつが得意だ」

「またおたずねしますが、浩然の気とはどういうものですか」

「ことばで定義することは困難だ。浩然の気というのは、何物よりも大きく、どこまでもひろがり、何物よりも強く、ちっともたわみかがむことなく、まっすぐに育ててじゃまをしないと、天地の間にいっぱいになる。また、この気というのは、義と道とから離れることはできない。もし分離すると飢えて気は死んでしまう。浩然の気は、義をおこなったのが積み重なって発生したものであり、義が浩然の気を突発的に取り込んだのではないのである。人間のおこないが義にかなわず、心を満足させないと、浩然の気が飢えて消えてしまう。そこで自分は、告子がまだ義を解し得ないのは、義を心の外に存在するものだと考えたからであるというのである。浩然の気を養うことにつとめねばならないが、それだけに専心してもいけない。そのことを心から忘れてもいけない。外から手を貸して、無理に生長させてはいけない。愚かな宋《そう》国の人のようにやってはいけない。宋国のある男が、苗の生育しないのを心配して、これを引っぱった。ぐったりして帰ってきて、家人に『きょうは疲れた。苗に手を貸して伸ばしてやったから』と語った。息子《むすこ》が急いで田に走っていって見ると、苗はすっかり枯れていたのである。天下には、この宋国の人のように、苗を引っぱって生長させるようなことをしない人は少数しかいない。これが作物に害があると知って苗を捨てておく人は、田の草取りもしない人である。苗に手を貸してこれを伸ばそうとする人は、苗を引き抜く人である。ただに益がないばかりか、かえって苗に害を与えるだけだ」

「先生は、他人の議論がみなわかるといわれたのは、どういうことですか」

「偏頗《へんぱ》な議論は、その盲点がわかる。誇張した議論は、その勇み足がわかる。詭弁《きべん》的な議論は、その道理から離れるところがわかる。いい抜けの議論は、動きのとれなくなった点がわかる。こういう議論が心に生じると、個人の思想ばかりでなく、政治にも害毒を流す。政治から発展して、国家の仕事に害毒を流す。聖人が現在の世に復活されたとしたら、きっとわたしのこの議論に賛成なさるにちがいない」

「孔先生のお弟子《でし》の宰我・子貢は、議論が得意ですし、冉牛・閔子騫・顔淵は、道徳の体験をよく語っています。孔先生は両者を兼備しておられながら、『わたしは口上にかけては得手《えて》でない』といわれた。そうすると、両者を兼備していられる先生は、すでに孔先生以上の聖人の域に達していられるのですか」

「おお、それはなんという文句だ。昔、子貢が孔先生におたずねした。『先生は聖人ですか』と。孔先生がいわれた。『聖人などは、わたしには及びもつかない。わたしはただ学問をして飽きず、教育をして退屈しないだけだ』と。子貢がいった。『学問をして飽かれないのは智です。教育して退屈されないのは仁です。仁の上に智でいらっしたら、先生はもう聖人の域に達しておられます』と。聖人には孔先生すらご自分で任じていられないのだ。それにしても今の文句はなんということだ」

「わたしがうけたまわっているところでは、子夏・子游・子張は、皆おのおの孔先生の一面を受け継いでいるが、冉牛・閔子騫・顔淵は、孔先生を全面的に受け継いでいるものの、すべての点で特徴が希薄になっているそうです。先生は彼らのうちのだれの位置におられるのですか、おうかがいしたい」

孟先生がいわれた。

「この問題はしばらく宿題にしておきたい」

「では、古代の聖人の伯夷・伊尹はどうでしょうか」

「それぞれ違う道を歩いている。理想に完全に合った君主でないとつかえないし、理想に合った人民でないと使わない。天下が治まると出てつかえるが、乱れると退いて隠栖《いんせい》する、それが伯夷だ。どこにつかえても君主にかわりはない、どこの人民を使っても人民にかわりはない。天下が治まっていてもつかえ、天下が乱れていてもつかえる、それが伊尹だ。つかえるべきときはつかえ、辞職すべきときは辞職し、ながくつづけて在職すべきときはつづけて在職し、早急《さっきゅう》に辞職すべきときは早急に辞職する、それが孔先生だ。どなたも昔の聖人だから、わたしはまだだれの道も実行はできていない。しかし、できるならば孔先生を手本としたいと願っている」

「伯夷・伊尹は、孔先生とそんなに同等なのですか」

「いや、人類が生まれ出てから、まだ孔先生のような方は出ていない」

「それでも、どこか共通点がありましょう」

「そうだ。百里四方の領土を手に入れて君主となれば、三人とも諸侯を従属させ、天下を統一できるだろう。しかし、ひとつの正義にそむく事件を起こし、ひとりの無罪の人間を殺せば天下を統一できるときまっていても、けっしてやらない点では三人とも同じである」

「では、三人のちがうわけを説明していただけませんか」

「宰我・子貢・有若の知能は、孔先生を理解するにじゅうぶんだし、多少誇大でも、好きな人物にえこひいきしない人たちであるから、彼らのことばを聞いてみよう。宰我はいった、『私の目から見ると、先生は古代の堯《ぎょう》・舜《しゅん》の聖人よりもはるかにまさっている』と。子貢はいった、『その人の定めた礼の制度を見ると、その人の政治の様子がわかる。その人の作った音楽を聞けば、その人の道徳の高低がわかる。礼楽さえ残っていれば、百代の後世から百代以前の王を比較しても、すこしも誤りは起こらない。こうして比較してみると、人類が生まれて以来、先生のような方はないことがわかる』と。有若がいった、『ただ人民だけではない。四つ足で走る獣における麒麟・飛ぶ鳥における鳳凰、丘と小高い垤《おか》における泰山、たまり水における河・海もみな同類がある。先生も一般の人民も同類であるが、麒麟・鳳凰・泰山・河海がその同類にたいするように、その同類から飛び出し、その群れから抜け出ている。人類が生まれ出てから、まだ孔先生ほど偉大な方はないのである』と」

注

(1)公孫は姓、丑は名。孟子の弟子《でし》で斉《せい》国の人らしい。

(2)居ること。

(3)古代の勇士として有名であるが、衛《えい》国の人、または斉国の人と異説があり、事績は不明。

(4)名は不害《ふがい》。墨子の弟子で、議論が巧みであったが、素行はよくなかった。孟子の先輩である。

(5)北宮は姓、黝は名か字《あざな》か不明。斉国の勇士といわれる。

(6)はずかしめられること。

(7)「褐」は毛織の衣料、「寛博」はゆったりした上着で、古代、身分のいやしい者が着た。

(8)孟を姓とするのと、孟施を姓とするのと両説ある。勇士として有名だが、国籍・事績は不明。

(9)孔子の弟子。姓は卜《ぼく》、名は商《しょう》。

(10)曽子（＝孔子の弟子のひとり）の弟子らしい。

(11)この告子のことばについては、趙岐《ちょうき》の注をはじめとして、朱子の注など異説が多い。朱子の説は、当時の斉国の思想界で有名であった宋銒《そうけん》・尹文《いんぶん》などの原始道家の思想にもとづいており、『管子《かんし》』に残っている宋・尹の学説を背景にしてはじめて理解できる。『管子』内業篇によると、道は天地に満ちているが、なかなか理解できない。ただ心を安らかに静かにすれば、それを理解することができる。それは、心のなかにあって心を主宰している心、心のなかの心をつかまねばならぬ。心のなかの心は音となり、ことばとなってあらわれる。心のなかの心を理解するのは、この原初的なことばをつかまねばならないといっている。告子のいう「言に得ざれば、心に求むること勿かれ」の「言」は、この原初的な言をさす。この原初的な言をつかまえ、理解しなければならない。それをつかまえず、心のなかの心でなく、普通の心でどんなに求めてみても何もわからない、という意味なのである。「心に得ざれば、気に求むること勿かれ」とは、やはり『管子』内業篇に、心はなかにあるが、外に容貌《ようぼう》・膚色《はだいろ》などにあらわれ、善意・悪気となって人に接するときでてくる、といっている。この感情の表現に当たる「気」が、そのままここに当てはまる。なかにある心をつかまえないで、外にあらわれた感情の表現の末をいくら追っても、ほんとうのことはわからない、という意味なのである。従来の『孟子』の注釈は、宋・尹学説を背景として、告子の言をながめなかったため、全部が的はずれとなっている。そのなかでは、伊藤仁斎《じんさい》の『孟子古義』の説がややましであるが、それも本旨からは遠くそれている。わたしの新解釈によって、はじめて正しい意味が理解されよう。

(12)「次」は宿泊の意。意志のおもむくところ、気がそれについて宿泊し、止《とど》まるの意。清《しん》朝の毛奇齢《もうきれい》の説にしたがった。

(13)「浩」は大を意味し、天の和気をさしている。六朝《りくちょう》のころから、「浩然」を放逸の意味に解しはじめた。現在、清遊・濁遊することを「浩然の気を養う」というのは、六朝以来の、どちらかといえば歪曲《わいきょく》された意味に属している。

(14)この「正」の意味が難解である。王引之《おういんし》の説によって、正を「定める」「必ずする」の意味に読んだ蘭《らん》州《しゅう》大学中文系編の『孟子訳注』の説にしたがった。いつもそのことに従事しなければならないが、はっきり目的をきめすぎてもいけない、ということ。

(15)孔子の弟子。宰予《さいよ》。

(16)孔子の弟子。端木賜《たんぼくし》。

(17)孔子の弟子。冉耕《ぜんこう》、字《あざな》は伯牛《はくぎゅう》。

(18)孔子の弟子。閔損《びんそん》、字は子騫《しけん》。
(19)孔子の弟子。名は回《かい》、字は子淵《しえん》。
(20)孔子の弟子。言偃《げんえん》。
(21)孔子の弟子。顓孫師《せんそんし》。
(22)叔斉《しゅくせい》と兄弟。君位を兄弟で譲り合い、ともに捨てて国を去ったあと、殷と周との間でその清節を守った賢人。
(23)殷王朝の開祖につかえた名宰相。
(24)孔子の弟子。有子《ゆうし》。
(25)土の小高く盛り上がった所。
(26)雨の水たまり。

孟子と弟子とのこの問答は、『孟子』のなかでも第二の長篇で、孟子自身が信頼する弟子の質問に応じて、自己の学問・人生の信条をぶちまけたものとして、たいへん重要な意義をもっている。それだけに、孟子の学者としての、思想家としての長所・短所、また彼の学説の体系的な欠陥などが露呈されている。斉の大臣になったら、先生でも心を動かすことがあるかという質問にたいして、心なぞ動かすことはとっくに卒業していると胸を張って答える。この冒頭の答えが、衒気《げんき》と自信に満ちた孟子の性格を丸出しにしている。心を動かさない工夫という点で勇士の比較論が出てきて、それが修養論のきっかけになる。斉のような戦国時代の繁栄した大都市国家には、侠客《きょうかく》の群れがたくさん集まっていた。勇気を競うことは、これら男たちの常習であったばかりでなく、学者といえどもこの時代には、そういう心意気がないと世渡りができなかったのである。

心を動かすことから、心とは何かという議論になり、形而上学の問題に入ってくる。心を動かさないことでも、孟子の先輩である告子の学説にたいする批評が出てくる。告子は墨子《ぼくし》の学派に属するとされてきたが、ここに引用されている議論からみると、原始道家に属する宋鈃《そうけん》・尹文《いんぶん》の影響を深く受けた学者らしい。宋鈃・尹文の学説は、郭沫若《かくまつじゃく》が『管子《かんし》』の心術・白心・内業の諸篇をその遺説と推定してから、研究の手がかりが得られた。孟子も斉国を中心とする、いわゆる宋・尹学派の影響を強く受けた。最高の原理である「道」は、空で無形物で、天地の間にひろがっている。それは形のあるものを満たすものであるが、とくに身体を満たすものを「気」とよんでいる。

孟子は原始道家の道・心・気に関する学説を取り入れて、天地に充満する「浩然の気」なるものを考えた。しかし、孟子は内にあって気を主宰するものを「志」とし、志を重要視した。この点において孟子は、主意主義の立場をとるものであった。宋・尹の学説では、気は宇宙にひろがる無形のもので、自然論の立場で考えられているが、これを支配する人間の意志を重要視する孟子の立場への転換が、うまく学説として整理され、体系化されていない。形而上学者としての孟子は、この点ではたいへんもの足りない感じを与える。

人に忍びざるの心

〔六〕　孟子曰《い》わく、「人皆、人に忍《しの》びざるの心あり。先王、人に忍びざるの心ありて、斯《すなわ》ち人に忍びざるの政《まつりごと》あり。人に忍びざるの心を以て、人に忍びざるの政を行なわば、天下を治むること、これを掌上《しょうじょう》に運《めぐ》らすべし。人皆、人に忍びざるの心ありと謂《い》う所以《ゆえん》の者は、今、人乍《にわか》(1)に孺子《じゅし》の将《まさ》に井《せい》に入《い》らんとするを見れば、皆怵惕《じゅってき》・惻隠《そくいん》(2)の心あり。交《まじ》わりを孺子の父母に内《い》れんとする所以にも非《あら》ず、誉《ほま》れを郷党《きょうとう》・朋友《ほうゆう》に要《もと》むる所以にも非ず、その声を悪《にく》みて然《しか》るにも非ざるなり。是《これ》に由《よ》りてこれを観《み》れば、惻隠の心無きは、人に非ざるなり。羞悪《しゅうお》の心無きは、人に非ざるなり。辞譲《じじょう》の心無きは、人に非ざるなり。是非《ぜひ》の心無きは、人に非ざるなり。惻隠の心は、仁《じん》の端《たん》なり。羞悪の心は、義の端なり。辞譲の心は、礼の端なり。是非の心は、智の端なり。人の是《こ》の四端《したん》あるは、猶《なお》その四体《したい》あるがごときなり。是の四端ありて、而《しこう》して自《みずか》ら能《あた》わずと謂う者は、自ら賊《そこ》なう者なり。その君を能わずと謂う者は、その君を賊なう者なり。凡《およ》そ我に四端ある者、皆拡《ひろ》めてこれを充たすことを知らば、火の始めて然《も》え、泉の始めて達《たっ》するが若《ごと》し。苟《いやし》くも能《よ》くこれを充たせば、以て四海を保《やす》んずるに足らんも、苟くもこれを充たさざれば、以《もっ》て父母に事《つか》うるにも足らじ」

孟先生がいわれた。

「人間にはだれでも、人の悲しみを見すごすことのできない同情心をもっている。昔のりっぱな王様は、人の悲しみに同情する心をもつばかりでなく、人の悲しみに同情する政治をもたれた。人の悲しみに同情する心で、人の悲しみに同情する政治を実行することができたならば、天下を治めるのは、まるで手のひらの上でころがすように、自在にできるであろう。人間にはだれでも、人の悲しみに同情する心をもっているというわけは、今ここに、よちよち歩きの子供が井戸に落ちかけているのを見かけたとすると、人はだれでも驚きあわて、いたたまれない感情になり、救《たす》けにかけだすにちがいない。子供の父母に懇意になろうという底意があるわけではないし、村人や仲間に、人命救助の名誉と評判を得たいからでもない。またこれを見すごしたら、無情な人間だという悪名をたてられはしないかと思うからでもない。このことから考えてみると、いたたまれない感情をもたぬ者は、人間ではない。羞恥《しゅうち》の感情をもたぬ者も、人間ではない。謙遜《けんそん》の感情をもたぬ者も、人間ではない。善《よ》いことを善いとし、悪いことを悪いとする是非の感情をもたぬ者も、人間ではない。このいたたまれない感情は、仁の端緒《たんしょ》である。羞恥の感情は、義の端緒である。謙遜の感情は、礼の端緒である。是非の感情は、智の端緒である。人がこういう四つの端緒をそなえていることは、人間が四肢《しし》をそなえているようなものである。この四つの端緒をもちながら、自分で仁義礼智を実行できぬというのは、自殺者である。自分の君主が仁義礼智が実行できないという人は、自分の君主の殺害者である。すべて、この四つの端緒を自分の内にそなえた者は、だれでもこれを拡大し充実することができる。火がはじめて燃えだし、泉源から水がはじめて流れだすように、これを拡充すれば、じゅうぶんに世界を支配することができるし、もしこれを拡充することができなければ、父母にさえじゅうぶんにつかえることはできないのである」

注
(1)たちまち。
(2)「怵」は恐れる、「惕」も恐れる。「惻」は痛む、「隠」も痛むこと。驚きおそれ、いても立ってもいられなくなるほど悲しむこと。

孟子の道徳についての議論のなかで、常識的ではあるが、すなおでだれの胸にも訴える名文といえよう。井戸に落ちている人を救う、というモチーフは孔子のことばのなかにもある(『論語』雍也篇第二十六章)。中国の井戸には井戸側の低いものが多いから、子供が落ちて水死するものが少なくなかったのであろう。幼児が井戸に落ちかけている、というふうにかえたのが孟子であるが、この比喩《ひゆ》はよく生きている。「人に忍びざるの心」という表現で、人間の他人にたいする同情心に積極性をもたせている。伊藤仁斎はこれを、「人を害するに忍びざる心」といい換えて、さらにその積極性を出しているが、それは少しゆき過ぎであろう。

いずれにしても、これはまた、すべて人間の性は本来善であるという孟子の性善説を述べたものでもある。

人間の職業と徳性

〔七〕孟子曰《い》わく、「矢人《しじん》は豈《あに》函人《かんじん》(1)より不仁《ふじん》ならんや。矢人は惟《ただ》人を傷《きず》つけざらんことを恐れ、函人は惟人を傷つけんことを恐る。巫匠《ふしょう》も亦然《またしか》り。故に術《じゅつ》は慎しまざるべからざるなり。孔子曰わく、『仁に里《お》るを美《よ》しと為《な》す、択《えら》びて仁に処《お》らず、焉《いずく》んぞ智たるを得ん』、と。夫《そ》れ仁は、天の尊爵《そんしゃく》なり。人《ひと》の安宅《あんたく》なり。これを禦《とど》むる莫《な》くして不仁なるは、是れ不智なり。不仁・不智・無礼・無義は、人の役《えき》なり。人の役にして人に役せらるることを為《な》すを恥ずるは、由《なお》、弓人《きゅうじん》にして弓《ゆみ》を為《つく》るを恥じ、矢人にして矢《や》を為るを恥ずるがごとし。如《も》しこれを恥じなば、仁を為すに如《し》くは莫《な》し。仁者《じんしゃ》は射《しゃ》の如《ごと》し。射る者は己《おの》れを正しくして後に発《はな》つ。発ちて中《あ》たらざるも、己れに勝てる者を怨《うら》みず、諸《これ》を己れに反求《はんきゅう》するのみ」

孟先生がいわれた。

「矢を作る職人が、鎧《よろい》を作る職人よりも非人情なわけではない。それに矢を作る職人は、作った矢が人間を負傷させなければたいへんだと心配し、鎧を作る人は、鎧を着る人が負傷してはたいへんだと心配する。人の命を助けようとする巫《みこ》と、死人の棺桶《かんおけ》を作る大工との関係もこれと同じである。だから人間が職業を選ぶときは、よほど注意しないといけない。孔先生がいわれた。『仁の徳に住みついていることは、りっぱである。他の何よりも、仁の徳を取り出して、その上にいどころを定めることができない人は、とても智者とはいえないね』と。仁は天の与える最高の爵位である。人間の安住する住宅である。だれも仁に住むのを妨げもしないのに、不仁な人は智のない人である。不仁・不智・無礼・無義な人は、他人の下僕《しもべ》にしかなりえない。仁でないために、他人の下僕になっていて、下僕であることを恥とするのは、弓師が弓を作るのを恥じ、矢作りが矢を作るのを恥じるのとかわらない。もし、下僕たることを恥とするならば、仁をおこなうのが第一である。仁をおこなうのは、弓を射るのと同じである。弓を射る人は、まず自分の姿勢を正しくしてから矢を放つ。放って命中しないでも、命中して自分に勝った相手を恨まないで、自分の身にたちかえって、自分の欠点をさがすのである」

注

（1）「函」は鎧で、これを作る職人が函人である。

孟子は人道主義者として、他人を傷つける武器製造を職業として選ぶことに反対し、職業と人間の徳性との関係を考えた。弓矢を作る人も甲冑《かっちゅう》を作る職人も、人情をもつ人間であることにかわりはないのに、社会的に非人情な人間となる。人間の職業と人間のもつ徳性との間にも相関関係がある。とくに他人に隷属し、使役される下僕は、徳性の劣った人がなるものと考え、それから解放されるためには、徳行をみがくことが第一だとした。このような思想は、まだ完全に世襲的な身分階級から脱していない戦国時代の社会の思考を反映している。人道主義者としての孟子の面目《めんぼく》を示すよいことばであろう。

第四巻　公孫丑章句　下

この巻は、斉《せい》の宣王の師として信頼を得ていた孟子が、王との間に亀裂《きれつ》が生じて、ついに斉国を去り、故国の鄒《すう》に帰るまでのいきさつが詳しく書かれている。ここに採録した第二章（もとの第二章）は、孟子が王の師として、王を教えるという権威を保持するため、王のお召しにもかかわらず朝廷へ出かけない。そのため、病気に託してお召しを拒んだことから、思わぬ困難な事態が生まれてきたことを述べている。このエピソードは、孟子がたいへんな自信家で、謙《へりくだ》ることがない性格であったことを物語っている。王の師であるからには、どんな富貴の人間にも頭を下げず、対等の人間として交《まじ》わろうというのは、換言すれば、孟子が富貴にたいして劣等感をもっていたことが原因かもしれない。

彼の学問は、孔子の弟子《でし》、曽子《そうし》にさかのぼるといわれ、彼は曽子を威武に屈しない大丈夫《だいじょうふ》で、真の勇者として尊んでいる。曽子こそ孟子の理想の人物であって、そのため、不必要に肩を張って、王に対抗しようとした。だがしかし、斉の宣王によって天下統一の理想を実現しようとする孟子の政治行動は、この彼の性格によっても破綻《はたん》を生じたのである。

孟子失脚の根本的な理由は、「梁恵王章句　下」の第四章（もとの第十章、本書一一一ページ）で述べたように、燕《えん》国の内乱に乗じて侵略するという政策を孟子が強く支持したことにある。孟子はもちろん、宣王に直接これをすすめたのではないとして、責任を回避している。しかし、それは遁辞《とんじ》にすぎない。燕国出征の失敗は、斉国の覇業《はぎょう》にとって大きな蹉跌《さてつ》であった。責任はないと口では弁解していても、心のなかでは孟子はその責任を感じていたにちがいない。この失敗を取り返すことは、非常に困難なことを知りながらも、まだはかない天下統一の夢を宣王に託していたのだが、孟子の不必要な強がりが、恐らく競争者たちの中傷《ちゅうしょう》をまねいて、ついに失脚にまで追いこまれたのであろう。全十四章のなかから、代表的な第一章・第二章・第五章・第十二章の四章を載せた。

天の時・地の利・人の和

〔一〕孟子曰《い》わく、「『天の時(1)は地の利に如《し》かず、地の利は人の和に如かず』。三里の城《しろ》、七里の郭《かく》、環《めぐ》りてこれを攻むるも勝たず。夫《そ》れ環りてこれを攻むるは、必ず天の時を得る者あるべし。然《しか》り而《しこう》して勝たざる者は、是《こ》れ天の時、地の利に如かざればなり。城高からざるに非《あら》ざるなり。池《ち》深からざるに非ざるなり。兵革《へいかく》(2)堅利《けんり》ならざるに非ざるなり。米粟《べいぞく》多からざるに非ざるなり。委《い》してこれを去るは、是れ地の利、人の和に如かざればなり。故に曰わく、民を域《かぎ》るに封疆《ほうきょう》の界《さかい》を以《もっ》てせず、国を固《かた》むるに山谿《さんけい》の険を以てせず、天下を威《い》するに兵革の利を以てせず、と。道を得たる者は助け多く、道を失える者は助け寡《すく》なし。助け寡なきの至《いた》りは、親戚《しんせき》もこれに畔《そむ》き、助け多きの至りは、天下もこれに順《したが》う。天下の順う所を以て、親戚の畔く所を攻む。故に君子は戦わざるあるも、戦えば必ず勝つ」

孟先生がいわれた。

「『天の時は地の利に及ばない、地の利は人の和に及ばない』といわれる。三里の本城、七里の外城、これを包囲攻撃しながら、勝てない。いったい包囲して攻撃しているのであるから、どの攻め手かが天の時に応じて、城攻めに吉とされる方角になっているはずである。それなのに勝てないということは、天の時が地の利に及ばない証拠である。城壁は高くないわけはなく、堀は深くないわけはない。兵器・甲冑《かっちゅう》が鋭利・堅固でないわけはないし、食糧が乏しいわけもない。それなのに捨てて退却してしまう。これは地の利が人の和に及ばない証拠である。そこで『国民を国境によって制限することは不可能であり、国家を山川の険しさによって守ることは不可能であり、天下を武器の精鋭さによって威圧することも不可能だ』といわれる。道理にかなったものには援助するものが多数で、道理にそむいたものには援助するものが少数である。極度に援助の少ないものからは、親戚さえもそむき離れる。極度に援助の多いものには、天下もこれにしたがう。天下のしたがう者が、親戚にそむかれ離れられた者を攻撃するのであるから、君子は戦争しない場合が多いが、もし戦争すれば必ず勝つのである」

注

(1)趙岐《ちょうき》の注は、「天の時」を十干十二支《じっかんじゅうにし》の木火土金水の五行《ごぎょう》の回り合わせなどをさすと解した。下文にも「環《めぐ》りてこれを攻むるは、必ず天の時を得る者あるべし」といっているが、これは城攻めには、年や四季・月・日に応じた、攻めるのに有利な方角がきまっていて、包囲攻撃をしているのだから、どの攻め手かが有利な方角を攻めているに違いないという考え方である。これによると、天の時とは、年回り・季節・月・日などにしたがって、攻める「方角」の吉凶がきまるという信仰をさしているのである。

(2)「兵」は武器、「革」は甲冑をさす。この時代の甲冑は、皮革で作られていたからである。

「天の時は地の利に如かず、地の利は人の和に如かず」という諺《ことわざ》または教訓が、孟子の時代にはやっていた。天の時とは、城攻めにさいして、木火土金水の五行の運行に応じて、その年・その季節・その月・その日に定められた吉凶の方角のあるのをいうが、これは孟子は迷信だとして排斥する。それに比べると、地理的な環境つまり地の利のほうがずっと戦争の勝敗に強力に影響する。戦場の地理的な状況に応じた戦略・戦術をとらねばならぬことは、『孫子《そんし》』などの軍事学の書物にさかんに論じられている。『孫子』の最も力説したのは、この戦場の地理的状況であり、「人の和」はかなり考慮してはいるものの、戦争勝利への決定的要素としてはあまり強調しなかった。これを「人の和」に力点を置き換えたのが孟子の儒教的な人間中心の考え方によってである。つまり『孫子』では、軍隊の組織・将軍の指揮力・君主の信頼度などはもちろんだいじな問題とされてはいたが、君主・将軍・軍隊のみならず、国民全体がいかによく融和して一体となっているかはたいした問題でなかった。その点を強調したところに、孟子の民主主義的な思想がうかがわれるのである。孟子のこの発言は、戦争を軍事学の問題としてだけでなく、儒教的政治学の問題とした点で出色である。そしてこの「天時・地利・人和」はよく引用される格言となっている。

王にたいする態度

〔二〕　孟子、将《まさ》に王に朝《ちょう》せんとす。王、人をして来たらしめて曰《い》わく、「寡《か》人《じん》如《まさ》に就《つ》きて見んとせるも、寒疾《かんしつ》あり、以《もっ》て風《ふう》すべからず。朝すれば将に朝に視《み》るべし。識《し》らず、寡人をして見ることを得しむべきや」。対《こた》えて曰わく、「不幸にして疾《やまい》あり、朝に造《いた》る能《あた》わず」、と。明日、出でて東郭氏《とうかくし》(1)を弔《ちょう》せんとす。公孫丑《こうそんちゅう》曰わく、「昔者《きのう》は辞するに病《やまい》を以てし、今日は弔す。或《ある》いは不可ならんか」。曰わく、「昔者は疾《や》みしも、今日は愈《い》えたり。これを如《い》何《か》でか弔せざらん」、と。王、人をして疾を問い、医《い》をして来たらしむ。孟仲子《もうちゅうし》(2)対えて曰わく、「昔者は王命《おうめい》ありしも、采薪《さいしん》の憂《うれ》い(3)ありて、朝に造ること能わざりき。今は病小《すこ》しく愈えたり。趨《はし》りて朝に造れり。我識《し》らず、能く至れりや否やを」、と。数人をして路に要《よう》せしめて曰わく、「請《こ》う必ず帰ることなくして、朝に造れ」、と。已《や》むを得ずして景丑《けいちゅう》氏に之《ゆ》きて宿《しゅく》せり。景子《けいし》曰わく、「内には則《すなわ》ち父子、外には則ち君臣は、人の大倫《たいりん》なり。父子は恩を主とし、君臣は敬を主とす。丑《ちゅう》は王の子《し》を敬するを見るも、未《いま》だ王を敬する所以《ゆえん》を見ざるなり」。曰わく、「悪《ああ》、是《こ》れ何の言《げん》ぞや。斉人《せいひと》、仁義を以て王と言う者なきは、豈《あに》仁義を以て美ならずと為《な》さんや。その心に『是れ何ぞ与《とも》に仁義を言うに足らんや』と曰《おも》えばなるべし。爾《しか》云えば、則ち不敬是れより大なるは莫《な》し。我は堯舜《ぎょうしゅん》の道に非《あら》ざれば、敢《あ》えて以て王の前に陳《の》べず。故に斉人は我の王を敬するに如《し》く莫きなり」。景子《けいし》曰わく、「否、これの謂《いい》に非ざるなり。礼に曰《い》わく、『父召せば諾《だく》するなく、君命じて召せば駕《が》を俟《ま》たず』(4)、と。固《もと》より将に朝せんとするなり。王の命を聞きて遂に果たさざりしは、宜《ほとん》ど夫《か》の礼と相似ざるが若《ごと》し」。曰わく、「豈《あに》是れを謂《い》わんや。曽子《そうし》曰わく、『晋《しん》・楚《そ》の富《とみ》は、及ぶべからざるなり。彼はその富を以てし、我は吾が仁《じん》を以てす。彼はその爵《しゃく》を以てし、我は吾が義《ぎ》を以てす。吾何ぞ慊《けん》せんや』、と。夫《そ》れ豈不義にして、曽子《し》これを言わんや。是れ或いは一道《いちどう》なり。天下に達尊《たつそん》三あり。爵一《しゃくいっ》、歯一《しいっ》、徳一。朝廷は爵に如くは莫く、郷党《きょうとう》は歯に如くは莫く、世を輔《たす》け民に長たるは徳に如くは莫し。悪《いず》くんぞその一《いっ》を有《ゆう》して、以てその二を慢《あなど》ることを得んや。故に将に大《おお》いに為《な》すあらんとするの君は、必ず召さざる所の臣あり。謀《はか》ることあらんと欲すれば則ちこれに就《つ》く。その徳を尊《たっと》び道を楽しむこと、是《か》くの如くならざれば、与《もっ》て為すあるに足らざるなり。故に湯《とう》の伊《い》尹《いん》(5)に於《お》ける、学んで後《のち》にこれを臣とす。故に労せずして王たり。桓公《かんこう》の管仲《かんちゅう》(6)に於ける、学んで後にこれを臣とす。故に労せずして覇《は》たり。今、天下、地《ち》醜《たぐい》(7)し、徳《とく》斉《ひと》しく、能《よ》く相尚《あいくわ》うる莫きは、他《た》なし。その教うる所を臣とするを好みて、その教えを受くる所を臣とするを好まざればなり。湯の伊尹に於ける、桓公の管仲に於けるは、則ち敢えて召さず。管仲すら且《か》つ猶《なお》召すべからず。而《しか》るを況《いわ》んや管仲たらざる者をや」

孟先生が斉の宣王に謁見に行かれようとしているところへ、王の使者が来て、王のことばを伝えた。

「自分で先生の館《やかた》へまいってお会いしたいと思っていたが、風邪《かぜ》をひいて外気に当たれないのでお訪《たず》ねすることができなくなった。しかし、もし先生のほうから朝廷に出席してくださるならば、わたしも無理して朝廷に出席する。そこで会うことにしてくださるまいか」

孟先生はかしこまってお答えした。

「残念ながら、わたしも病気で朝廷には出られません」

あくる日になると、孟先生は東郭氏へ弔問《ちょうもん》に出かけようとした。公孫丑が申し上げた。

「昨日、先生は病気を理由にして朝廷に出席するのを断わられました。きょう弔問にゆかれるのは不都合でありませんか」

「昨日は病気だったが、きょうはよくなったのだ。どうして弔問に行って悪いことがあろうか」

といって孟先生が出かけられたあとに、宣王の使者が、医師をつれて病気見舞いに来た。留守番の孟仲子《もうちゅうし》がかしこまってお答えした。

「昨日は、王様のご命令を受けましたが、あいにく病気でまいれませんでした。きょうは病気が少し快《よ》くなりましたので、急いで朝廷に出かけました。今ごろは着いているのではありますまいか」

といっておいて、すぐさま数人を使いに出して、弔問に行く道で孟先生をつかまえて、

「どうか館に帰らないで、朝廷においでください」

といわせた。孟先生は進退に困り、やむをえず景丑《けいちゅう》氏の家を訪ねて、そこに泊まることにされた。景氏は先生にいった。

「家庭内では父子の間柄、家庭外では君臣の間柄というのは、人間の守るべき大きな秩序です。父子の間柄は恩愛を主とし、君臣の間柄は敬を主とするといいます。わたくしは、王様が貴下を敬せられるところを見ましたが、貴下が王様を敬せられるところが見られません」

　孟先生がいわれた。

「ああ、それはなんたることばですか。斉の国民が王様と仁義をもって話し合う者がない

のは、仁義を善《よ》しとしないからなのでしょうか。いや、そうではなく、仁義は善しとしてはいるが、ただ心の内で『王様と仁義を話しても仕方がない』と、そう思っているからなのでしょう。それだったら、王様にたいする最大の不敬ではないか。わたしはそうではなく、堯舜《ぎょうしゅん》の仁義の道以外のものは、まだ王様の前で話したことがないのだから、斉の国民で、わたしほど王様を尊敬している者はないのだ」

景丑がいった。

「わたくしのいう不敬は、そんなむつかしいことではありません。『礼記《らいき》』に『父からよばれると、かしこまりましたと返事するひまもなくかけつける。主君からよばれると、馬車に馬をつけるのも待たず、歩きだす』といっています。がんらい先生のほうから朝廷に出席しようとされていたところに、王様の命令を聞いて、かえって出席をとりやめにされてしまった。あの『礼記』の文句とずいぶん相違しているようではないですか」

「わたしのいっているのは、そんなことではない。曽先生がいっていられる。『晋《しん》国と楚《そ》国の富には、自分はもとより及ぶことはできない。しかし、彼らが富をもっていれば、自分は仁をもっている。彼らが爵位をもっていれば、自分は義をもっている。彼らに及ばぬと思ってひるむことは何もないではないか』。もしこのことばが義に合わぬならば、曽先生はどうしてこのことばをいわれることがあろうか。少なくともこれもひとつの行き方なのである。天下にこのうえなく尊いものが三つある。爵位がひとつ、年齢がひとつ、道徳がひとつである。朝廷では爵位を先にし、郷里では年齢を先にし、君主をたすけて人民を治めるには、道徳を先にする。それぞれべつの秩序に属するそのひとつをもって、他のふたつのものを無視することができようか。そこでおおいになすあらんとする君主は、必ずよびつけにしない客分の臣下をもっていて、謀議しようとすることがあれば、その宅を訪問する。徳を尊び、道を重んずることが、そこまでゆかないと、大事をなすには足りないからだ。湯王の伊尹《いいん》にたいするのも、師として彼に学んで、そしてのちに臣とした。そこで労せずして天下に王となった。斉の桓《かん》公の管仲《かんちゅう》にたいするのも、師として学んでのちに臣とされたので、労せずして覇者となった。今、天下の各国の領地は、似かよっているし、教化にもちがいがなく、互いに他を追い越す者がいない。その理由はほかでもない。君主が自分で教えてやれるような者を好んで臣下とし、自分が教えを受けるような者を臣下とすることを好まないからである。湯王は伊尹にたいし、斉の桓公は管仲にたいして、けっして自分のほうからよびつけることをしなかったし、伊尹よりは劣る管仲でもよびつけられなかったのだ。管仲にもなりたくないといっている人間を、どうして手もとによびつけることができるであろう」

注

(1)斉の大夫《たいふ》で、がんらい首都臨淄《りんし》の東の出丸《でまる》、つまり東郭に住んだので東郭氏とよばれたらしい。孟子の家から東郭にあった東郭氏の家まで、相当に遠かったらしい。
(2)孟子の従兄弟《いとこ》のひとり。
(3)疾病《しっぺい》のあったとき、「采薪の憂いあり」と称する。
(4)『論語』郷党篇第二十一章に出てくる文章。
(5)殷王朝を開いた湯王を補佐した宰相。
(6)春秋時代の覇者、斉の桓公を助けて覇業達成に尽くした宰相。
(7)同じという意。

孟子と斉の宣王と不和を生じた直接の原因は、感情的なゆき違いである。孟子はあくまで宣王の師であるから、王から孟子のところに足をはこんで、その意見を聞くべきだと考えていた。しかし、これを明言することは、さすがの孟子もはばかったとみえ、王から召されたときは、病気と称して宮廷に参内《さんだい》しないことにしていた。孟子のほうから用があって参内して、王に謁見しようとしたところへ、王の使いが来て、王が風邪で来られないが、孟子が朝廷に出てくれれば、朝廷には無理して臨席してもいいから、そこで面談しようと伝えてきた。孟子は、召されても宮廷には行かない、というこれまでの自分の趣旨に反するので、病気を理由にそれを断わってしまった。

翌日、公孫丑の止めるのもきかず、孟子は東郭氏に弔問に出かけたが、その留守に、王の病気見舞いの使者が、侍医をともなってやってきた。留守番の孟仲子は、「病気が少しよくなったので、朝廷に出かけた」と答えて、あわてて孟子に使いをやって、帰りに朝廷に顔を出すように連絡した。ところがその連絡を受けた孟子は、すなおに朝廷に出かけるどころか、知人の景丑《けいちゅう》の家に泊まりこんでしまった。景丑が、宣王のほうから下手《したで》に出ているのに、そこまでこだわっていばりかえっている孟子の行動を不可解とし、それを詰問《きつもん》した。王が敬をつくしているのだから、臣たる孟子のほうから少しは敬をつくしてもよいではないか、という。これにたいして、孟子は、わたしは宣王の師であって臣ではないのだから、王からよばれても朝廷に出席しない。よばれて意見を述べるようでは、その意見が尊重されない。だから、わたしは王のため、天下のために招きに応じないのだというのが孟子の答えである。

だが、原則は原則として、孟子は浩然《こうぜん》の気を養い、勇者だと自負している（公孫丑章句上）。何か大人気《おとなげ》ない感じがするが、これが戦国時代中期の俠客《きょうかく》にも共通する男子の意気であった。孔子のような穏健《おんけん》で時宜《じぎ》に適した行動をするのとは、たいへん相違している。孟子はつまらないことにこだわりすぎて、大事な宣王との間に仲違《なかたが》いの原因をつくってしまった。これは孟子の政治活動にとっての大事件であるばかりでなく、孟子の人となりを理解するうえでたいせつな挿話《そうわ》でもある。

責任の回避

〔五〕　孟子、蚳鼃《ちあ》(1)に謂《かた》りて曰《い》わく、「子《し》の霊丘《れいきゅう》(2)を辞《じ》して士師《しし》を請《こ》いしは、似たり、その以《もっ》て言うべきが為《ため》なるに。今既《すで》に数月《すうげつ》なるも、未《いま》だ以て言うべからざるか」、と。蚳鼃、王に諫《いさ》めて用いられず。臣たるを致《いた》して(3)去る。斉人《せいひと》曰わく、「蚳鼃の為《ため》にせる所以《ゆえん》は、則《すなわ》ち善きも、自《みずか》ら為にする所以は、則ち吾知らざるなり」、と。公都子《こうとし》(4)以て告ぐ。曰わく、「吾これを聞けり、『官守《かんしゅ》ある者は、その職を得ざれば則ち去り、言責《げんせき》ある者は、その言を得ざれば則ち去る』、と。我官守なく、我言責なし。則ち吾が進退は、豈《あに》綽《しゃく》綽《しゃく》然《ぜん》として余裕あらざらんや」

孟先生が蚳鼃に向かっていわれた。

「あなたが霊丘の地方長官をやめられて、中央の裁判所の長官に転任を希望されたのはりっぱでした。斉の王様に諫言《かんげん》をするためでしたから。ところが、今までにもう数ヵ月もたっているのに、あなたはまだ諫《いさ》める種を見つけられないのですか」

蚳鼃はさっそく王様を諫めたが、聞き届けられないので、自分から斉国の官吏を辞職して退去した。斉の国民が噂《うわさ》した。

「孟子という人は、他人の蚳鼃の責任を追及したのはまことに見事だったが、その結果、蚳鼃が辞職したことにたいする自分の責任は知らん顔している」

公都子がこのことを孟先生に報告した。先生がいわれた。

「わたしは聞いている。『官吏としての職務のある者が、それを果たしえない場合は辞職し、また意見を述べる責任のある者が、意見を採用されない場合は、辞職すべきである』と。わたしは官吏でなく、職務もなければ発言の責任もないのだから、わたしの進退はゆうゆうとして余裕があっても、ちっとも不思議でないではないか」

注

(1)斉の大夫。蚳は姓、鼃は名、「鼃」は現在の「蛙」字のもとの形である。

(2)斉国の地方の町の名であるが、現在のどこに当たるか定説がない。蚳鼃はその町の長官であった。

(3)臣つまり官吏を辞職すること。

(4)孟子の弟子のひとり。姓は公都。名は不明。

孟子は斉の宣王の師として、自由な立場で王に意見を述べる、というよりはむしろ王を弟子《でし》のように教えていた。斉国の官吏ではないから、王にたいしては普通の官吏としての責任は負わないでもよい。こういう孟子の弁解は成立する。孟子と蚳鼃の関係はどうであろう。路傍《ろぼう》の人ではなく、ひとりの友人として忠告したのであろう。友人がその忠告にしたがって引責辞職したとしても、孟子には政治的責任はないかもしれないが、友人として道徳的な責任がまったくないとはいえない。それなのに孟子は、表面上はまったくけろりとしている。孟子だって心のなかでは、すまなかったと感じているにはちがいないが、他人から非難されると、きっと身構えて反駁《はんばく》する。孔子だったら情理を尽くした回答を与えるにちがいないが、孟子は理に勝ちすぎて、情において欠けるところがある。孟子の斉における失脚の原因は、孟子のこういう性格にもひそんでいた。

孟子の一性格

〔十二〕　孟子、斉《せい》を去る。尹士《いんし》(1)、人に語《つ》げて曰《い》わく、「王の以《もっ》て湯《とう》・武《ぶ》たるべからざるを識《し》らざれば、則《すなわ》ち是《こ》れ不明なり。その不可なるを識りて、然も且《か》つ至りしならば、則ち是れ沢《たく》を干《もと》むるなり(2)。千里《せんり》にして王に見《まみ》え、遇《あ》わざるが故に去り、三宿《さんしゅく》して後《のち》に昼《ちゅう》(3)を出《い》ずるは、是れ何ぞ濡滞《じゅたい》なるや。士は則ち茲《これ》を悦《よろこ》ばず」、と。高子《こうし》(4)以て告ぐ。曰わく、「夫《か》の尹《いん》士《し》、悪《いずく》んぞ予《われ》を知らんや。千里にして王に見えしは、是れ予が欲する所なり。遇《あ》わざるが故に去るは、豈《あに》予が欲する所ならんや。予已《や》むことを得ざればなり。予三宿して後に昼を出ずるも、予が心に於《お》いては猶《なお》以て速《すみ》やかなりと為《な》す。王、庶幾《こいねが》わくはこれを改めよ。王如《も》し諸《これ》を改めば、則ち必ず予を反《かえ》さん。夫《そ》れ昼を出《い》でて、而《しか》も王予を追わざるなり。予然《しか》る後に浩然《こうぜん》として帰志《きし》あり。予然りと雖《いえど》も豈王を舍《す》てんや。王由《なお》(5)用《もつ》て善を為すに足れり。王如《も》し予を用《もち》いば、則ち豈徒《ただ》に斉の民安《やす》きのみならんや、天下の民挙《みな》安からん。王、庶幾わくはこれを改めよ、と。予日《ひ》にこれを望めり。予豈是《か》の小丈夫《しょうじょうふ》の若《ごと》く然らんや。その君を諫《いさ》めて受けられざれば、則ち怒《いか》り、悻悻然《こうこうぜん》(6)としてその面《おもて》に見《あら》われ、去れば則ち日の力を窮《きわ》めて後に宿《しゅく》せんや」、と。尹士、これを聞きて曰わく、「士《し》は誠に小人《しょうじん》なり」。

孟先生が斉国から退去された。尹士が人に語った。
「孟君には、王様が殷《いん》の湯王、周の武王のように天下を統一することができる人でないことがわからなかったとしたら、それは彼の不明だ。できない人とわかっていながら、かまわずに斉国にやってきたのならば、王様のご恩を求めるためであったのだ。千里の遠方から来て王様に謁見し、気が合わないという理由で辞職して退去するのに、昼県に三晩を明かしてから出発するとは、なんとぐずぐずした行動だろう。自分にはこんなやり方は気にくわない」と。

高子がこの批評を伝えると、孟先生はいわれた。
「あの尹士などに、どうして自分がわかるものか。千里の遠方からやってきて王様に謁見したこと、これは自分で希望したことである。しかし、気が合わないので退去するのは、どうして自分の希望だろうか。自分としては、そうせざるをえなかったまでだ。問題にされている、自分が三泊ののちに昼県から退出したことも、自分の心持ちからすると、まだ早すぎる感じだ。もしかして王様の気がかわらないだろうか。もし王様の気がかわられたならば、きっとわたしを召し返されるだろう。それなのに、自分が昼県を出発しても、王様は自分を追いかけてよびもどされなかった。わたしはそこではじめて、ひろびろとした気持ちで故郷の鄒《すう》に帰る気になった。わたしは、それでも、どうして王様を見捨てられようか。王様はまだ善をおこなうだけの素質をもっておられる。王様がもしわたしを用いてくだされば、ひとり斉の国民が太平を得るばかりであろうか。天下の民がみな太平になれるだろう。王様よ、どうか気をかえてくださいと、日々に願ったのだ。それなのに、わたしはどうしてあんな小人物のように、主君が諫めを聞き入れられなかったら、ぷりぷりと怒りの色を顔にあらわし、出発すると、一日じゅう歩けるだけ歩いて宿泊するというようなことができるだろうか」と。

　尹士は、この話を聞き伝えていった。

「わたくしは、ほんとに小人でした」と。

注

(1)斉国の人らしい。

(2)「沢」は恩沢。具体的には俸給を求めること。

(3)斉の都臨淄に近い西南の村。
(4)斉国の人で、孟子の弟子。
(5)なお。「猶」と同じ。
(6)度量のせまい形容。

孟子はついに辞職して、故郷に帰ることにした。宣王は引き止めようとして、時子《じし》という者にいいつけて、さらに孟子を優遇しようという条件を持ち出したが、孟子は富貴を求めるために来たのではない、と断然その申し出を断って、斉国を出発する（このことは、省略したもとの第十章に述べられている）。ところが、きっぱりと断ったはずの孟子が、いざ斉国を去るという段になると、国郡の近くの昼《ちゅう》県に三晩も宿って、恋々《れんれん》とした態度を見せたので、尹士などの斉国の有識者のもの笑いの種となった。

孟子はこれにたいして、珍しく自分の真情を吐露《とろ》していった。自分は心よく斉王と別れてきたが、やっぱり心では斉王を愛しているのだ。ああはいったが、斉王からの使者が、もう一度追いかけて引きもどしてくれないかと、心は千々《ちぢ》に乱れていたのだという真情をぶちまけた。外面は強いように見える孟子にも、こんな優しい一面がひそんでいたのだ。それならばなぜその気持ちをすなおに出して、王の引き止めに応じなかったのだろう。それができないところがまた、孟子の性格であった。孟子が斉を去るにさいしての心境は、「告子章句下」（本書では省略）でもふれている。孟子は、人間として欠点が多い人であったのだ。

第五巻　滕文公《とうぶんこう》章句　上

東方の大国、斉《せい》の威王《いおう》を継いだ宣王《せんおう》の政治顧問として厚く待遇されていた孟子であったが、これまでにすでに述べたような理由で、結局、王と仲違《なかたが》いして斉国を去った。斉を出国した孟子が、以後どういう行動をとるのか。斉・魯《ろ》を中心とする東方の学界にとって注目すべき出来事であったろう。大国の有名な開明君主なるものに失望した孟子は、故郷の鄒《すう》国に帰って政界から隠退したように見えたが、旧知の滕《とう》の文公の招きに応じて、そこで井田《せいでん》制という古代の農制を復活し、これを基本とした政策によって、小国の滕を理想の王国に変えようとした。このことは当然のことながら他の多くの思想家たちに大きな衝撃を与えた。陳《ちん》良《りょう》のような儒家、許行《きょこう》のような農家などが、南方の大国の楚《そ》国から滕国にかけつけて、自己の学説を滕の文公によって実行させようとしたことからも伺《うかが》い知ることができる。ここには、孟子が滕の文公に提出した井田制の原案を含むもとの第三章と、許行の徒の陳相《ちんしょう》との論争であった第四章とを採録した。『孟子』のなかでは長文の章だが、彼の思想にたいしての自信と使命感にあふれたものとして、また、彼の儒教的な理想社会についての思想を知るうえでの重要な資料でもある。

井田制改革案

〔三〕 滕《とう》の文公、国を為《おさ》むることを問う。孟子曰《い》わく、「民事《みんじ》は緩《ゆる》くすべからざるなり。詩に曰わく、『昼は爾 于《なんじゆ》きて茅《かや》かれ、宵《よる》は爾 綯《なんじなわ》を索《な》え、亟《すみ》やかにそれ屋《おく》に乗《のぼ》れ、それ始めて百穀《こく》を播《ま》かん(1)』、と。民の道たる、恒産《こうさん》ある者は恒心《こうしん》あり。恒産なき者は恒心なし。苟《いやし》くも恒心なければ、放辟邪侈《ほうへきじゃし》、為《な》さざるなきのみ。罪に陥《おちい》るに及びて、然《しか》る後従いてこれを刑《けい》す。是《こ》れ民を罔《あみ》するなり。焉《いずく》んぞ仁人位《じんじんくらい》に在《あ》るありて、民を罔して而《しこう》して為《おさ》むべけんや。是の故に賢君は必ず恭倹《きょうけん》にして下《しも》を礼し、民に取るに制《せい》あり。陽虎《ようこ》(2)曰わく、『富を為せば仁《じん》ならず、仁を為せば富まず』、と。夏《か》后子《こうし》は五十にして貢《こう》し、殷人《いんひと》は七十《しちじゅう》にして助《じょ》し、周人《しゅうひと》は百畝《ぽ》(3)にして徹《てつ》す。その実《じつ》は皆什《じゅう》の一《いっ》なり。徹は徹なり(4)助《じょ》は藉《しゃ》(5)なり。龍子《りようし》(6)曰わく、『地を治むるは助より善きは莫《な》く、貢より善からざるは莫し』、と。貢とは数歳《すうさい》の中《ちゅう》を校《こう》して以て常と為すなり。楽歳《らくさい》には粒米 狼戻《りゅうまいろうれい》(7)す。多くこれを取るも虐《ぎゃく》と為さざるに、則ち寡《すく》なくこれを取る。凶年《きょうねん》にはその田《でん》に糞《ふん》するも而《しか》も足らざるに、則ち必ず盈《えい》を取る。民の父母と為りて、民をして盻盻然《けいけいぜん》として、将終 歳勤動《はたしゅうさいきんどう》するも、以てその父母を養うを得ざらしむ。また称貸《しょうたい》(8)してこれを益《ま》し、老稚《ろうち》をして溝壑《こうがく》に転ぜしむ。悪《いずく》んぞそれ民の父母たるに在《あ》らんや。夫《そ》れ禄《ろく》を世《よよ》にするは、滕固《とうもと》よりこれを行なえり。詩に云う、『我が公田《こうでん》に雨ふり、遂に我が私《し》に及べ』、と。惟《ただ》助のみ公田《こうでん》ありと為す。これに由《よ》りてこれを観れば、周と雖《いえど》も亦《また》助するなり。庠序学校《しょうじょがっこう》を設け為して、以てこれを教う。庠とは養なり、校とは教なり、序とは射《しゃ》なり。夏《か》に校と曰い、殷《いん》に序と曰い、周に庠と曰い、学は則ち三代これを共にす。皆人倫《じんりん》を明らかにする所以《ゆえん》なり。人倫上《じんりんかみ》に明らかにして、小民下《しも》に親しむ。王者起こるあらば、必ず来たりて法を取らん。是れ王者の師たるなり。詩に、『周は旧邦《きゆうほう》なりと雖も、その命惟《めいこ》れ新たなり(9)』と云えるは、文王の謂《いい》なり。子《し》力《つと》めてこれを行なわば、亦《また》以て子の国を新たにせん」、と。畢戦《ひつせん》(10)をして井地《せいち》を問わしむ。孟子曰わく、「子の君《きみ》、将《まさ》に仁政を行なわんとし、選択して子を使《つか》わす。子必ずこれを勉《つと》めよ。夫れ仁政は必ず経界《けいかい》(11)より始む。経界正しからざれば、井地鈞《ひと》しからず、穀禄《こくろく》平らかならず。是の故に暴君汙吏《おり》(12)は、必ずその経界を慢《あなど》る。経界既《すで》に正しければ、田を分かち禄を制すること、坐《ざ》して定むべきなり。夫れ滕《とう》は壌地褊小《じょうちへんしょう》なれども、将《はた》君子の為《ため》にせんか、将野人の為にせんか。君子なくんば野人を治《おさ》むる莫《な》く、野人なくんば君子を養う莫し。請《こ》う、野《や》は九が一《いつ》にして助せしめ、国中《こくちゅう》は什《じゅう》が一にして自《みずか》ら賦《ふ》せしめん。卿《けい》以下必ず圭田《けいでん》(13)あり。圭田は五十畝《ぼ》、余夫《よふ》は二十五畝。死し徙《うつ》るまで郷《きょう》を出ずるなく、郷田井《きょうでんせい》を同じくし、出入相友《あいとも》とし、守望相《しゅぼうあい》助け、疾病相扶持《しっぺいあいふじ》せば、則ち百姓《ひゃくせい》親睦せん。方里《ほうり》にして井《せい》し、井《せい》は九百畝、その中《うち》は公田《こうでん》たり。八家《はっか》皆百畝を私《わたくし》し、同じく公田を養う。公事《こうじ》畢《お》わりて、然《しか》る後敢《あ》えて私事《しじ》を治む。野人を別《わ》かつ所以なり。これその大略なり。夫《か》のこれを潤沢する若《ごと》きは、則ち君と子とに在《あ》り」

滕の文公が、国家を治める心得を聞かれた。孟先生がいわれた。
「人民の仕事は片時も怠ってはいけません。『詩経《しきょう》』に、

昼は汝《なんじ》ゆきて茅《かや》かれ
夜は汝帰りて縄なえ
急ぎて仮屋《かりや》の屋根ふきかえよ
よろずの作物の種まき、まさにはじまらんとす

と歌われているとおりです。人民の生き方として、すべて一定の生業をもたないものは一定不変の精神をもてません。もしも一定不変の精神をもてないと、無頼放蕩《ほうとう》、悪事のかぎりをつくします。そして犯罪をおかすようになると、取り調べて刑罰に処するとします。これでは人民を網にかけることになります。仁徳《じんとく》ある人が位についていて、民を網にかけるようなことをなさってよいものでしょうか。それゆえ、賢君は必ずまじめに仕事をし、むだ遣いはせず、臣下にたいして礼を失わず、人民から税を徴収するのに、定めによって限度を越えることがありません。陽虎《ようこ》が『財産をつくると、恵みぶかくなれない、恵みぶ

かくなろうとすると、財産はつくれない』といっているのは、このことをさしています。古代の税制を次に述べましょう。夏《か》王朝では、民は一軒ごと五十畝《ぽ》の田を割り当てられ、貢法《こうほう》で税を納めました。殷《いん》王朝は、一軒ごと七十畝の田を割り当てられ、助法《じょほう》で税を納めました。周王朝は、一軒ごと百畝の田が割り当てられ、徹法《てっぽう》で税を納めました。どの税制も実際の税率はみな十分の一です。徹法とは、土地の境界を定めることで、国《こく》と野《や》に二区分した複合税法です。助法とは、借りることで、人民の労働力をかりて公田《こうでん》を耕作することです。龍子《りょうし》が『農民にたいする税制のなかで、最善は助法であり、最悪は貢法である』といっています。貢法とは、数年間の収穫を平均して課税の標準とするものです。豊作の年には、いたるところに穀物があり余っていて、税を多く取り立ててもちっとも苛酷《かこく》にはならないのに、かえって少額しか徴収しません。凶作の年には、農家の収穫量はいくら肥料をやっても足りないのに、定まった標準の税は完納しなければいけません。人民の父母に当たる一国の君主が、人民を一年じゅうこつこつと働かせながら、父母さえじゅうぶんに食べさすことができないようにしておいて、高利の貸出しをふやし、結局、借金が返せないため、ついに老幼の餓死体《がしたい》が溝《みぞ》や堀《ほり》のなかにころがる状態となります。これでどこに人民の父母である値うちがあるのでしょうか。古代の制度のなかで、大官がきまった田の租を親子代々受け継ぐ『世禄《せいろく》の制度』は、滕国ですでに早くから復活しています。『詩経』の周の詩に、

雨がまずわれわれの公《おおやけ》の田に降り
それからわれわれの私有の田に及んできた

と歌われています。公の田は、ただ助法にしかないはずですから、これからすると周王朝も助法を実行していたことになります。以上のことができれば、次に庠《しょう》・序・学・校の四種の学校を建てて、人民を教育したい。庠とは養つまり養う意味です。校とは教える意味ですし、序は弓を射る意味です。夏王朝では校とよび、殷王朝では序とよび、周王朝では庠といっています。学は三代の王朝のどれにも共通で、みな人間の道義・秩序を知らせるところです。人間の道義・秩序が、上の支配者たちにわかってくれれば、下の人民たちもそれに感化されましょう。天下に真の王者が起こってくるとしたら、きっとこの滕国の制度を手本とするでしょう。これはとりもなおさず、滕国が王者の師匠となることです。『詩経』に、

周は古くからの国だが、
天から命令を受けて、かえって新しい国になった

と歌っているのは、文王が国を興されたことをたたえているのです。あなたが努力して、

この政策を実行されたなら、あなたの国家は完全に新しくなるでしょう」

滕の文公は畢戦《ひっせん》を使者として、井田《せいでん》制のことをたずねさせた。孟先生がいわれた。

「殿様が、仁政を実行されようとして、百官のなかから選び出して、あなたを使者とされたのですから、どうかまちがいなく殿様にお伝え願います。仁政の実行は、田地の区画から手をつけねばなりません。区画が正確でないと、井田が大小等しくなく、禄の上がり高が公平でなくなります。そこで暴君や心きたない欲ばりの役人たちは、必ず区画をいいかげんにするでしょう。区画がいったん正確になると、田地を割り当て、禄をきめる仕事がすわったままたやすくでき上がるでしょう。いったい滕国の領土は狭く小さいですが、君子の立場で考えるべきでしょうか。また、野人の立場で考えるべきでしょうか。都に住む貴族つまり君子がいなければ、野に住む百姓を治める者がなくなり、百姓がいなければ、君子の食物を供給する者がなくなりますから、どちらの立場からも考えねばなりますまい。私の意見は次のようなものです。まず野《や》つまり郊外の地区は、九分の一の税を納める助法によらせる。国中《こくちゅう》つまり都市地区は、十分の一の税をみずから申告させて納めさせる。大臣以下の官吏はみな圭田《けいでん》を給される。圭田はひとりにつき五十畝、家族内の未成年ひとりにつき二十五畝が与えられる。死亡または転居するまで、同じ郷《きょう》から離れることはできない。郷の田で同じ井《せい》に属する者は、平時は出るも入るも互いに仲間となり、戦時はたがいに助け合って敵の防御・偵察《ていさつ》をし、病気はたがいに救い合うようにすれば、百姓はみな親しみ合い団結する。一里平方の田を井字のように区画し、井ごとに九百畝の広さとする。中央の百畝を公田とし、八家族がそれぞれ周囲の百畝を私有し、共同で公田を耕し、公田の仕事が終わってから、私田の仕事をさせる。これで君子と野人との差異がつけられる。以上が、井田制の大略です。これの施行に当たって、実情に即しての肉づけは、殿様とあなたにお任せします」

注

(1)『詩経』豳風《ひんぷう》の七月篇の句である。「綯」は縄、「索」はそれをなって縄とすること。「屋に乗《のぼ》る」は屋根のふき替えをすること。

(2)春秋末の魯の季氏の執事で、孔子在世のころ魯国を独裁した(『論語』陽貨篇第一章)。

(3)畝は現在の中国の畝のもとになるものであるが、五十畝・七十畝・百畝などの実際の広さは正確にはわからない。

(4)故加藤繁博士の説によると、徹は徹なりとは同語を反復したようにとられるが、じつは徹は徹字の本来の意味によって解すべしといったのである。「徹」の本来の意味は土地の境界・区画を定めることである。博士は農地を実際に歩き、農地を実測し、収穫の実績を検分して税を定めることをさすとされている(加藤繁『支那古田制の研究』、同じく『支那経済史考証』)。私は、徹法は周が新たに定めた農地区画による税法と解したい。それは具体的にいうと、国都の城壁内と近郊をさす「国《こく》」すなわち郷《きょう》と、それより外の「野《や》」すなわち六遂《りくすい》と都鄙《とひ》の二区に分ける複合した税法をさしているのである。

(5)他人の力を借りること。

(6)孟子の先輩の学者らしいが、詳しくはわからない。
(7)縦横に地上に捨てられているさま。
(8)政府から穀物を高利で貸し出す制度。唐代と日本の王朝時代の出挙《すいこ》の制と似ている。
(9)『詩経』大雅の文王《ぶんおう》篇の句。
(10)滕国の臣下。
(11)「経」も「界」も同じく境、田地の区画のこと。
(12)欲ばりな役人。
(13)この圭田を祭祀《さいし》の穀物を供する田地とする説があるが、たしかでない。また、井田にはならない余分の田地という説がある。そのほうがよいであろう。

斉国を去って故郷の鄒《すう》に帰ってきた孟子は、まもなく、太子時代からなじみであった小国の滕の文公の招聘《しょうへい》を受けた。斉の宣王に天下を統一させて、王道国家を実現しようとした夢が消え、失望の底に落ち込んでいた孟子は、この申し出を受けてまた新しい希望に燃えたった。滕国は非常に狭小な国で、斉国などの大国に比べると、ほとんどその一県くらいにしか当たらない。しかし、この小さい国家をもし理想の国家に仕上げたならば、天下の大国でもこれを模範としてついてくるものがあるかもしれない。そう考えた孟子は、農村共同体をもとにした井田制という理想的な農地改革案を提出した。孟子は梁《りょう》・斉でも、この改革案は小出しにしたことがあるが、これを全面的に押し出したことはなかった。梁・斉のような大国では、王をとりかこむ貴族・富豪・大商人はみな大地主であった。農村共同体を基本とした農地改革が、こんな強大な国家でがんらいとても成功する見込みはなかったといえるであろう。しかし、滕のような小国家なら、大地主の反対がないから、この改革も実現できる希望がもたれるかも知れない。そこで孟子は、井田制の改革案を答申《とうしん》したのである。もちろん孟子は、この改革を中国全土に実現することが空想でしかないことを、よく承知していたはずである。しかし、滕のような小国ならあるいは実現できるかもしれないとして、希望を託したのであろう。孟子の井田制は、戦国時代にはついに実現しなかったが、中国の歴史を通じて、農地改革運動に一つの理想を与え、漢代の限田《げんでん》制、中世の均田《きんでん》制などさまざまな改革案が生まれてきた。孟子の空想はのちの中国の政治家に、大きな影響を与えたのである。

許行の農本思想にたいして

〔四〕　神農《しんのう》(1)の言《げん》を為《な》す者許行《きょこう》(2)あり。楚《そ》より滕《とう》に之《ゆ》き、門に踵《いた》りて文公に告げて曰わく、「遠方《えんぽう》の人、君仁政を行なうと聞く。願わくは一廛《てん》を受けて氓《たみ》(3)と為らん」、と。文公これに処《ところ》を与う。その徒《と》数十人、皆褐《かつ》(4)を衣《き》、屨《くつ》を捆《う》(5)ち、席《むしろ》を織《お》りて、以て食を為せり。陳良《ちんりょう》(6)の徒陳相《ちんしょう》、その弟辛《しん》と、耒耜《らいし》を負《お》いて宋《そう》より滕に之きて曰わく、「君聖人の政《まつりごと》を行なうと聞く。是《これ》も亦《また》聖人なり。願わくは聖人の氓《たみ》と為らん」、と。陳相、許行を見て大いに悦《よろこ》び、尽《ことごと》くその学を棄《す》てて学べり。陳相、孟子を見、許行の言を道《い》いて曰わく、「滕君は則ち誠に賢君なり。然《しか》りと雖《いえど》も未だ道を聞かざるなり。賢者は民と並び耕して食し、饔飧《ようそん》(7)して治む。今や滕には倉廩府庫《そうりんふこ》あり、則ち是《こ》れ民に厲《や》(8)ましめて以て自ら養うなり。悪《いずく》んぞ賢なるを得ん」。孟子曰わく、「許子《きょし》は必ず粟《ぞく》を種《う》えて後に食するか」。曰わく、「然り」。「許子は必ず布を織りて後に衣るか」。曰わく、「否、許子は褐を衣る」。「許子は冠《かん》するか」。曰わく、「冠す」。曰わく、「奚《なに》をか冠する」。曰わく、「素《そ》を冠す」。曰わく、「自《みずか》らこれを織るか」。曰わく、「否、粟を以てこれに易《か》う」。曰わく、「許子は奚為《なんす》れぞ自ら織らざる」。曰わく、「耕すに害あり」。曰わく、「許子は釜甑《ふそう》を以て爨《かし》ぎ、鉄を以て耕すか」。曰わく、「然り」。「自らこれを為《つく》るか」。曰わく、「否、粟を以てこれに易う」。「粟を以て械器《かいき》に易うる者を、陶冶《とうや》に厲ますと為さず。陶冶も亦その械器を以て粟に易うる者、豈《あに》農夫に厲ますと為さんや。且《か》つ許子は何ぞ陶冶を為さず、皆諸《これ》をその宮中に取りてこれを用うることを舎《や》めて、何為《なんす》れぞ紛紛然《ふんぷんぜん》として百工《ひゃっこう》と交易《こうえき》する。何《なん》ぞや、許子の煩《はん》を憚《はばか》らざるは」。曰わく、「百工の事は、固《もと》より耕し且つ為すべからざればなり」。「然らば則ち天下を治むることのみ、独《ひと》り耕し且《か》つ為すべけんや。大人《たいじん》(9)の事あり、小人《しょうじん》の事あり、且つ一人《いちにん》の身にして百工の為す所備《そな》わりて、如《も》し必ず自ら為して而《しか》る後にこれを用いんとするは、是《こ》れ天下を率いて路《ろ》するなり。故に、『或《ある》いは心を労し、或いは力を労す』と曰うなり。心を労する者は人を治め、力を労する者は人に治めらる。人に治めらるる者は人を食《やしな》い、人を治むる者は人に食わる。天下の通義《つうぎ》なり。堯《ぎょう》の時に当たりて、天下猶未《なおいま》だ平らかならず。洪水《こうずい》横流《おうりゅう》し、天下に氾濫《はんらん》す。草木暢茂《そうもくちょうも》し、禽獣《きんじゅう》繁殖し、五穀《ごこく》登《みの》らず、禽獣人に偪《せま》り、獣蹄鳥迹《じゅうていちょうせき》の道、中国《ちゅうごく》に交わる。堯《ぎょう》独《ひと》りこれを憂《うれ》え、舜《しゅん》を挙げて治《ち》を敷かしむ。舜、益《えき》をして火を掌《つかさど》らしむ。益、山沢《さんたく》に烈《もや》してこれを焚《や》き、禽獣《きんじゅう》逃《のが》れ匿《かく》る。禹《う》、九河《きゅうが》(10)を疏《そ》し、済《せい》(11)・漯《とう》(12)を瀹《やく》して、諸《これ》を海に注《そそ》ぎ、汝《じょ》・漢《かん》を決し、淮《わい》・泗《し》を排して、これを江《こう》に注ぐ(13)。然《しか》る後《のち》、中国得て食《くら》うべきなり。是《こ》の時に当たりて、禹外《うそと》にあること八年、三たびその門を過ぐれども而《しか》も入らず。耕さんと欲すと雖《いえど》も得んや。后稷《こうしょく》(14)は民に稼穡《かしょく》を教え、五穀《ごこく》(15)を樹芸《じゅげい》す。五穀熟して民人《たみ》育《いく》す。人の道有《た》るや、飽食煖衣《ほうしょくだんい》、逸居《いっきょ》して教えらるるなければ、則ち禽獣に近し。聖人有《また》これを憂え、契《せつ》(16)をして司徒《しと》たらしめ、教うるに人倫《じんりん》を以てす。父子《ふし》親《しん》あり、君臣義あり、夫婦別あり、長幼叙《ちょうようじょ》あり、朋友《ほうゆう》信あり。放勲《ほうくん》(17)曰わく、『これを労《ねぎら》いこれを来(18)たらし、これを匡《ただ》しこれを直《なお》くし、これを輔《たす》けこれを翼《たす》けて、これを自得《じとく》せしめ、また従いてこれを振徳《しんとく》せり』、と。聖人の民を憂うること此《か》くの如し。而《しか》るを耕すに暇《いとま》あらんや。夫《そ》れ堯は舜を得ざるを以て己《おの》が憂いと為し、舜は禹《う》・皐陶《こうよう》(19)を得ざるを以て己が憂いと為す。夫《そ》れ百畝《ぽ》の易《おさ》まらざるを以て己が憂いと為す者は、農夫なり。人に分かつに財《ざい》を以てする、これを恵《けい》と謂《い》う。人に教うるに善を以てする、これを忠《ちゅう》と謂う。天下の為《ため》に人を得る、これを仁と謂う。是《こ》の故に天下を以て人に与うるは易く、天下の為に人を得るは難《かた》し。孔子曰《のたま》わく、『大なるかな、堯の君たるや。惟《ただ》天を大なりと為《な》す、惟《ただ》堯これに則《のっと》る。蕩蕩乎《とうとうこ》として民能《よ》く名《な》づくるなし(20)。君なるかな舜や。巍巍乎《ぎぎこ》として、天下を有《たも》ちて而《しか》も与《あずか》らず』、と。堯・舜の天下を治むる、豈《あに》その心を用うる所なからんや。亦《また》耕すに用いざるのみ。吾《われ》夏《か》を用《もっ》て夷《い》を変ずる者を聞けるも、未だ夷に変ずる者を聞かざるなり。陳良《ちんりょう》は楚《そ》の産なり。周公・仲尼《ちゅうじ》の道を悦《よろこ》び、北のかた中国に学ぶ。北方《ほっぽう》の学者、未だこれに先んずる或《あ》る能《あた》わず。彼は所謂《いわゆる》豪傑の士なり。子《し》の兄弟《けいてい》、これを事《つか》うること数十年、師死して遂にこれに倍《そむ》く。昔者《むかし》孔子の没するや、三年の外《ほか》、門人任《にん》を治めて将《まさ》に帰らんとし、入りて子貢《しこう》に揖《ゆう》し、相嚮《あいむか》いて哭《こく》し、皆声を失いて、然る後に帰れり。子貢は反《かえ》りて、室《しつ》を場《じょう》に築《きず》き、独り居《お》ること三年、然る後に帰れり。他日、子夏《しか》・子張《しちょう》・子游《しゆう》・有若《ゆうじゃく》の聖人に似たるを以て、孔子に事うる所を以てこれに事えんと欲し、曾子《そうし》に強《し》う。曾子曰わく、『不可なり。江漢《こうかん》以てこれを濯《あら》い、秋陽《しゅうよう》以てこれを暴《さら》すも、皜皜《こうこう》(21)乎《こ》として尚《くわ》うべからざるのみ』、と。今や南蛮鴃舌《なんばんげきぜつ》(22)の人、先王の道を非《ひ》とす。子《し》、子の師に倍きてこれに学ぶ。亦《また》曾子に異なれり。吾幽谷《われゆうこく》を出《い》でて喬木《きょうぼく》に遷《うつ》る者を聞けるも、未だ喬木を下りて幽谷に入る者を聞かざるなり。魯頌《ろしょう》に、『戎狄《じゅうてき》は是《こ》れ膺《う》ち、荊舒《けいじょ》は是《こ》れ懲らす(23)』と曰えり。周公方《まさ》に且つこれを膺《う》つ。子《し》は是れこれを学ぶ。亦善《またよ》くは変ぜずと為《な》す」、と。「許子の道に従わば、則ち市《し》の賈貳《あたいじ》ならず、国中偽《こくちゅういつわ》りなく、五尺の童《わらべ》(24)をして市に適《ゆ》かしむと雖《いえど》も、これを欺《あざむ》くこと或《あ》る莫《な》し。布帛《ふはく》の長短同じければ、則ち賈相若《あたいあいひと》しく、麻縷糸絮《まるしじょ》の軽重同じければ、則ち賈相若しく、五穀の多寡《たか》同じければ、則ち賈相若しく、屨《くつ》の大小同じければ、則ち賈相若し」。曰わく、「夫れ物の斉《ひと》しからざるは、物の情《じょう》なり。或いは相倍蓰《あいばいし》(25)し、或いは相什百《あいじゅうひゃく》し、或いは相千万す。子、比してこれを同じうせんとす、是れ天下を乱すなり。巨屨《きょく》・小屨《しょうく》(26)賈を同じうせば、人豈《あに》これを為《つく》らんや。許子の道に従うは、相率いて偽《いつわ》りを為す者なり。悪《いずく》んぞ能《よ》く国家を治めんや」

神農《しんのう》の学説を宣伝する許行《きょこう》が、楚《そ》国から滕《とう》国に来て、宮門の前にいたって滕の文公に申し上げた。

「わたくしども遠国の民ですが、殿様が仁政を実行されておられるという噂《うわさ》を聞き伝えてまいりました。どうか住居をいただいて、この国の民となりとうございます」と。

文公は彼に住宅を与えたところ、数十人の一門がみな粗末《そまつ》な衣服を着て草鞋《わらじ》をつくり、席《むしろ》を織って生活をした。

陳良《ちんりょう》の弟子《でし》の陳相《ちんしょう》が、その弟の陳辛《ちんしん》といっしょに鋤《すき》を背負って、宋《そう》国から滕にやってきて文公に申し上げた。

「殿様が聖人の政治をなさると聞きました。そういたしますと、殿様ご自身もまた聖人でございましょう。どうか聖人の民となることをお許しくださいませんか」

陳相は許されて滕国に住むことになり、許行に会ってひどく感服《かんぷく》してしまった。そこで、自分の学説をすっかり放棄して、許行について学ぶことにした。陳相が孟先生にお会いして、許行の話を伝えていった。

「滕君は、ほんとうに賢明な殿様である。しかし、まだ政治の道理がわかっておられない。賢者は人民と並んで耕作して食糧とし、自分で飯を炊《た》きながら政治をするものである。現在の滕国に穀物を貯蔵する倉と財物を納める庫とがあるのは、国民に損害をかけて自分を養うように仕向けているのであり、どうして賢君の仲間に入れられようか」

孟先生が聞かれた。

「許先生は、かならず粟《あわ》を植えてそれを食糧とされるのか」

「そうです」

「許先生は、かならず麻布を織って衣服とされるのか」

「いや、許先生は毛織の衣服を着ておられます」

「許先生は冠をかぶられるか」

「はい、冠をかぶられる」

「どんな冠だろう」

「白布を冠にしている」

「自分で織られるのか」

「いいえ、自分のとった穀物と交換している」

「許先生は、なぜご自分で織物を織られないのか」

「耕作を妨げるからです」

「許先生は、釜《かま》と甑《こしき》で飯を炊《た》き、鉄器で田を耕すのか」

「そうです」

「これらは、自分で製造するのか」

「いいえ、穀物で交換します」

孟先生がいわれた。

「穀物を道具と交換しても、陶工と鍛冶屋《かじや》に損害を与えるとはいえない。逆に陶工と鍛冶屋が器具を穀物と交換したとしても、どうして農夫に損害を与えているといえようか。それに許先生は陶工と鍛冶屋とを自分でして、これを家のなかにたくわえておいて使用することをせず、なぜあちらこちらといろいろの職人たちと交換するのだろう。許先生はこんな交換をする手数をなぜいとわないのだろう」

陳相が答えた。

「がんらい、各種の職人の仕事は複雑だから、耕作しながら副業としてやれるものではない」

孟先生がいわれた。

「それなら、天下を統治することもまた、耕作しながら同時にできることではないではないか。統治する大人《たいじん》の仕事もあれば、統治される小人《しょうじん》の仕事もある。一個人が生きてゆくには、あらゆる職人の製品が必要である。もしすべてを自分で製造して使用するとすれば、それは天下の人をつねに道路に走り回るように疲労させてしまうでしょう。『頭脳を働かす者もあれば、肉体を働かす者もある』といわれる。頭脳を働かすものは他人を統治し、肉体を働かせる者は他人に統治される。統治される者は他人を食べさせ、他人を統治する者は他人に食べさせられる。これが天下に通用する道理である。昔の堯《ぎょう》帝の世には、天下はまだ安定せず、洪水《こうずい》が川筋を越えて、いたるところにあふれ、草木はのび茂り、鳥獣は繁殖し、穀物はみのらず、鳥獣が人間を脅かし、鳥獣の足跡が中国の地に入りまじった。堯帝はとくにこのことを憂慮し、舜《しゅん》を抜擢《ばってき》して治山治水事業を総理させた。舜は益《えき》に火攻めの仕事を担当させた。益は山林沼沢の草木に放火して山火事を起こしたので、鳥獣は逃げ隠れて姿を見せなくなった。禹《う》は九つの河をさらい、済《せい》水・漯《とう》水を導いて海に流れ出させ、汝《じょ》水・漢水を掘りさき、淮《わい》水・泗《し》水の排水の道をつけて揚子《ようす》江《こう》に流れこませた。これでやっと中国の民が穀物を植え、食糧が得られるようになった。この際の禹の精励ぶりは、八年も家を外にして働き、三度門を過ぎても入らないというありさまであった。どうして自分で耕作する暇なぞがあっただろうか。そこで后稷《こうしょく》が人民に農業を教え、穀物を栽培させた。穀物がみのり、人民は長生きできるようになった。いったい、人間の人間たる所以《ゆえん》はどこにあるか。腹いっぱいに食べ、暖かい衣類を着て、快適な家に住んでいても、教育がなければ鳥獣にかわらない。堯帝はまたこれを憂慮して、契《せつ》を司徒という役に任命し、人間の倫理を教えさせた。父子の間には親愛があり、君臣の間には道義

周公（『君臣図像』）

があり、夫婦の間には男女の差別があり、長幼の間には順序があり、朋友《ほうゆう》の間には信義があるようになった。堯帝はいわれた。『国民をつとめ励まし、その曲がった心を直してまっすぐにし、彼らを助けておのおの正しい道に進むように、さらに手をとって教え導く』と。堯のような聖人でもこんなに人民のことを憂慮されている。どこに耕作する暇があろうか。堯は舜を見つけ出せないのを自分の憂いとし、舜は禹・皐《こう》陶《よう》を見つけ出せないのを自分の憂いとする。いったい、百畝の田地のよく耕作されないのを自分の憂いとするのは農夫である。他人に財物を分けあたえることを恵といい、他人に善を教えるのを忠といい、天下のために人材を見つけるのを仁という。天下を他人に譲ることはむしろたやすく、天下のために人材を見つけ出すことのほうがむつかしい。孔先生もいわれた。『偉大なものだな、堯の君主ぶりは。堂々として天だけが偉大であったが、堯帝だけは天の徳を手本として行動された。その道は広々として人民は形容することばに苦しんだ。りっぱな君主だな、舜帝は。堂々として天下を統治されながら、少しもこれに頓着《とんちゃく》されなかった』と。堯・舜の天下を統治

孔子の死にさいし、三年の喪に服する子貢
（『聖蹟図』）

されるのに、まさかちっとも心を悩まされなかったことはあるまい。とても自分で耕作などされる暇はなかったはずだ。わたしは中国の文化によって後進の蛮族を同化すると聞いたことはあるが、後進の蛮族の文化に中国が同化されたことを聞いたことがない。陳良は楚《そ》国の生まれで、周公・孔子の学説に感心し、北上して中国で勉強したが、北方の学者も彼にまさるものがいなかった。彼こそ豪傑《ごうけつ》の士とよぶにふさわしい。あなたたち兄弟は、その陳良につかえて数十年にもなるのに、先生が死なれるとこれにそむいてしまった。かつて孔先生がなくなったとき、三年の喪が終わろうとすると、門人どもは荷物をまとめて故郷に帰ろうとし、部屋《へや》に入って子貢《しこう》に暇ごいした。向かい合って声がかれるまで哭《な》いて、それから引き揚げた。子貢はまた引き返し、孔子の墓地に小屋がけして、ひとりでここにこもり、三年たってから故郷に帰った。その後、子夏《しか》・子張《しちょう》・子游《しゆう》は有若《ゆうじゃく》が孔先生に似ているので、孔先生につかえたと同じ礼式でつかえようとし、曾先生に仲間になれと強制した。曾先生がいった。『いけない。揚子江・漢水の大河の水で洗濯し、強い日ざしの秋の太陽でさらして真っ白になった布のように、これ以上なにも手を加えてはいけないのだ』と。今の許行のような南方の蛮族が、鴃《げき》舌《ぜつ》つまり鳥のさえずりのような方言で、昔のすぐれた王の道をくさした。あなたは、あなたの先生にそむいて、その学問を学修することとした。これは曽子《そうし》のやり方とまるでちがっている。わたしは、鳥が春になると奥深い谷から出て高い木にとまるようになると聞いている。が、まだ高い木から奥深い谷に降りてゆくものがあることを聞いたことがない。『詩経』では、魯《ろ》国の先祖の頌《ほめうた》にいっている、『北方の野蛮民族の戎狄《じゅうてき》を攻撃し、南方の異民族の荊舒《けいじょ》を打つ』と。周公すら彼らを攻撃したもうたのにあなたがかえって彼らに学んでいるのは、中国の文化で、後進国を同化するものといえるだろうか」

陳相がいった。

「許先生の学説によりますと、市場で物価を一定にするので、国中に偽《にせ》の品物がなくなり、小さな子供が市に行ってもだまされるおそれはなくなります。布と絹布の長さが同一だと価格は同一であり、麻糸も綿糸も重さが同一だと価格は同じであり、五穀のますめが同一だと価格は同じであり、草鞋の大きさが同じだと価格は同じになるそうです」

孟先生がいわれた。

「ものによって品質がちがうのは物品の自然の性質である。二倍・五倍のものがあり、十倍・百倍のものがあり、千倍、万倍のものがある。あなたがこれを同一の価格にするのは、天下を混乱させるものだ。粗末な草鞋と精巧な草鞋を同一価格にすれば、商人は精巧な草鞋を製造するはずはないではないか。許先生の学説によると、天下の人をしてうそをつかせることになる。これでどうして国家を治めることができようか」

注

(1)中国古代の神話・伝説中の人物で、人身牛首であったとも伝えられている。ふつう伏羲《ふくぎ》・燧人《すいじん》とともに三皇《さんこう》とよばれ、最古の聖徳ある帝王のひとりとされている。戦国時代の農業を重視した農家《のうか》の学派は、神農の教えに託して学説を宣伝し、神農の著書と称するものがあらわれた。

(2)神農を祖述する、戦国時代の農家に属する学者である。

(3)野人。つまり農民の称であるが、一般に「民」と同じ意味で使われる。

(4)粗末な毛または麻の布。

(5)たたき、編んで草鞋をつくる。

(6)韓非子《かんぴし》が、儒者の一派に陳良氏の儒があると称しているのがこれにあたるといわれる。

(7)飯を炊くこと。「饔」は朝食、「飧」は夕食というが、ここでは熟語となっている。

(8)「病」と同じ。

(9)君子と同じように、小人にたいして道徳が高い支配者。

(10)古代、黄河の流れがいくつも支流になって渤海湾《ぼっかいわん》に入ったのをさしている。まだ治水が完全でなかったためであろう。

(11)済水。河南省の済源《せいげん》市に発して、黄河を切り、その本流南方を並行し、山東省で渤海湾にはいる。古代では舟が航行できなかった黄河本流に代わって、交通運輸路として重要であった。後に黄河の下流の変遷によってなくなる。

(12)潔水。昔は山東省朝城《ちょうじょう》県の境にある河であったが、これも黄河河道の変化で消滅する。
(13)漢は漢水で揚子江に注ぐ大河であるが、現在の汝水・淮水・泗水はこれに入らない河である。禹《う》の治水が具体的にこれらの河をどう処置したかは問題であるが、古代の治水伝説では、ともかく、これらの河道を掘って揚子江に注ぐようにしたと伝えている。
(14)周王朝の元祖の堯帝のとき、農業をつかさどり、周民族にはじめて農業を教えた君主とされている。周民族の農業神が祖神とされるようになったのであろう。
(15)稲・黍《きび》・稷・麦《こむぎ》・菽《まめ》をさす。
(16)殷王朝の始祖。
(17)堯帝の名。
(18)「来」は「勑」の略、「労」も「勑」も勤めさせること。
(19)舜の時の裁判官。
(20)この句は、『論語』泰伯篇第十九章とだいたい同じ。ただ『論語』では終始、堯の徳をたたえたことばだが、孟子は「巍巍乎《ぎぎこ》たり」以下を少し変えて、舜の徳をたたえたことにしている。
(21)真っ白いことを形容することば。
(22)「鴃」はもず。もずのさえずりのように意味のわからぬ外人のことば。
(23)『詩経』魯頌《ろしょう》の閟宮《ひっきゅう》篇の句。
(24)古代の尺度は短いので、子供を五尺の童とよぶ。
(25)五倍。
(26)粗末な屨《くつ》と精巧な屨の意。

孟子が滕の文公の顧問となって、新しい政治を指導しているという噂《うわさ》は、中国東方の学者・思想家の間に広まった。孟子に代わって滕の文公に自分の政治学説を売りこもうとする学者などが、争って滕国に集まってきた。戦国の中期以後、諸子百家《しょしひゃっか》とよばれるそれぞれ多様な思想家たちが、理解のある明君を求めて激しい競争を演じていたからであった。古代の聖人神農の説を祖述すると称する許行もそのひとりであった。農業は国家の基礎産業であるという農本主義思想は、中国古代ではけっして珍しい思想ではない。いや、儒家も道家も、また管子《かんし》を除いた法家《ほうか》の一部すら、この農本主義思想の上に立っていると見てもよいであろう。国君も大臣も官僚も学者も商人も、すべて自分の額に汗して農耕をおこない、自分の手で自分の食糧を生産し、その余力で他の業務に従事すべきであると主張し、それを実践するのが許行の学派の特色であった。自然のなかで働く農民の素朴《そぼく》な生活に帰ることによって、斉国をはじめとする東方諸国の商業主義に毒され、大都市で人工的で奢侈《しゃし》な生活を営んでいる支配者や資産家たちの腐敗した精神をたたき直そうとする運動でもあったといえるであろう。許行の主張には、商業主義に反対し、市場などの流通機構に統制を加えて、精巧な靴も粗末な靴も、同一種の商品はすべて同一の価格で売らせるという政策も含まれている。これによって、奢侈品の生産を廃止し、大衆の需《もと》める単純な実用品の生産を増加させようという意図も含まれているようである。

孟子自身はかなり贅沢《ぜいたく》であったし、戦国の大都市を中心とする商業社会を肯定しているので、この点で許行の素朴主義とは正反対である。文化の進歩、社会の発展にともなって、社会の分業化は不可避であるという孟子の反駁《はんばく》は、じつに有効であった。しかし、孟子は、進みすぎた文化、腐敗した商業主義の文化を、素朴な農民文化によって生き返らそうという許行の精神については、まったく理解を欠いていた。この長文の論争は、孟子のなかでも重要な意義をもつものであるけれども、許行自身ではなく、その影響を受けた儒家の陳相を相手としている。許行の議論の長所が、じゅうぶんに代弁されないで終わり、孟子の独擅場《どくせんじょう》となったのは遺憾《いかん》である。許行の精神は、中華人民共和国における、農繁期に高級官僚も学者も作家も学生も地方におもむいて農業を手伝う、といういわゆる下郷《かきょう》の運動の精神にもつながっている。中国社会の古い伝統の新しいよみがえりが、ここに見いだされるのはまことに興味深い。

第六巻　滕文公章句　下

本巻は、もと十章から成っている。孟子がどうして、またどういう資格で斉《せい》・梁《りょう》・滕《とう》・宋《そう》の諸国につかえたのであるか。それぞれの国の国王にたいする君臣関係はどうなっているのか。孟子が国王に見《まみ》えるというのがどんな儀式で、どんな社会的意味をもつことなのか、孟子は丁寧に説明している。孟子は、斉国においては君臣関係ではなく、帝王の師として迎えられたのであるとする。ここでは張儀《ちょうぎ》のような当時の最も有名な弁論家で大外交家を問題とせず、大丈夫《だいじょうふ》としての態度を説いた第二章と、楊朱《ようしゅ》・墨翟《ぼくてき》の思想を異端として排撃する信念を語った第九章のふたつを紹介した。孟子の、儒教思想を正統として防衛する激しい情熱のほとばしりを読みとることができるであろう。

真の大丈夫とは

〔二〕　景春《けいしゅん》(1)曰《い》わく、「公孫衍《こうそんえん》(2)・張儀《ちょうぎ》(3)は、豈《あに》誠の大丈夫《だいじょうふ》ならずや。一《ひと》たび怒《いか》れば而《すなわ》ち諸侯懼《おそ》れ、安居《あんきょ》すれば而ち天下熄《や》む(4)」。孟子曰わく、「是《こ》れ焉《いずく》んぞ大丈夫たることを得んや。子《し》未《いま》だ礼を学ばざるか。丈夫《じょうふ》の冠《かん》するや、父これに命《めい》ず。女子の嫁《か》するや、母これに命《めい》ず。往《ゆ》きてこれを門に送り、これを戒《いまし》めて曰わく、『往きて女の家《なんじ》に之《ゆ》き、必ず敬《つつ》しみ必ず戒め、夫子《ふうし》に違《たが》うことなかれ』、と。順《じゅん》を以て正《せい》と為《な》す者は、妾婦《しょうふ》の道なり。天下の広居《こうきょ》に居《お》り、天下の正位《せいい》に立ち、天下の大道《だいどう》(5)を行く。志《こころざし》を得れば民とこれに由《よ》り、志を得ざれば独《ひと》りその道を行なう。富貴も淫《いん》すること能《あた》わず、貧賤《ひんせん》も移すこと能わず、威武《いぶ》も屈すること能わず、これこれを大丈夫と謂《い》う」

景春がたずねた。

「公孫衍や張儀こそ正真正銘の大丈夫ではあるまいか。一度腹をたてると諸侯はみなびくびくするし、じっとしていると天下は泰平になるのだから」

孟先生がいわれた。

「そんなのがどうして大丈夫といえるものか。君はまだ礼を勉強したことがないのか。男子が元服するときは、父が心得をいい渡す。娘が結婚するときは、母が心得をいいふくめる。門まで送って、注意する。『そなたのおうちにまいったら、きっと身を慎《つつ》しみ、きっと気をいれて、旦那様《だんなさま》のいいつけにそむいてはなりませぬ』と。このように柔順をもって正しい筋道とするのが婦女子の道なのだ。これにたいして男子の道はちがう。天下をひろい住居として、天下の真中《まんなか》に立って、天下の大道を歩む。目ざす地位を得れば、人民とともに道を実現し、目ざす地位が得られなければ、自分ひとりで道を実現する。富貴にも迷わされず、貧賤《ひんせん》にもくじけず、威武《いぶ》をものともしない。こういうのがほんとうの大丈夫なのである」

注

(1)孟子と同時代に、諸国を渡り歩いて外交官の役割をつとめた雄弁家がたくさんいた。これを当時のことばで従横家《じゅうおうか》といった。景春はそのひとりであった。

(2)魏《ぎ》国の従横家。犀首《さいしゅ》の官となったので、また犀首ともよばれる。泰《しん》国にはいって太良造《たいりょうぞう》の官に任ぜられ、諸国に秦に味方することを遊説し、五国の宰相を兼任したといわれる。

(3)魏国の出身。秦国につかえて、六国に秦国を盟主としてこれに属するように説いて回った。蘇秦《そしん》と並んで戦国の従横家の代表で、最も優秀な雄弁家でもあった。

(4)終息する。

(5)朱子の『集註《しっちゅう》』では、広居を仁、正位を礼、大道を義の徳に当てているが、根拠は乏しい。

孟子も雄弁家ではあったが、理想をもつ儒者として、口先だけの弁舌家である従横家を軽《けい》蔑《べっ》していた。だから、景春が、公孫衍・張儀を大丈夫とほめたのにたいして、猛然と反発したのがこの対話である。「天下の広居」以下、大丈夫の心意気を述べた後半は、よく愛唱される名文句である。

弁論を用いる理由

〔九〕　公都子《こうとし》(1)曰《い》わく、「外人《がいじん》皆夫子《ふうし》弁を好むと称す。敢《あ》えて問う何ぞや」。孟子曰わく、「予豈《われあに》弁を好まんや。予已《や》むを得ざればなり。天下の生《せい》や久し。一治《じ》一乱《らん》す。堯《ぎょう》の時に当たり、水逆行し、中国に氾濫《はんらん》す。蛇龍《だりよう》これに居《お》り、民定まる所なし。下《した》なる者は巣を為《つく》り、上なる者は営窟《えいくつ》を為る。書に曰わく、『洚水《こうずい》余《われ》を警《いまし》む』(2)、と。洚水とは洪水《こうずい》なり。禹《う》をしてこれを治めしむ。禹地《うち》を掘りてこれを海に注《そそ》ぎ、蛇龍を駆《か》りてこれを菹《しょ》(3)に放つ。水地中《みずちちゅう》を行く(4)。江《こう》・淮《わい》・河《か》・漢是《かんこれ》なり。険阻《けんそ》既《すで》に遠ざかり、鳥獣の人を害する者消ゆ。然る後、人平土《へいど》を得てこれに居れり。堯・舜《しゅん》既に没し、聖人の道衰え、暴君代わる代わる作《おこ》り、宮室を壊《やぶ》りて以《もっ》て汙池《おち》と為《な》し、民安息する所なし。田《でん》を棄《す》てて以て園囿《えんゆう》(5)と為し、民をして衣食するを得ざらしむ。邪説暴行また作る。園囿・汙池・沛沢《はいたく》(6)多くして禽獣《きんじゅう》至る。紂《ちゅう》の身に及んで、天下また大いに乱る。周公、武王を相《たす》けて、紂を誅《ちゅう》し奄《えん》を伐《う》ち、三年にしてその君を討つ(7)。飛廉《ひれん》(8)を海隅《かいぐう》に駆りてこれを戮《りく》す。国を滅《ほろ》ぼす者五十、虎豹犀象《こひょうさいぞう》を駆りてこれを遠ざく。天下大いに悦《よろこ》ぶ。書に曰わく、『丕《おお》いに顕《あき》らかなるかな文王の謨《はかりごと》(9)。丕いに承《つ》ぐるかな武王の烈《いさおし》。我が後人を佑《たす》け啓《みちび》きて、咸《ことごと》く正《せい》を以てし、欠くることなし』、と。世衰え道微《び》にして、邪説暴行また作る。臣にしてその君を弑《しい》する者これあり。子にしてその父を弑する者これあり。孔子懼《おそ》れて春秋(10)を作《つくる》。春秋は天子の事なり。是《こ》の故に孔子曰《のたま》わく、『我を知る者は、それ惟《ただ》春秋か。我を罪する者も、それ惟春秋か』、と。聖王作《おこ》らず、諸侯放恣《ほうし》にして、処士《しょし》(11)横議《おうぎ》し、楊朱《ようしゅ》(12)・墨翟《ぼくてき》(13)の言、天下に盈《み》つ。天下の言、楊《よう》に帰せざれば則ち墨《ぼく》に帰す。楊氏は我が為《ため》にす、是《こ》れ君を無《なみ》するなり。墨氏は兼愛す、是れ父を無《なみ》するなり。父を無し君を無するは、是れ禽獣なり。公明儀《こうめいぎ》曰わく、『庖《くりや》に肥《ひ》肉《にく》あり、廐《うまや》に肥馬あり、民に飢色《きしょく》あり、野に餓莩《がひょう》あり、これ獣を率《ひき》いて人を食《は》ましむるなり』、と。楊・墨の道息《や》まずんば、孔子の道著《あら》われず。是れ邪説民を誣《し》い、仁義を充塞《じゅうそく》すればなり。仁義充塞すれば、則ち獣を率いて人を食ましめ、人将《まさ》に相《あい》食まんとす。吾これが為に懼れて、先聖の道を閑《まも》(14)り、楊・墨を距《ふせ》ぎ、淫辞《いんじ》を放ち、邪説の者作《おこ》ることを得ざらしめんとす。その心に作れば、その事に害あり。その事に作れば、その政《まつりごと》に害あり。聖人復《また》起こるも、吾が言を易《か》えじ。昔者《むかし》、禹、洪水を抑《とど》めて天下平らかなり。周公、夷狄《いてき》を兼《か》ね、猛獣を駆りて百姓《ひゃくせい》寧《やす》し。孔子、春秋を成《な》して乱臣・賊子《ぞくし》懼る。詩に云う、『戎狄《じゅうてき》は是れ膺《う》ち、荊舒《けいじょ》は是れ懲《こ》らす、則ち我を敢《あ》えて承《とど》むる莫《な》し』、と。父を無し君を無するは、是れ周公の膺つ所なり。我も亦《また》人心を正し、邪説を息《や》め、詖行《ひこう》を距《ふせ》ぎ、淫辞を放ち、以て三聖者を承《つ》がんと欲す。豈《あに》弁を好まんや。予《われ》已《や》むを得ざればなり。能《よ》く言いて楊・墨を距ぐ者は、聖人の徒なり」

公都子がおたずねした。

「よその人はみな先生が弁論がお好きだといっています。なぜでしょうか」

孟先生がいわれた。

「わたしがどうして弁論が好きなものか。わたしはただやむをえないで弁論をやっているまでだ。人類社会がはじめて発生してから、どんなに年がたったことだろう。泰平になったかと思えば、また乱世になる。その繰り返しだった。堯《ぎょう》帝の御代《みよ》においても河水が逆流し、中国のいたるところに氾濫《はんらん》し、蛇《へび》・龍《りゅう》のすみかとなり、人民は安心して身をおくところがなくなった。低地に住む者は樹上に巣をつくって住み、高地に住む者は洞穴《どうけつ》をつくって住んだ。『書経』に『洚水《こうずい》が自分に警告する』といっているが、洚水とは洪水《こうずい》をさしている。堯は禹に命令して土地を掘って洪水を海に流しこみ、蛇や龍を沼沢地に追い払わせた。水は掘られた河道を通って流れ去り、それが今の揚子《ようす》江《こう》・淮水《わいすい》・黄河・漢水となった。洪水の危険はすでに遠くに去り、人を害する鳥獣はいなくなり、人間はやっと平原に居住することができた。堯・舜が亡《な》くなってから、聖人の道は衰え、暴君があとからあとからあらわれ、人民の住居を立ちのかして池を掘ったりしたので、人民は安心して休息する場所がなくなった。農地を破壊して別荘・庭園と化したので、人民の衣食を得る道が奪われ、これに乗じてむちゃな議論や暴力行為が流行《はや》ってきた。別荘・庭園・池沼《ちしょう》・藪《やぶ》・荒地が多くなったので、鳥獣が里近くに出てきた。殷《いん》の紂《ちゅう》王の時代になると、天下の大乱がまた勃発《ぼっぱつ》した。周公は兄の武王を助けて紂王を滅ぼし、奄《えん》国を討伐し、三年の後に奄の君を殺し、悪逆な飛廉《ひれん》を海の果てまで追って切り殺した。攻め滅ぼした国は五十国にのぼり、虎《とら》・豹《ひょう》・犀《さい》・象の猛獣を遠方に追いはらったので、天下の人民は非常に喜んだ。『書経』には『光り輝く文王の大計画と、これを継承された武王の偉業とは、われら子孫にゆくべき道を示されたもので、まさしく少しの欠点もなかった』といっている。周の泰平の御代《みよ》はまた衰え、文王・武王の道もかすかになった。むちゃな議論と暴力行為とがまた流行《はや》ってきた。臣下の身分で主君を殺害するものがあらわれ、子の身分で父を殺害するものがあらわれた。孔先生はこれをふかく憂慮されて、『春秋』の歴史を著わされた。『春秋』の著作は、本来は天子の大権に属する。孔先生が『わたしの真意を了解する人があったら、それは《春秋》によってであろう。わたしの責任を問う人があったら、それ

公都市、孟子にたずねる（『孟子故事』より）

も《春秋》によってであろう』といわれたのは、このためであった。これより以後、聖徳ある王は二度と出てこず、諸侯はわがままのしはなし、民間の学者はいいたいほうだいの議論をぶって、楊朱《ようしゅ》・墨翟《ぼくてき》学の説が天下を風靡《ふうび》した。天下の学問は、楊朱によらなければ墨翟によらないものはない。楊氏は自己のためにのみ行動するが、それは君主を無視することである。墨氏は無差別に他人を愛するが、これは父を無視することである。父を無視し、君主を無視することは鳥獣にほかならない。公明儀《こうめいぎ》のことばに、『君主の台所には脂《あぶら》ののった肉がつるされ、馬小屋には脂ののった馬がつながれるが、人民はひもじそうな顔をし、野外には餓死《がし》者の死体がころがっている。これは獣に人間を食わしていることである』とある。楊・墨の学説が衰えねば、孔先生の学説は盛んにならない。むちゃな議論が人民をまどわし、仁義を妨げているからである。仁義が妨げられておこなわれなくなると、獣が人間を食い、人間同士も食い合いすることになる。わたしはこのことを憂慮するがゆえに、亡くなった聖人孔子の学説を護持して、楊・墨の学説に対抗し、でたらめな言論を追放し、むちゃな議論をするものの出現を防止しようとする。むちゃな考えが心のなかに起こると、日常の仕事に害を及ぼす。日常の仕事に害を及ぼすと、政治にも害を及ぼすからである。聖人孔子がこの世に出現されても、わたしの議論がまちがっているとはいわれないであろう。昔、禹《う》王が洪水を治めて天下が泰平となった。周公が夷狄《いてき》の異民族を征服し、猛獣を駆除して、人民は安心した。孔先生は『春秋』を完成されて、反逆をおこなう臣、父母を害する子がそれを恐れはばかった。

『詩経』に、

戎狄《じゅうてき》の族を攻撃し、
荊舒《けいじょ》の族を打ち殺せば、
我にあたるものはなし

と詠じた。父を無視し、君主を無視する楊・墨は、周公も討伐されるにちがいない。わたしは、人間の心を正しくし、むちゃな議論を止め、かたよった行為を妨げ、でたらめな言論を追放して、禹・周公・孔先生の三聖人を継承しようとするものだ。わたしは、なにも弁論が好きなわけではない。やむをえないから弁論するのだ。弁論によって、よく楊・墨の学説に対抗するものこそ、聖人の門弟であるのだ」

注

(1)公都は姓、名と字《あざな》は不明。孟子の弟子《でし》。
(2)現在の『書経』には見当たらぬので、漢代以後に滅んだ篇の文句、つまり佚文《いつぶん》であろう。
(3)草のはえた沼沢地。
(4)「地中」の意味が明確でない。朱子の『集註《しっちゅう》』以来、地中を河道ととっている。氾濫した洪水が浚渫《しゅんせつ》された旧河道を通って流れてゆくことだとするらしいが、よくわからない。
(5)「園」は果樹園、「囿」は鳥獣を養う垣《かき》で取り囲まれた苑《えん》。ここでは山野を取り囲んだ広大な国王の離宮をさしている。
(6)なかば水におおわれ、なかば草のはえた沼地、つまりなかば干上がりかけている沼のことである。
(7)奄とは淮水《わいすい》流域を中心にした淮夷《わいい》と称する東方異民族の一支族で、魯《ろ》国の国都の山東省曲阜《きょくふ》県の近くに奄城があり、奄族の一部がここに住んでいたらしい。孟子は、武王が奄国を征したと説いているが、『左《さ》伝《でん》』などによると、奄を征服したのは武王の子の成王だとしている。
(8)『史記』には「蜚廉《ひれん》」と書いているが、同人のことである。その子を悪来《あくらい》という。強力の勇士であり、すぐれた走者である父の飛廉といっしょに、殷の紂王の手先となって中国を荒らしていた。悪来は紂王とともに周の武王に殺されるが、飛廉はその走力によって生命を全うした。周の武王に殺されたという孟子の記述とはくい違っている。
(9)『尚書《しょうしょ》』(『書経』の別名)の佚文であって、何篇の文句か不明。『偽古文《ぎこぶん》尚書』は君牙篇にこの文を取り入れているが、これは別に根拠があるわけではない。
(10)孔子が魯国の年代記である『春秋』に筆を加えて編纂《へんさん》したものと伝えられている。
(11)仕官して役人とならず、家にいる知識人。
(12)楊朱はまた楊子・楊子居・陽生などともいわれる。楊が姓で朱が名、子居が字だといわれる。楊朱一派の学説は、孟子・荘子《そうじ》・韓非子《かんぴし》に批評されているだけで、よくわからなかった。侯外廬《こうがいろ》らが『中国思想通史』において、『呂《ろ》氏春秋』の本生・重己・貴生・情欲の四篇が楊朱学説を伝えたものであることを発見した。(拙著『諸子百家』岩波新書一三七—一四二ページ参照)
(13)墨子。孔子の死んだ年の前後、すなわち前四八〇年ごろから前三九五年ごろまで在世した思想家。(前出の『諸子百家』三四—六四ページ参照)

(14)防ぐこと。

この章は、孟子が世人から弁論を好むと非難されていることにたいする孟子の反駁《はんばく》、あるいは釈明の言を載せている。孔子が、国家・家庭の秩序を乱す乱臣・賊子《ぞくし》にたいして、『春秋』をつくって警告した精神を継承して、当時の戦国時代の流行思想である感覚論のうえにたった楊朱の利己主義と、実用主義のうえにたつ墨子の博愛主義にたいして、抵抗し反撃するのが、学者としての自分の使命であるという信念を、孟子は述べたのである。自分は弁論のために弁論しているのではない。天下を風靡《ふうび》する楊・墨の邪説を打倒するためには、弁論の力をかりざるをえないから弁論しているのだ。孔子の教えを受け継ぐ学徒としてそれは、当然の義務としてやっているのだ、と孟子は説いているのである。

第七巻　離《り》婁《ろう》章句　上

　この巻は合計二十八章から成っているが、淳于髡《じゅんうこん》（第十七章）・公孫丑《こうそんちゅう》（第十八章）・楽正《がくせい》子《し》（第二十四章）など、対話の相手方の名が書かれているのはわずかに四章で、あとはみな「孟子曰《い》わく」ということばにはじまるものばかりで相手方がいない。

　今までの六巻までは、対話の相手が明示され、だいたい孟子の歴史的な順序によって配列されていた。しかしこれ以下は、対話の相手方もわからず、したがって伝記的に順を追って配列できないので、ただ弟子《でし》たちの記憶していることばを補遺として編纂《へんさん》した形になっている。

　とくに第三章（もとの第五章）・第八章（もとの第二十一章）・第九章（もとの第二十三章）のように、わずか十字から二十字くらいの短い断片的なものが多いのも特徴である。このことは、弟子たちが手控えのノートもなく、たんに頭に残っていることばを思い出して寄せ集めたためであろう。

政治の規矩準縄

〔一〕　孟子曰《い》わく、「離婁《りろう》(1)の明《めい》、公輸子《こうゆし》(2)の巧《こう》も、規矩《きく》を以《もっ》てせざれば、方員《ほうえん》を成すこと能《あた》わず。師曠《しこう》(3)の聡《そう》も、六律《りくりつ》(4)を以てせざれば、五音《ごいん》(5)を正すこと能わず。堯《ぎょう》・舜《しゅん》の道も、仁政《じんせい》を以てせざれば、天下を平治《へいじ》すること能わず。今、仁心《じんしん》・仁聞《じんぶん》ありて、而《しか》も民その沢《たく》を被《こうむ》らず、後世に法《のっと》るべからざる者は、先王の道を行なわざればなり。故に曰わく、『徒善《とぜん》は以て政《まつりごと》を為《な》すに足らず、徒法《とほう》は以て自《みずか》ら行なわるること能わず』。詩には、『愆《あや》まらず忘れず、旧《ふる》き章《おきて》に率《したが》い由《よ》る(6)』、と云えり。先王の法に遵《したが》いて過《あやま》つ者は、未《いま》だこれあらざるなり。聖人既《すで》に目《め》の力を竭《つ》くし、これに継ぐに規矩準縄《きくじゅんじょう》を以てす。以て方員平直《へいちょく》を為すこと、用うるに勝《た》うべからず。既に耳《みみ》の力を竭くし、これに継ぐに六律《りくりつ》を以てす。五音《ごいん》を正すこと、用うるに勝うべからず。既《すで》に心思《しんし》を竭くし、これに継ぐに人に忍びざるの政を以てす。而《しこう》して仁、天下を覆《おお》う。故に曰わく、『高きを為すには必ず丘陵《きゅうりょう》に因《よ》り、下《ひく》きを為すには必ず川沢《せんたく》に因る』、と。政を為すに先王の道に因らずんば、智と謂《い》うべけんや。是《ここ》を以て『惟《ただ》仁者は宜《よろ》しく高位に在《あ》るべし』。不仁にして高位に在るは、是《こ》れその悪を衆に播《は》するなり。上《かみ》に道もて揆《はか》ることなく、下《しも》に法もて守ることなく、朝《ちょう》は道を信ぜず、工《こう》は度《のり》を信ぜず、君子は義《ぎ》を犯《おか》し、小人は刑を犯して、国の存する所の者は幸《さいわ》いなり。故に曰わく、『城郭《じょうかく》完《まった》からず、兵甲《へいこう》多からざるは、国の災《わざわ》いに非《あら》ざるなり。田野《でんや》辟《ひら》けず、貨財聚《あつ》まらざるは、国の害に非ざるなり』。上《かみ》礼なく、下《しも》学なければ、賊民《ぞくみん》興《おこ》りて、喪《ほろ》ぶること日《ひ》無けん。詩に曰わく、『天の方《まさ》に蹶《うご》かんとする、然《しか》く泄泄たることなかれ』[7]、と。泄泄とは猶沓沓のごときなり。君に事《つか》えて義《ぎ》なく、進退礼なく、言《い》えば則ち先王の道を非《そし》る者は、猶沓沓のごときなり。故に曰わく、『難《かた》きを君に責《せ》むる、これを恭《きょう》と謂《い》い、善を陳《の》べ邪《じゃ》を閉《と》ずる、これを敬と謂い、吾が君能わずと、これを賊と謂う』」

孟先生がいわれた。

「離婁《りろう》のような視力にめぐまれ、公輸般《こうゆはん》のような技巧があっても、定規《じょうぎ》とコンパスがなければ、正方形と円形とを書くことはできない。師曠《しこう》のような聴覚をもっていても、六律《りくりつ》という調子笛によらなければ、宮《きゅう》・商《しょう》・角《かく》・徴《ち》・羽《う》という五つの音階を正確に出すことはできない。堯《ぎょう》・舜《しゅん》の徳も、仁をもととする政治制度によらなければ、天下を泰平に治めることはできない。現在、仁愛の心をもち、世間に仁愛のある君主という評判がありながら、人民がそのおかげを受けられず、後世に模範となるまでにゆかないのは、昔の聖王の道、つまり仁政を実行しないからである。だから『ただ善意だけによって政治をおこなうことはできない、ただ法律だけによって法律自体が実施されることはありえない』というのだ。『詩経』も『誤ることなく、忘れることなく、旧《ふる》い規定を守らんことを』と歌っている。昔の聖王の法にしたがって、過《あやま》ちをおかした人があったためしはない。聖人が、自分の視力のかぎりをつくしたうえに、さらにコンパス・定規・水盛り・墨縄《すみなわ》の力をかりるのであるから、完全な正方形・円形・平面・直線をつくることなど問題でない。また、自分の聴覚のかぎりをつくしたうえに、さらに六律の調子笛によってはかるのであるから、五《ご》音《いん》の音階を正確につくることなど問題でない。知能のかぎりをかたむけたうえに、さらに人間同士の同情心に訴える政治によるのであるから、その仁恩が完全に天下のすみずみまで及ぶのは当然である。だから『高い台を造営するには、自然の丘陵を選ばねばならぬ。ひろい池を掘るには、自然の川と沼地を選ばねばならぬ』との諺《ことわざ》がある。そのように、政治をおこなうのに、昔の聖王の道にしたがわない人は、知恵者とはいえないではないか。そこで『仁者こそ高位にいるべきだ』といわれる。もし不仁の者が君位にいると、その悪徳を大衆にまき散らすからだ。上位にある者が道理にそむき、下位の者が法律を守らないと、朝廷につかえるものは道理に疑いをもち、職人は尺度に疑いをもち、貴族は正義にはずれ、人民は刑罰にかかるおこないをする。こういうことになって国家が存立できるとすれば、よほどの幸運といわねばならぬ。だから『城壁が完全でなく、武器・甲冑《かっちゅう》の乏しいのが国家の憂いでない。農地が開墾されず、財貨が流入しないことが国家の憂いではない』といわれる。上位の者が礼を失し、下位の者が教えにそむくようになると、人民の反乱が勃発《ぼっぱつ》し、たちまちにして国家が滅びてしまう。『詩経』に、

天運はまさに動こうとしている
何を泄泄《えいえい》としているのだ

と歌っている。この泄泄とは沓沓《とうとう》ということである。主君につかえて義理にそむき、行動が礼に合わず、発言すると昔の聖王の道を非難するのが、沓沓ということにあたる。さらに具体的にいうと、『困難なことの実行を主君にせまることを恭という。諫言《かんげん》を申し上げて、まちがったことを申し上げるものに対抗することを敬といい、わが主君にはできないことだと放任することを賊《ぞく》という』ということばがある。賊になるのが沓沓に当たるのだ」

注
(1)黄帝《こうてい》の臣下、また離朱《りしゅ》という。黄帝が珠を失ったとき、目のいい彼にこれを捜させたという伝説がある。目のいい人間の代表としてあげたのである。
(2)名は般《はん》、また魯班《ろはん》とよばれ、魯《ろ》国の人。孔子より年少、墨子より年長。大工としてその腕をもてはやされ、楚《そ》の恵王が宋《そう》国を攻めるとき、雲梯《うんてい》という攻城用の大梯子《おおはしご》をつくった。『墨子』に出てくる。
(3)晋《しん》の平公に仕えた音楽師。曠はその名。たんなる音楽師でなく、故事に明るいため、平公の政治顧問をつとめた。
(4)音の高低をはかるための基準とする調子笛六本をさす。太簇《たいそう》・姑洗《こせん》・蕤賓《すいひん》・夷則《いそく》・無射《ぶえき》・黄鐘《こうしょう》のこと。

(5)宮（ド）・商（レ）・角（ミ）・徴《ち》（ソ）・羽（ラ）の中国古代の五音階のこと。
(6)『詩経』大雅の仮楽《からく》篇の句。
(7)『詩経』大雅の板《はん》の篇の句。「蹶」は「動」、「泄泄」はぺちゃくちゃとおしゃべりするさまだという。

どんなに感覚のすぐれた人でも、定規・コンパス・調子笛などによらないと、正しい方形・円形をかき、正しい音階を得ることはできない。これと同じように、天下の政治も、先王の残した仁政、人に忍びざる政治の制度によらないとうまくゆかないと結論する。主観的によい政治をおこなう意志をもっているだけでは不十分で、仁政という客観的な規準の制度がなければならないという。これは孟子独特の比喩による類推法の成功したよい例といえるだろう。

修身の心得

〔四〕孟子曰《い》わく、「人を愛して親しまれずんば、その仁に反《かえ》れ。人を治めて治まらずんば、その智に反れ。人を礼して答えられずんば、その敬に反れ。行ないて得ざる者あれば、皆諸《これ》を己《おの》れに反求《はんきゅう》す。その身正しければ而《すなわ》ち天下これに帰せん。詩に、『永く言《わ》れ命に配《かな》えば、自《みずか》ら多福を求む(1)』、と伝えり」

孟先生がいわれた。

「他人を愛しているのに親しまれないときは、自分の仁愛にいたらぬ点がなかったかと反省する。他人を支配して思いどおりにゆかないときは、自分の知恵にいたらぬ点がなかったかと反省する。他人に敬意を表しているのに答礼されないときは、敬意のあらわし方にいたらぬ点がなかったかと反省する。すべて自分の行為が思いどおりにゆかなかったときは、いつでも自分のやり方を反省する。自分のおこないが正しければ、天下の人がみな自分についてくる。『詩経』に『いついつまでも天の命にかなうようにふるまえば、限りない幸福が求めるにしたがってくる』と歌っているではないか」

注

(1)『詩経』大雅の文王篇の句である。鄭玄《じょうげん》の解釈が孟子の論旨によく合っているので、それによって解いた。

自分の好意が他人から報いられないときに、自分におちどがあったのではないかと自ら反省することはむつかしい。これが、孔子、とくに曽子《そうし》を通じて伝えられた修身の基本的な心得であった。

政治家の悪癖

〔五〕　孟子曰《い》わく、「人恒《つね》の言あり。皆曰わく、『天下国家』、と。天下の本《もと》は国に在《あ》り、国の本は家に在り、家の本は身に在り」

孟先生がいわれた。

「人々の口癖になっていることばがあって、『天下・国家』とだれでもいう。天下の基本は国にあり、国の基本は家にあり、家の基本は自己にあるということを知っているのだろうか」

現代の政治家も、口を開けば世界とか国家とか大きなことをいうが、自分の行為はすっかり棚《たな》に上げている。孟子の時代も現代も、政治家とはみなそんなものらしい。

人民の心を得る

〔九〕　孟子曰《い》わく、桀紂《けっちゅう》の天下を失えるは、その民を失えばなり。その民を失うとは、その心を失うなり。天下を得《う》るに道あり。その民を得れば、斯《すなわ》ち天下を得べし。その民を得るに道あり。その心を得れば、斯ち民を得べし。その心を得るに道あり。欲する所はこれが与《ため》(1)にこれを聚《あつ》め、悪《にく》む所は施《ほどこ》す勿《な》からんのみ。民の仁に帰するや、猶《なお》水の下《ひく》きに就《つ》き、獣《けもの》の壙《こう》に走るがごときなり。故に淵《ふち》の為に魚《うお》を敺《か》(2)る者は、獺《だつ》なり。叢《くさむら》の為に爵《すずめ》を敺る者は、鸇《せん》なり。湯武《とうぶ》の為に民を敺る者は、桀《けつ》と紂《ちゅう》となり。今天下の君、仁を好む者あらば、則ち諸侯皆これが為に敺らん。王たることなからんと欲すと雖《いえど》も、得べからざるのみ。今の王たらんと欲する者は、猶《なお》七年の病《やまい》に、三年の艾《もぐさ》(3)を求むるがごときなり。苟《いやし》くも畜《たくわ》えざるを為《な》さば、身を終《お》うるまでも得じ。苟くも仁に志《こころざ》さずんば、身を終《お》うるまで憂辱《ゆうじょく》して、以て死亡に陥《おちい》らん。詩に、『それ何ぞ能く淑《よ》からん、載《すなわ》ち胥《あいとも》及に溺《おぼ》る(4)』、と云えるは、これこの謂《いい》なり」

孟先生がいわれた。

「暴君の桀王・紂王が天下を失ったのは、人民を失ったからである。人民を失ったとは、人民の心を失ったことを意味する。天下を手に入れるにはひとつの方法がある。人民を手に入れることであり、そうすればすぐに天下を手に入れることができる。人民を手に入れるにはひとつの方法がある。人民の心を手に入れることであり、そうすれば人民を手に入れることができる。人民の心を手に入れるにはひとつの方法がある。人民の希望するものを彼らのために集めてやり、人民のいやがるものをおしつけない、ただそれだけでよろしい。人民の仁徳にひかれるのは、まるで水が低いほうに流れ、獣がひろい原野に走り去るようなものだ。淵に魚を追いたてるのが、獺《かわうそ》である。茂みに雀《すずめ》を追いたてるのが、鸇《とび》である。殷《いん》の湯王、周の武王のほうに人民を追いたてたのが、夏《か》の桀王と殷の紂王とである。現在、天下の君主のなかで仁政を好むものがあれば、諸侯はみなその君主のほうに人民を追いたてるにちがいない。いくら天下の王となるまいとしても、不可能であろう。現在の王となろうと希望する者は、七年間の持病をなおすため、三年間かわかした艾《もぐさ》をさがしているようなものだ。もし平常からたくわえておかなかったら、死ぬまで古い艾を手に入れることはできまい。もしも仁政を心掛けなければ、死ぬまで恥を受けることにびくびくして、ついに死亡してしまうだろう。

『詩経』に、

そのふるまいのどこによいところがあろうか
ともどもに溺《おぼ》れ死ぬばかりだ

とよんでいるのは、このさまをいったのだ」

注
（1）「与」の字は「為」と同じように使われる。ここでは「ため」と読まれる。
（2）「駆」と同じ。追いたてる。
（3）灸《きゅう》をすえるのに用いる艾は、長い年月かかってよくかわかしたものほど良質だとされていた。三年保存した艾は最上のものである。
（4）『詩経』大雅の桑柔《そうじゅう》篇の句。「淑」はよいこと。「胥及」は「相ともに」と読まれる。

政治は人民の心を得ることであるという孟子の発言は、そのまま現代の政治にも通用する。こういう政治思想を生み出したのは、戦国時代の大都市国家、とくに梁《りょう》・斉《せい》のような先進国、文化国家の政治環境である。

自暴と自棄

〔十〕　孟子曰《い》わく、「自ら暴《そこ》なう者は、与《とも》に言うあるべからざるなり。自ら棄《す》つる者は、与に為《な》すあるべからざるなり。言《げん》、礼義《れいぎ》を非《そし》る、これを自暴と謂《い》う。吾が身、仁に居《お》り義に由《よ》る能《あた》わざる、これを自棄と謂う。仁は人の安宅《あんたく》なり。義は人の正路なり。安宅を曠《むな》しうして居らず。正路を舎《す》てて由《よ》らず。哀しいかな」

孟先生がいわれた。

「自分で自分をそこなう自暴者《じぼうしや》は、これを相手としていい話をすることはできないし、自分で自分を放棄した自棄者《じきしや》は、これを相手としていい仕事をすることはできない。礼儀を破壊することを口に出すのが、自暴ということである。自分には仁により義によっておこなう能力がないとするのが、自棄ということである。仁とは人間の住む快適な住宅であり、義とは人間の歩く大道である。快適な住宅を空家にして住まず、大道をほっておいて歩まないというのは、なんとかわいそうな人だろう」

仁を人間の快適な住居、義を大道にたとえたのは、たんなる比喩《ひゆ》ではなく、仁義の高い理想を日常生活のなかでも考えようという態度から生まれたものである。ここには当時の大都市の住民らしい孟子の思考方法のよさがある。

誠は天の道

〔十二〕　孟子曰《い》わく、「下位《かい》に居て上《かみ》に獲《え》られざれば、民得て治むべからざるなり。上に獲らるるに道あり。友に信ぜられざれば、上に獲られず。友に信ぜらるるに道あり。親に事《つか》えて悦《よろこ》ばれざれば、友に信ぜられず。親に悦ばるるに道あり。身に反《かえり》みて誠《まこと》ならざれ

子思（『聖賢像賛』）

曽子（『聖賢像賛』）

ば、親に悦ばれず。身を誠にするに道あり。善に明らかならざれば、その身を誠にせず。是《こ》の故に誠は、天の道なり。誠を思うは、人の道なり。至誠《しせい》にして動かされざる者は、未《いま》だこれあらざるなり。誠ならずして、未《いま》だ能《よ》く動かす者はあらざるなり」

孟先生がいわれた。
「下役でいる者が上役に信任されないと、人民をうまく治めることはできない。上役に信任されるには方法がある。同役に信頼されないと、上役に気に入られることはむつかしい。同役に信頼されるにはいい方法がある。両親につかえて気に入られないと、同役に信頼されない。両親に気に入られるにはいい方法がある。自分の身に反省してみてまごころがこもっていないと、両親に気に入られない。自分で反省してまごころがこもっているようになるにはいい方法がある。何が善であるかをあきらかに知らないと、まごころをこめることができない。そこでまごころこそ自然の原理、つまり天の道である。まごころをこめようと努力することが人間の原理、つまり人の道である。まごころがほんとうにこもっていれば、動かされない人があるはずはない。まごころがこもっていないと、人が動かされるはずはない」

誠つまりまごころを、自然と人間界を支配する原理とするのは、孔子から曽子《そうし》、子思《しし》をへて孟子に伝わる儒教の道徳哲学であった。それを、どうしたら上役の気に入るかという、だれでもその秘訣《ひけつ》を知りたいと思う現実の問題から引き出したところが、孟子独特の着想である。上役の気に入る者で、同僚や下役に受けのいい者は少ないのが現実である。友達に受けのいい者で、両親の気に入るものの少ないのも現実である。この現実に反対し、現実には不可能なことを可能にする意志力こそ誠の本質なのであろうが、これは誠つまり善意の支配を信ずる孟子の信条とは相容れぬことになるであろう。

人を見る目

〔十五〕　孟子曰《い》わく、「人を存《み》(1)るには、眸子《ぼうし》(2)より良《よ》きは莫《な》し。眸子はその悪を奄《おお》うこと能わず。胸中正しければ、則ち眸子瞭《あき》らか⁽³⁾なり。胸中正しからざれば、則ち眸子眊《くら》し。その言を聴《き》きて、その眸子を観《み》れば、人焉《いずく》んぞ廋《かく》さん⁽⁴⁾や」

孟先生がいわれた。

「人間を観察するには、瞳《ひとみ》がいちばんいい。瞳はその人間の悪心をおおいかくすことができないからだ。胸のなかの考えが正しいときは、瞳は澄んでいるし、胸のなかの考えが正しくないときは、瞳が濁っている。その人のことばをよく聞きながら、その人の瞳を観察すれば、その人の胸のなかはかくしおおせられないのだ」

注

(1)「存」は「在」字と通用する。「在」は「察」という意味で、他人を観察すること。
(2)瞳のこと。
(3)「明」と同じ。
(4)「匿」と同じ。

このことばは、孔子の「その以《な》す所を視《み》、その由《よ》る所を観《み》、その安んずる所を察すれば、人焉《いずく》んぞ廋《かく》さんや」(『論語』偽政篇第十章)をさらに発展させたものである。戦国時代は、人相によって人間の性格を見分け、その運命を予言する術がたいへん流行していた。孟子はその影響を受け、とくに人の目の色をよく見て、性格を見通さないといけないと説いたのである。

偶然の妙

〔二十一〕　孟子曰《い》わく、「虞《おもんぱか》らざるの誉《ほま》れあり、全《まった》きを求むるの毀《そし》りあり」

孟先生がいわれた。
「思いもかけないおこないをほめられることがあり、完全を期したつもりなのに非難を受けることがある」

歴史の現実について深刻な経験を積んだ孟子のこのことばは、偶然がしばしば運命を決定することを巧みにいいあらわした秀句であろう。朱子《しゅし》は、他人の毀誉《きよ》をあまり気にするなと説明したが、教訓的にとりすぎて、もとの意味からはずれている。

人間の欠点

〔二十三〕　孟子曰《い》わく、「人の患《うれ》いは、好みて人の師と為《な》るに在《あ》り」

孟先生がいわれた。

「人間、だれにもある欠点は、とかく他人の先生となりたがることである」

人の師となろうとすることは、他人に自分の説を講義し、押しつけようとすることと解してもいいであろう。相手がいやな顔をしたり、関心がないのに、自己の意見を得々《とくとく》と弁じてはならないと解してもいいだろう。なかなか味わいのある忠言である。

第八巻　離婁章句　下

離婁篇の性格は、すでに「離婁章句　上」の解説に説明したとおりで、比較的短い断片的なものが多く、孟子の対話の相手の人名をあげるものが少ないことである。もと三十三章から成っているところから、ここでは十一章を採録した。性の本体とは何かなど、孟子の哲学的考察を述べたかなり重要な章である。

三　有　礼

〔三〕　孟子、斉《せい》の宣王《せんおう》に告げて曰《い》わく、「君の臣《しん》を視《み》ること手足の如くなれば、則《すなわ》ち臣の君を視ること腹心の如し。君の臣を視ること犬馬《けんば》の如くなれば、則ち臣の君を視ること国《こく》人《じん》の如し。君の臣を視ること土芥《どかい》の如くなれば、則ち臣の君を視ること寇讎《こうしゅう》(1)の如し」。王曰わく、「礼に旧君《きゅうくん》の為に服《ふく》するあり、と。何如《いか》なれば斯《すなわ》ち為に服すべきか」。曰わく、「諫《いさ》め行なわれ言聴《げんき》かれ、膏沢《こうたく》(2)民《みん》に下《くだ》る。故ありて去れば、則ち君、人をしてこれを導きて疆《さかい》を出《い》でしめ、またその往《ゆ》く所に先んず。去りて三年反《かえ》らず、然《しか》る後にその田里《でんり》を収《おさ》む。これこれを三有礼《さんゆうれい》と謂《い》う。此《か》くの如くなれば則ちこれが為に服す。今や臣と為《な》りて、諫めは則ち行なわれず、言は則ち聴かれず、膏沢は民に下らず。故ありて去れば、則ち君これを搏執《はくしつ》し、またこれをその往く所に極《きわ》め、去るの日、遂にその田里を収む。これこれを寇讎と謂う。寇讎には何の服かこれあらん」


孟先生が、斉の宣王に申された。

「主君が臣下を自分の手足のようにみなすと、臣下は主君を自分の腹や胸のようにみなし、主君が臣下を犬馬のようにみなすと、臣下は主君を赤の他人とみなし、主君が臣下をちりあくたのようにみなすと、臣下は主君を仇敵《きゅうてき》のようにみなすものです」

宣王が聞かれた。

「それなら礼に、臣下はかつてつかえていた主君が死ぬとその喪に服するという規則がある。なぜもとの主君のために喪に服する必要があるのか」

孟先生が答えられた。

「臣下の諫《いさ》めが、主君によって聞き届けられるようになっていると、その恩恵は一般人民にも及ぶでしょう。そういう臣下が、しかるべき理由で退官してその国を立ち去るとすると、主君は使いをやってその臣下を案内して出国させ、また立ち退き先《の》の国にあらかじめ通報して便宜をはからせる。故国を退去して三年間を経過しても帰国しないときになって、はじめてその所有していた土地と住宅とを収用する。この処置を『三有礼《さんゆうれい》』とよんでいる。こういう旧主君のためにこそ喪に服するのです。現在の臣下は、諫めても主君におこなわれず、進言しても聞き届けられず、したがってその恩恵は人民にまで及びません。何かの理由で故国を退去すると、主君はこれをひっとらえようとするばかりでなく、臣下の行く先の国に故障を申し入れて仕官のできないようにし、退去すると即日、その土地・住宅を収用する。これは旧臣を『仇敵』とするものです。仇敵とした旧主君にたいして、どうして喪に服する理由があるでしょう」

注
(1)あだかたき、仇敵。
(2)あぶらが物を湿すごとく、恩恵をほどこすこと。

この孟子の考えは、孔子が斉の景王《けいおう》にいった「君君たり、臣臣たり、父父たり、子子たり」(『論語』顔淵篇第十一章)のことばを、現実に即してわかりやすく説明したものである。

戦国時代は七強国が対立状態にあり、有能な臣下は待遇が悪いとすぐ辞職して、他国に仕官することが平気でおこなわれていた。そこで、君臣の縁が切れるとすぐ住宅などを徴収するばかりでなく、行く先の国に仕官するのを妨害する意地悪な主君もあったらしい。孟子は、そのように臣下を待遇すると、そのつけはかならず主君の身にもどってくる、と警告したのである。

〔十〕　孟子曰《い》わく、「仲尼《ちゅうじ》は已甚《はなは》だしき(1)ことを為《な》さざる者なり」

孟先生がいわれた。
「孔子様は度を越したことはなさらない方だった」

注
(1)「已」もまた「甚だしい」を意味する。「已甚」と二字を重ねて「はなはだし」と読む。

孟子の大人観

〔十一〕　孟子曰《い》わく、「大人《たいじん》(1)なる者は、言《げん》必ずしも信ならず、行ない必ずしも果たさず。惟《ただ》義の存《あ》る所のままにす」

孟先生がいわれた。

「人の長となる大人というものは、話したことばを全部ことばどおりに守るとは限らないし、やりかけた行動を最後までやり抜くとは限らない。その時、その場所に適した道義の要求にしたがうだけだ」

注

(1)王・諸侯のような人の長となるべき徳をそなえた人。

天子・国王・諸侯のような責任のある人は、その任のもとでなす行為にはかならずしも個人的道徳に拘束されない場合があるという孟子の発言は正しい。その人が主権者として、その国家・団体のためにおこなう行動には、時には個人的な信義を無視しなければならない場合もある。しかし、このような行動は、あくまでとくに限定された場合にのみ許されることで、乱用されてはならないことはいうまでもない。

〔十二〕　孟子曰《い》わく、「大人《たいじん》とは、その赤子《せきし》の心を失わざる者なり」

孟先生がいわれた。

「人の上に立つ大人は、赤子《あかご》の気持ちを失っていない天真爛漫《らんまん》な人である」

前章では、大人というものは、政治的状況の変化に応じて変節や裏切りさえあえてしなければならぬとされているが、ここでは大人は、赤子のような気持ちを失ってはならぬとされている。

これは明瞭《めいりょう》な矛盾だとする人もあろう。しかしわたしは、政治的変節や裏切りはそれを赤子のような純粋な気持ちでおこなえる人にしてはじめて許されると孟子は考えたのだ、と解釈したい。

君子の求道

〔十四〕孟子曰《い》わく、「君子の深くこれに造《いた》す(1)に道を以《もっ》てするは、そのこれを自得《じとく》せんことを欲すればなり。これを自得すれば、則ちこれに居《お》ること安し。これに居ること安ければ、則ちこれに資《と》る(2)こと深し。これに資ること深ければ、則ちこれを左右に取りて、その原《みなもと》に逢《あ》う。故に君子はそのこれを自得せんことを欲するなり」

孟先生がいわれた。

「君子が道を求めてどこまでも深くすすんでゆくのは、自分でこれを会得《えとく》しようとするからである。これを会得してしまうと、しっかりとそこに落ち着く。しっかりと落ち着くと、深く根源から知識を取り入れることができる。深く根源から知識を取り入れていると、手近のものごとを取り上げても、すぐその根源をつきつめることができる。こういうことは、君子が道を自分で会得しようとするからできるのである」

注
(1)「致す」と同じ。
(2)「取る」と同じ。

〔十八〕　徐子《じょし》(1)曰《い》わく、「仲尼《ちゅうじ》亟《しばしば》水《みず》を称して(2)曰わく、『水なる哉《かな》、水なる哉《かな》』、と。何をか水に取れるや」。孟子曰わく、「源泉は混混《こんこん》として、昼夜を舎《お》かず。科《あな》に盈《み》ちて而《しか》る後に進み、四海《しかい》に放《いた》る。本《もと》ある者は是《か》くの如し。是《こ》れこれを取れるのみ。苟《いやし》くも本《もと》なしと為《な》さば、七八月の間、雨集まりて、溝澮《こうかい》皆《みな》盈つるも、その涸《か》るるや、立ちて待つべきなり。故に声聞《せいぶん》情《じつ》に過ぐるは、君子これを恥ず」

徐子がたずねた。

「孔先生がしばしば水をほめたたえて、『水だな、水だな』といわれたのは、水のどの点を取り上げられたのですか」

孟先生がいわれた。

「水源から出る泉はとくとくと、昼も夜も休まず、くぼみを満たしてはすすんでゆき、ついに海に達する。根本がしっかりしているものはみなこのとおりだという、そこを取り上げられたのだ。もしもとの水源がないと、七、八月ごろ雨が集中すると、溝《みぞ》という溝はみないっぱいになる。しかし、雨があがると立って待っている間に水がかれる。それだから、評判が実力以上に立つのを君子は恥とするのである」

注

(1)徐辟《じょへき》。孟子の弟子《でし》。

(2)孔子が水をほめたことばは、『論語』のなかでは「子、川の上《ほとり》に在《い》まして曰わく、逝《ゆ》く者は斯《か》くの如きか、昼夜を舎《す》てず」(子罕篇第十七章)があるだけである。この句のはじめに「水なる哉、水なる哉」と、つけ加えたテキストがあったのかもしれない。孟子の解釈から見ると、そのように想像される。

人間たる所以

〔十九〕　孟子曰《い》わく、「人の禽獣《きんじゅう》に異なる所以《ゆえん》の者は幾《ほとん》ど希《まれ》なり。庶民《しょみん》はこれを去《さ》り、君子はこれを存《そん》す。舜《しゅん》は庶物《しょぶつ》を明らかにし、人倫を察《つまび》らかにす。仁義に由《よ》りて行なう。仁義を行なうに非《あら》ざるなり」

孟先生がいわれた。
「人間と鳥獣とのちがっている点は、ほんとにわずかばかりであるが、一般人はこのちがっている点をなくなし、君子はこのちがっている点を保っているのである。舜帝は万物の道理をあきらかにし、人間の道義心を了解し、自然に仁義の道によってすすんで行かれたので、仁義を実行しようと意識して実行されたのではない」

人間が動物と違ったのは、人倫つまり道義心にある。これを失ったのが一般人、これを保持しているのが君子だとされている。孟子は、人間を動物と区別し、人間の人間たる、人倫を強調する。

歴史批判

〔二十一〕　孟子曰《い》わく、「王者の迹熄《あとや》んで『詩』亡《ほろ》ぶ(1)。『詩』亡びて然る後に『春秋《しゅんじゅう》』作《おこ》る。晋《しん》の『乗《じょう》』、楚《そ》の『檮杌《とうごつ》』(2)、魯《ろ》の『春秋』(3)は、一《いつ》なり。その事は則《すなわ》ち斉桓《せいかん》・晋文《しんぶん》、その文は則ち史。孔子曰《のたま》わく、『その義は則ち丘窃《きゅうひそ》かにこれを取れり』、と」

孟先生がいわれた。

「周王朝の制度がすたれると『詩』が絶滅した。『詩』が絶滅した後に、孔子が『春秋』を著作された。がんらい、晋の『乗』も、楚の『檮杌』も、魯の『春秋』も、どれも年代記である点はかわらない。その書いてある内容は、斉の桓公、晋の文公の覇業《はぎょう》であり、その叙述のスタイルは史、つまり『記録』的である。しかし、孔先生は『歴史事実にたいする善悪の批判は自分がみずから筆を加えたのである』といって、その差をあきらかにしておられる」

注

(1)周王朝の盛んな時代には、支配はすみずみの国までとどき、中央から派遣された使《し》が各国の民謡を採集し、政治の参考にしたが、周が衰えるとこの制度もなくなり、新しい詩の創作がおこなわれなくなり、詩はほろびたのである。

(2)晋・楚における年代記の異名。

(3)魯の年代記の「春秋」をもととして、孔子が筆を加えて『春秋』を書いた。筆を加えた部分が、善悪にたいする批判つまり義であった。

孔子は、一門を教える教科書として『詩経《しきょう》』『書経《しょきょう》』『礼記《らいき》』を重要視した。孟子はこのうえに『春秋《しゅんじゅう》』を教科書としてつけ加えた。歴史事件にたいする批判をつけ加えたのが孔子の独創だとするが、じつはこういう考え方こそ孟子の独自な解釈なのである。その意味から、このことばは孟子の『春秋』の解釈学をあきらかにした重要な文献である。

故の本質

〔二十六〕　孟子曰《い》わく、「天下の性を言うや、則《すなわ》ち故《こ》(1)のみ。故は利(2)を以《もっ》て本と為《な》す。智に悪《にく》む所の者は、その鑿《さく》するが為《ため》なり。如《も》し智者にして禹《う》の水を行る若《ご》く《や》ならば、則ち智に悪《にく》むことなし。禹の水を行るや、その事なき所に行る。如し智者も亦《また》その事なき所に行らば、則ち智も亦大なり。天の高き、星辰《せいしん》の遠き、苟《いやし》くもその故《こ》を求めば、千歳《せんざい》の日至《にっし》も、坐《ざ》して致《いた》すべきなり」

孟先生がいわれた。

「世間で『性』といっているものは、故《こ》つまり原因・結果のつながりのことである。故の本質は智であるが、智の欠点は穿鑿《せんさく》にすぎることである。しかし、智者が、禹が排水したようにすれば、智になんの欠点があろうか。禹は排水するとき、地勢に応じて抵抗のない所に水を落とした。もし智者がこのように抵抗のない所に智を働かしたら、智の働きはたいしたことになる。たとえば天は高く、星座は遠くにあるが、天の運行の因果の理をつきつめると、千年先の冬至の日も、すわったまま計算してきめることができる」

注
(1)伊藤仁斎《じんさい》の「故は常に相因《あいよ》るの義、因循する所あって然るを謂う」という解釈によった。原因・結果の連続を意味する。
(2)武内義雄博士が「利」を「智」字の誤りであろうと、されたのは卓見である。これをとり利を智と改めて解釈する。

孟子は性を故、つまり原因・結果の連続と解する世人にかならずしも同調しているのではない。それは智、つまり理性の立場から見るものである。理性も、ある制約のなかで善用すれば、天文現象・暦の製作のようなこともできるから、かなりのものだが、孟子はこれが最高のものでないと心では考えているようである。

君子たる所以《ゆえん》

〔二十八〕　孟子曰わく、「君子の人に異なる所以は、その心を存するを以《もっ》てなり。(1)君子は仁を以て心を存し、礼を以て心を存す。仁者は人を愛し、礼ある者は人を敬す。人を愛する者は、人恒《つね》にこれを愛し、人を敬する者は、人恒にこれを敬す。ここに人あり。その我《われ》を待つには横逆《おうぎゃく》を以てすれば、則《すなわ》ち君子は必ず自《みずか》ら反するなり。我必ず不仁ならん。必ず無礼ならん。この物奚《なん》ぞ宜《よろ》しく至るべけんや、と。その自ら反して仁なり。自ら反して礼あり。その横逆由是《なおか》くのごとくなるや、君子は必ず自ら反するなり。我必ず不忠ならん、と。自ら反して忠なり。その横逆由是くのごとくなるや。君子曰わく、『これ亦妄人《またもうじん》なるのみ。此《か》くの如くんば、則ち禽獣《きんじゅう》と奚ぞ択《えら》ばん。禽獣に於《お》いてまた何ぞ難《なん》ぜん』、と。是《こ》の故に君子には終身の憂《うれ》いあるも、一朝の患《うれ》いなきなり。乃《すなわ》ち憂うる所の若《ごと》きは則ちこれあり。舜《しゅん》も人なり、我も亦《また》人なり。舜は法を天下に為《な》して、後世に伝うべくす。我は由未だ郷人《きょうじん》たるを免《まぬが》れざるなり。是は則ち憂うべきなり。これを憂えば如何《いか》にせん。舜の如くせんのみ。夫《か》の君子の若きは、患いとする所は則ち亡《な》し。仁に非《あら》ざれば為《な》すなきなり。礼に非ざれば行なうなきなり。一朝の患いあるが如きは、則ち君子は患いとせず」

孟先生がいわれた。

「君子と一般人との差異は、本心を保つところにある。君子は仁によって本心を保ち、礼によって本心を保つのである。仁ある人は他人を愛するし、礼ある人は他人を敬う。他人を愛する人は、他人もいつもその人を愛する。他人を敬う人は、他人もいつもその人を敬うであろう。今ここに、自分にたいして無理なことをしかけてきた人があるとしよう。君子はきっと自分に反省してみる。自分が不仁であったのではないか。自分が無礼であったのではないか。こんな無理なことをどうしてしかけてきたのだろうと。反省してみると自分はやはり仁であった。反省してみると自分はやはり礼を失っていなかった。それだのにまだもとどおり無理をしかけてくる。君子はきっと反省してみる。自分の誠実さが足らなかったのではないかと。反省してみたところ自分はやはり誠実であった。それなのに無理はまだもとどおりである。君子はいうであろう。『この人は狂人にすぎないだろう。こんなことをするのは、鳥獣とまったくかわりがないではないか。相手が鳥獣ならなにも腹を立てることはない』と。こういう君子には、生涯《しょうがい》にわたって心配することはあっても、ある日偶然に起こる難儀を苦にすることはない。生涯にわたって心配することとはほかでもない。舜《しゅん》帝も人間だ。自分も人間だ。舜帝は天下の模範となって、後世に名を伝えられた。自分はまだただの村民にすぎない。このことは、ほんとに心配すべきことだ。が、これを心配するなら、いったいどうしたらよかろう。舜帝と同じようなおこないをしたらよいだけなのだ。そういう君子には苦にすることはまったくない。仁でなければ何もしないし、礼でなければ何もおこなわないのであるから。かりに偶然の難儀が起こったとしても、君子はすこしも苦にしないのである」

注
(1)近世の儒者たちが修養の問題として重視したのがこの「存心」である。存心とは本心を失わないように、しっかりと保ちつづけるというのがその本来の意味である。しかし「心を養う」とか「心をつまびらかにする」とかと同じ意味に読む学者もある。

本章は、気概にあふれた名文である。「舜も人なり、我も亦《また》人なり」というこの意気込みは、孟子の面目《めんぼく》をよく示している。孔子ならこんな大言壮語はしないだろうが、大言壮語しないと、戦国時代にはここまでいわなければ思想家として認められもせず、頭をもたげることもできなかったのである。

君子の目

〔三十三〕 斉人《せいひと》に、一妻一妾《いっさいいっしょう》(1)にして、室《しつ》に処《お》る者あり。その良人《りょうじん》出ずれば、則《すなわ》ち必ず酒《しゅ》肉《にく》に饜《あ》きて而《しか》る後《のち》に反《かえ》る。その妻与《とも》に飲食する所の者を問えば、則ち尽《ことごと》く富貴《ふうき》なり。その妻、その妾に告げて曰《い》わく、「良人出ずれば、則ち必ず酒肉に饜《あ》きて而る後に反る。その与に飲食する者を問えば、尽く富貴なり。而れども未《いま》だ嘗《かつ》て顕者《けんしゃ》の来たることあらず。吾《われ》将《まさ》に良人の之《ゆ》く所を瞷《うかが》わんとす」、と。蚤《つと》に起《お》き、良人の之く所に施従《しじゅう》(2)す。国中《こくちゅう》を偏《あまね》くするも、与に立ちて談《だん》ずる者もなし。卒《つい》に東郭墦間《とうかくはんかん》の祭る者に之きて、その余りを乞《こ》う。足らざれば、また顧《かえり》みて他《た》に之く。これその饜足《えんそく》を為すの道なり。その妻帰りて、その妾に告げて曰わく、「良人は、仰ぎ望みて身を終うる所なり。今此《か》くの若《ごと》し」、と。その妾と与にその良人を訕《そし》りて、中庭《ちゅうてい》に相《あい》泣けり。而るに良人は未《いま》だこれを知らざるなり。施施《しし》として外より来たり、その妻妾に驕《おご》れり。「君子に由《よ》ってこれを観《み》れば、則ち人の富貴利達《りたつ》を求むる所以《ゆえん》の者、その妻妾の羞《は》じず、而も相泣かざる者、幾《ほとん》ど希《まれ》なり」

斉国に、ひとりの妻、ひとりの妾《めかけ》を家においている市民がいた。良人《おっと》は外出するたびに、酒肉《しゅにく》を飽きるほど飲食して帰宅する。妻君が同席で飲食した人の名を問いただすと、富豪・名士ばかりである。妻君は妾に語って、

「主人が外出すると、いつも飽きるほど飲食して帰宅します。いっしょに飲食した人の名をたずねると、だれもかれも金持ちと名士ばかりですが、今までりっぱなお客がたずねて来たことがありません。わたしは一度、主人の行く先をつきとめてみましょう」

そういって、朝早く起きて、見えがくれに主人のあとをつけた。都内を回り歩くが、だれもたち寄って話しかける人がいない。最後に東門外の墓地に行って、祖先のお祭りをしている人に余りの酒肉をねだる。足らないと、またよそに回る。なんと、これが主人の飽きるほど飲食する方法であったのだ。妻君は帰宅して妾に、

「主人はわたしが一生の希望をたくす人です。それがこんな仕事をしているのです」

と詳しく話し、主人の悪口を散々《さんざん》にいって、中庭で抱き合って泣いた。ちっとも知らない主人は、にこにことして帰って来て、妻と妾に自慢話をするのであった。孟先生はこの話につけ加えられた。

「君子の目から見ると、一般人が富貴・出世を求めてやっている仕事は、この妻・妾のように恥ずかしくて抱き合って泣かずにはおれないようなものが、大部分なのである」

注

(1)当時は多妻制であるから、一妻一妾を家においているのは、もっともふつうの市民の家庭であった。贅《ぜい》沢《たく》な孟子自身は、数人の妾をもっていたので、一妻一妾のみじめな生活を嘲《あざけ》って書いているのである。

(2)「施」はななめ、ななめつまり見えがくれについて行く。

(3)喜ぶさま。

この章は、「孟子曰わく」という前書きがついていないので、これが孟子のことばなのか、またどこまでが孟子のことばなのかなど、いろいろの問題が出されている。斉《せい》国の首都、当時、中国一の大都会であった臨淄《りんし》に住む一市民を主人公にしたこの小さなエピソードは、実話とみてさしつかえないであろう。過去の歴史人物を主人公にした歴史物語は、そのころさかんにおこなわれていたらしいが、当時の平凡な市民を主人公とした日常生活を取り扱ったものは珍しい。中国の小説史上、重要な意義をもつ文章である。同時代の『荘子《そうじ》』が、詩的な散文で、寓話《ぐうわ》をたくさん創作しているのとよい対照をなしている。孟子は市民生活の実話を語って、最後に「君子に由《よ》ってこれを観《み》れば……」の批評をつけたのであろう。

第九巻　万章《ばんしょう》章句　上

この巻は合計九章から成っている。孟子とその高弟の万章との問答、聖人堯《ぎょう》・舜《しゅん》以下の伝説を題材としたものが主体であるが、そのなかからここでは第一章・第五章のふたつの章を紹介する。

万章は、なかなかの論理的頭脳の持ち主なので、その質問は伝説の矛盾を鋭くついている。これにたいする孟子の答弁は、神話・伝説の神秘性をはぎとり、天を人格神としてではなく、抽象的存在とし、また堯・舜らを英雄としてではなく、一個の偉大な人格者として解明しようとつとめている。孟子の合理的な啓蒙主義者としての一面がよくあらわれている。

父母への情

〔一〕万章《ばんしょう》(1)問いて曰《い》わく、「『舜《しゅん》、田《でん》に往《ゆ》き、旻天《びんてん》(2)に号泣《ごうきゅう》す』、と。何為《なんす》れぞそれ号泣するや」。孟子曰わく、「怨慕《えんぼ》すればなり」。万章曰わく、「『父母これを愛すれば、喜びて忘れず、父母これを悪《にく》めば、労《ろう》して怨《うら》みず』、と。然《しか》らば則ち舜は怨みたるか」。曰わく、「長《ちょう》息《そく》(3)、公明高《こうめいこう》(4)に問いて曰わく、『舜の田に往くは、則ち吾既《すで》に命を聞くことを得たり。旻天に父母に号泣するは、則ち吾知らざるなり』、と。公明高曰わく、『是《こ》れ爾《なんじ》の知る所に非《あら》ざるなり』、と。夫《か》の公明高は、孝子の心を以て、是《か》くの若《ごと》く恝《かつ》(5)ならずと為《な》す。我は力を竭《つ》くして田を耕し、子たるの職《つとめ》を共《きょう》するのみ。父母の我を愛せざるは、我に於いて何ぞや、と。帝《てい》、その子九男二女をして、百官《ひゃっかん》、牛羊《ぎゅうよう》・倉廩《そうりん》を備《そな》え、以て舜に畎畝《けんぽ》(6)の中《うち》に事《つか》えしむ。天下の士《し》、これに就《つ》く者多し。帝将《まさ》に天下を胥《ひき》(7)いて、これを遷《うつ》さんとす。父母に順《よろこ》ばれざるが為に、窮人《きゅうじん》の帰《き》する所なきが如し。天下の士これを悦《よろこ》ぶは、人の欲する所なるも、而《しか》も以て憂いを解くに足《と》らず。好色は人の欲する所なり、帝の二女を妻とすれども、而も以て憂いを解くに足らず。富《とみ》は人の欲する所なり。富天下を有《たも》てども、而も以て憂いを解くに足らず。貴《たっと》きは人の欲する所なり、貴きこと天子と為《な》れども、而も以て憂いを解くに足らず、人のこれを悦ぶも、好色も富貴も、以て憂いを解くに足る者なし。惟《ただ》父母に順ばるる、以て憂いを解くべし。人少《わか》ければ則ち父母を慕い、好色を知れば則ち少艾《しょうがい》(8)を慕い、妻子あれば則ち妻子を慕い、仕うれば則ち君を慕い、君に得られざれば則ち熱中す。大孝《たいこう》は終身父母を慕う。五十にして慕う者は、予《われ》大舜に於いてこれを見る」

万章がおたずねした。

「『舜が田に出かけて、天に向かって大声で泣き叫んだ』といいます。なぜ大声で泣き叫んだのでしょう」

　孟先生がいわれた。

「父母を恨み、また慕ったからだ」

　万章がまた問いかえした。

「『父母に愛されると、喜んで忘れない。父母から憎まれると、心配しつつ恨まない』といわれます。それなのに舜は恨んだのですか」

「昔、長息《ちょうそく》が公明高《こうめいこう》にたずねたことがある。『舜が田に出かけたことについては、わたくしはご説明がよくわかりました。大声をあげて泣き叫んだのが、天や父母にたいしてであるというご説明のほうは、わたくしにはよく納得できません』と。公明高が答えて『このことはとても君の理解できることではないよ』といったそうだ。じつに難問なのだが、たぶん公明高の意は次のようだったろう。舜のような孝行な息子《むすこ》は、自分は力いっぱい田を耕して、息子の務めをじゅうぶんに果たしている。父母が自分を愛していなくとも、それは自分になんの責任があろうかと、さばさばとした気持ちにはなれないのだ、と。堯帝は、その九人の男子、ふたりの女子に朝廷の役人全部、牛・羊・倉庫などを全部そろえて、田の畔《あぜ》と畝《うね》のうえに働いている舜につけてやった。天下の知識ある人々は、多く舜につき従っている。堯帝は今まさに天下をあげて、舜に譲ろうとしている。ところが舜は、父母の気に入られないばかりに食いつめた人間が、たよる宿がないような気持ちになっているのだ。天下の知識ある人から敬愛される、これは人間だれもが願うことであるが、それでも舜の憂鬱《ゆううつ》は消えない。美女は人間だれもが愛するものだが、帝のふたりの娘を夫人としながら、舜の憂鬱は消えない。財産は人間だれしもほしがるものであるが、富と天下をわが手に収めても、舜の憂鬱は消えない。貴《とうと》いということは人間のだれもがほしがるものであるが、天子という貴い身分になっても、舜の憂鬱は消えない。他人の敬愛・美女・富貴、それも憂鬱を消し去ることはできない。ただ父母の気に入られることだけが、この憂鬱を消し去ることができるのである。人が幼い時分は父母を慕う。女を愛するようになると若い美少女を慕う。妻子をもつと妻子を慕う。仕官すると主君を慕う。もし主君の気に入られないと、いらいらして、いてもたってもいられなくなる。こうして慕う対象が年とともにかわってゆくのに、ほんとうに孝行の子は死ぬまで父母を慕う。五十歳になっても父母を慕うという人は、わたしは偉大なる舜においてはじめて見いだすのである」

注

(1)万は姓、章は名。孟子の一門中では高弟であったらしく、『孟子』中に出てくるその問答は二十二回にのぼっている。

(2)秋の空をさすが、ここでは秋の天と限る必要はあるまい。天に向かって叫んだとすればよい。

(3)公明高の弟子《でし》。

(4)曽子《そうし》の弟子。公明は姓、名は高であるが、斉国に栄えた『春秋』の解釈学の一派である公羊《くよう》学派の祖・

舜　帝

堯　帝

公羊高《くようこう》は、この公明高と同一人であろうとされている。曾子の学統を引く孟子は、また公羊学派に属し、公明高を先輩または師として尊崇しているらしい。
(5)また「忿」とも書かれる。心配しないさま。
(6)「畎」は田間の溝《みぞ》、「畝」は田のうね。田舎《いなか》のことともいう。
(7)「皆」「ことごとく」という意。
(8)年が若く美貌《びぼう》の人をさす。

孟子と万章との対話の対象は、主として古代の聖人堯が民間の無名の聖人の舜を見込んで帝位を譲り渡した、いわゆる禅譲《ぜんじょう》伝説であった。舜帝は堯帝から見込まれ、その娘をもらい、天下を譲られようとしているのに、そしてまた孝行者である舜がどういうことか、父母とくに母に憎まれ、母はその弟と共謀してたえず舜を迫害したという話が伝わっていた。舜はその苦しみに堪えかねて、田に出かけて大声をあげて天にたいして泣いて苦しみを訴えたということになっていた。聖人であり、親孝行で有名な舜が父母を恨んだとすれば、それはどういうことになるのだ、というのが万章のかけた難問である。孟子は、公羊《くよう》学派で問題にしてきた大問題であるとして、舜の心理を分析し、その煩悶《はんもん》を内的に理解すべきだと説いた。この人間的な解釈は、孔子の学徒として正統な見方といってもよい。孟子の人間解釈はさすがにきめが細かい。

政権授受の正統性

〔五〕　万章《ばんしょう》曰わく、「堯《ぎょう》は天下を以《もっ》て舜《しゅん》に与《あた》う、と。諸《これ》ありや」。孟子曰わく、「否《いな》、天子は天下を以て人に与うること能《あた》わず、と」。「然《しか》らば則《すなわ》ち舜の天下を有《たも》つや、孰《たれ》(1)かこれを与えし」。曰わく、「天これを与う、と」。「天のこれを与うるは、諄諄然《じゅんじゅんぜん》としてこれを命ずるか」。曰わく、「否、天物言《ものい》わず、行ないと事《こと》とを以てこれを示すのみ」。曰わく、「行ないと事とを以てこれを示すとは、これを如何《いかん》」。曰わく、「天子は能《よ》く人を天に薦《すす》むれども、天をしてこれに天下を与えしむること能《あた》わず、諸侯は能く人を天下に薦《すす》むれども、天子をしてこれに諸侯を与えしむること能わず。大夫《たいふ》は能く人を諸侯に薦むれども、諸侯をしてこれに大夫を与えしむること能わず。昔者《むかし》、堯、舜を天に薦めて天これを受く。これを民に暴《あら》(2)わして民これを受く。故に曰わく、『天言《ものい》わず、行ないと事とを以てこれを示すのみ』、と」。曰わく、「敢《あ》えて問う、『これを天に薦めて、天これを受け、これを民に暴わして、民これを受く』とは、如何」。曰わく、「これをして祭を主《つかさど》らしめて百神《ひゃくしん》これを享《う》く、『是《こ》れ天これを受くるなり』。これをして事を主らしめて事治《おさ》まり、百姓《ひゃくせい》これに安んず、『是れ民これを受くるなり』。天これを与え、人これを与う。故に、『天子は天下を以て人に与うること能わず』、と曰えるなり。舜は堯に相《しょう》たる二十有八載《さい》、人の能く為《な》す所に非《あら》ざるなり。天なり、堯崩じ、三年の喪《も》畢《お》わりて、舜、堯の子を南河(3)の南に避《さ》く。天下の諸侯朝覲《ちょうきん》する者、堯の子に之《ゆ》かずして舜に之く。訟獄《しょうごく》する者、堯の子に之かずして舜に之く。謳歌《おうか》する者、堯の子を謳歌せずして舜を謳歌す。故に、『天なり』、と曰えるなり。然《しか》る後に中国(4)に之き、天子の位を践《ふ》めり。而《しか》るを堯の宮に居《お》り、堯の子に逼《せま》らば、是れ簒《うば》うなり。天の与うるに非《あら》ざるなり。太誓《たいせい》(5)に、『天の視《み》るは我が民の視るに自《したが》い、天の聴《き》くは我が民の聴くに自う』、と曰えるは、これこの謂《いい》なり」

万章がおたずねした。

「堯帝が天下を舜に与えられたという。そういうことは事実ですか」

孟先生が答えられた。

「ちがう。天子は天下を他人に与えることはできない」

万章がまたおたずねした。

「それでは舜が支配していた天下は、だれが与えたのですか」

「天が与えたのである」

「天が与えたと申されますと、天は舜に天下を与えるぞと、口ずからことこまかに仰せつけられたのですか」

「天はもちろんものいうことはできないが、態度と事実とによってあらわされただけだ」

「天が態度と事実とによってあらわされたといわれるのは、具体的にどういうことをさしているのですか」

「天子は人才を天に推薦することはできるが、天に天下をある人に与えるように仕向けることはできない。諸侯は人才を天子に推薦することはできるが、天子に、ある人を諸侯に命ずるように仕向けることはできない。大夫《たいふ》は諸侯に人才を推薦することはできるが、諸侯に、ある人を大夫に命ずるように仕向けることはできない。昔むかし、堯帝が舜を天に推薦されたとき、天がこれを受け入れ、舜を民衆の前に公《おおやけ》に紹介し、人民がこれを受け入れたのであった。それだから『天はものをいうことはできないが、態度と事実とによってあらわされただけだ』といったのである」

「失礼ですが、もうひとつお教え願います。『舜を天に推薦され、天がこれを受け入れ、民衆の前に公に紹介し、人民がこれを受け入れた』とは、どういうことですか」

「堯帝が舜に命じて祭祀《さいし》の神主をつとめさせると、もろもろの神がこの祭を嘉納《かのう》された。これは『天がこれを受け入れた』のである。堯帝はまた舜に政治を主宰させたところ、政治はすべてうまくゆき、民衆は安心した。これは『人民がこれを受け入れた』のである。こうして天が与え、人が与えたのであるから『天子は天下を人に与えることができない』といったのである。舜は堯帝を助けて天下を治めること二十八年に及んだ。これは人力でできることではなく、天の力であった。堯帝が没し、三年の喪が終わると、舜は堯の子に気がねして南河の南岸に隠退した。天下の諸侯の入朝するものは、堯の子の居所に行かないで、舜の居所に行った。訴訟する者も、堯の子の居所に行かないで、舜の居所に行った。太平を歌いたたえる者も、堯の子の居所に行かないで、舜の居所に行った。そこで、『天の思《おぼ》し召しだ』ということになる。こうなってから舜は、都におもむいて天子の位についたのである。もし、舜がそのまま堯の宮に居すわって、堯の子にせまって天子となったのだったら、それは力で位を奪ったので、天が与えたのではない。『書経』の太誓《たいせい》篇に『天は目がないが、人民の目によって見、天は耳がないが、人民の耳によって聞く』とあるのは、このことをさしていったのである」

注
(1)親切丁寧に告げさとすさま。
(2)「顕」と同じ。あらわすこと。
(3)堯の都の南方にある河なので、南河といったとされる。現在の山東省濮《ぼく》県に、舜の隠退した史跡があったといわれる。

(4)ここではとくに首都をさしている。
(5)『尚書《しょうしょ》』(『書経』の別名)の篇名であるが、滅んでしまった。現在の太誓篇は、偽作の『偽古文尚書』にすぎない。

堯が舜に帝位を譲ったことは、『書経』の堯典篇などにも書かれている。弟子の万章が『書経』などに見える堯・舜の譲位の伝説を取り上げて、孟子に政権の授受の正統性をどこに求めるべきかを質問した。孟子は、これを天意に帰するのであるが、戦国時代人の孟子は、天を人格神で人間と同じ身体をもち、人間と同じように行動し、談話したとは信じていない。そうではなく、抽象的な存在と考え、人間とくに人民の意向によって決断を表明するもの、と解釈しているのである。

堯・舜の神話は、天上界から地上に引き降ろされ、人間界の出来事とみなされ、天神ががんらいもっていた神秘的な力は、すっかりなくなってしまった。神話の歴史化は、孟子によっていっそう速められたのである。

第十巻　万章章句　下

この巻は九章から成っている。もとの第三・第四・第五・第六・第七の各章は、君臣関係、君子の就職の問題について、万章との問答が中心となっている。しかし、君臣関係は列国対立の戦国時代独特のものであって、現代的意義に乏しいから、ここでは第二章（もとの第五章）だけを採るにとどめた。第一章（もとの第一章）の伯夷《はくい》・伊尹《いいん》・柳下恵《りゅうかけい》の諸聖人を孔子と比較して論じたことばは、全巻中の出色のものであるので、これを、尚友《しょうゆう》つまり古代歴史人物を友とすることを説いた第三章（もとの第八章）、斉《せい》の宣王《せんおう》と、卿《けい》つまり大臣の種類や王の退位を論じた第四章（もとの第九章）とともにここに紹介する。

中国の現在の社会でも朋友関係はひじょうに重要な役割をつとめている。この篇で説かれている尚友という言葉は、中国の朋友の理想を表現するものとされている。この語がまた『孟子』という古典から派生していることは、現代中国社会において、古典がいかに深層において勢力を保っているかを示すものであろう。

孔子への賛美

〔一〕　孟子曰《い》わく、「伯夷《はくい》(1)は目に悪色《あくしょく》を視《み》ず、耳に悪声を聴《き》かず。その君に非《あら》ざれば事《つか》えず、その民に非ざれば使わず。治まれば則ち進み、乱るれば則ち退《しりぞ》く。横政《おうせい》の出《い》ずる所、横民の止《とど》まる所、居るに忍びざるなり。思えらく、郷人《きょうじん》と処《お》るは、朝衣朝冠《ちょういちょうかん》を以て塗炭《とたん》に坐するが如し。紂《ちゅう》の時に当りて、北海の浜《ほとり》に居り、以て天下の清《す》むを待てり。故に伯夷《はくい》の風《ふう》を聞く者は、頑夫《がんぷ》も廉《れん》(2)に、懦夫《だふ》(3)も志を立つるあり。伊尹《いいん》(4)曰わく、『何《いず》れに事うるとしてか君に非ざらん。何れを使うとしてか民に非ざらん』、と。治まるも亦《また》進み、乱るるも亦進む。曰わく、『天の斯《こ》の民を生ずるや、先知《せんち》をして後知《こうち》を覚《さと》さしめ、先覚《せんかく》をして後覚《こうかく》を覚さしむ。予《われ》は天民の先覚者なり。予将《まさ》にこの道を以てこの民を覚さんとするなり』、と。思えらく、天下の民、匹夫《ひっぷ》匹婦《ひっぷ》も堯舜《ぎょうしゅん》の沢《たく》を被《こうむ》らざる者あれば、己《おの》れ推《お》してこれを溝中《こうちゅう》に内《い》るるが如し。その自ら任ずるに天下の重きを以てすればなり。柳下恵《りゅうかけい》は汙《お》君《くん》を羞《は》じず、小官《しょうかん》を辞せず、進んで賢を隠さず、必ずその道を以てす。遺佚《いいつ》せらるるも怨《うら》みず、阨《やく》窮《きゅう》すれども閔《うれ》えず。郷人と処るも、由由然《ゆうゆうぜん》として去るに忍びざるなり。『爾《なんじ》は爾たり、我は我たり。我が側《かたわ》らに袒裼《たんせき》(5)裸《ら》裎《てい》(6)すと雖《いえど》も、爾、焉《いずく》んぞ能《よ》く我を浼《けが》さんや』、と。故に柳下恵の風《ふう》を聞く者は、鄙《ひ》夫《ふ》も寛《かん》に、薄夫《はくふ》も敦《あつ》し。孔子の斉《せい》を去るや、淅《せき》を接して(7)行く。魯を去るや、『遅遅《ちち》として吾行く』と曰《のたま》えり。父母の国を去るの道なり。以《もっ》て速《すみ》やかなるべくんば而《すなわ》ち速やかにし、以て久しかるべくんば而《すなわ》ち久しゅうし、以て処るべくんば而ち処り、以て仕うべくんば而ち仕うるは、孔子なり」。孟子曰わく、「伯夷は聖《せい》の清《せい》なる者なり。伊尹は聖の任なる者なり。柳下恵は聖の和なる者なり。孔子は聖の時《とき》なる者なり。孔子はこれを集めて大成すと謂《い》う。集めて大成すとは、金声《きんせい》して玉振《ぎょくしん》するなり。金声すとは、条理を始むるなり。玉振すとは、条理を終《お》うるなり。条理を始むるは、智の事なり。条理を終うるは、聖の事なり。智は譬《たと》えば則ち巧《こう》なり。聖は譬えば則ち力なり。由《なお》、百歩の外に射《ゆみい》るがごとし。その至るは爾の力なり。その中《あ》たるは爾の力に非ざるなり」

孟先生がいわれた。

「伯夷は、目に醜《みにく》い色彩を見まいとし、耳に悪い音楽を聞くまいとした。理想的な明君でなければつかえようとせず、理想的な人民でなければうえに立って使おうとはしない。天下がよく治まっているときは出て官職につくが、天下が乱れているときは辞職して隠退する。暴政のおこなわれるところ、暴民のいるところには、いたたまれない。村民と一座するのを、まるで礼服・礼冠を着けて泥路《どろみち》か炭灰《すみばい》のうえにすわるように感じた。殷《いん》の暴君紂《ちゅう》王の世に当たって、北海の海浜に住んで、天下の清平《せいへい》になるのを待っていた。だから伯夷の流儀を伝え聞いた人は、強欲《ごうよく》者は清廉となり、臆病《おくびょう》者は独立の志をいだくようになる。殷《いん》の開国の功臣伊尹は、『どんな君主でもつかえれば君主にちがいはない、どこの人民の上に立って使っても、人民にちがいはない』といって、天下が治まるときも出て官職につき、天下が乱れていてもまた就職して、『天がこの人民を生まれたとき、物事を先に知ったものをして後から知ろうとするものをさとらせ、先にさとったものをして後からさとろうとするものをさとらせようとされた。自分は天の生まれた人民のなかの先にさとったものだ。自分はこの堯・舜の道を、この人民にさとらせようとしているのだ』といい、天下の人民のなかで一人の男子、一人の婦人でも堯・舜の道の恩恵を受けないものがいると、まるで自分がこれを溝《どぶ》のなかにおしころばしたように思っていた。伊尹は天下の重い責任を、自分でになっているつもりであった。柳下恵は暗君につかえることを恥とせず、小役人になることも辞退しない。職につくと自分の才能を隠さず、かならず自分のやり方で物事を処理する。社会から忘れられても平気であり、生活に困ってもかなしまない。村人と一座していても、楽しげで立ち去れないようで、『きさまはきさま、おれはおれ。きさまがおれのそばではだを脱ぎ、丸裸になろうとも、おれにはちっとも関係ない』という。柳下恵の流儀を聞き伝えた人は、心の狭い人も寛大になり、人情の薄い人も人情味が出てくるのである。孔子が斉《せい》国を出られるときは、とぎあがった米をそのまま手に受けて急いで出発された。魯《ろ》国を去るときは、『しずしずとゆこう』といわれた。父母の国から離れるときの作法だからである。速くすべきときは速くし、ゆっくりすべきときはゆっくりとし、隠退すべきときは隠退、つかえるべきときはつかえる。これが孔先生のなされ方であった」

孟先生はことばを改めていわれた。

「伯夷は聖人の清潔型である。伊尹は聖人の責任感型である。柳下恵は聖人の調和型である。孔先生は聖人の歴史的総合型である。孔先生は聖人のもろもろの型を集めて総合した人といってもよい。集めて総合するとは、音楽を奏するとき、まず金属の打楽器の鐘を鳴らし、最後に玉の打楽器である磬《けい》を鳴らすようなものだ。金属の打楽器である鐘を鳴らすのは、節奏のきっかけをつくるのだ。玉の打楽器の磬を鳴らすのは、節奏を終結させるのだ。節奏をはじめることは理性の仕事に属する。節奏を終結させることは聖の仕事に属する。理性はたとえていえば技巧のようなものだ。聖はたとえていえば力のようなものだ。百歩以上の距離で遠射をするとする、そこまで届くのは君の力であり、的中するのは君の力ではなくて、技巧によるものなのだ」

注

(1)『論語』『孟子』にたびたび出てくる殷末の賢人。『論語』では伯夷・叔斉《しゅくせい》の兄弟として出てくるが、『孟子』では伯夷ひとりであらわれる。孤竹《こちく》君の嗣子《しし》でありながら、弟に国を譲って殷につかえ、暴君紂王《ちゅうおう》に愛想をつかして周の文王に帰し、周の武王が殷の紂王を討ったのに反対し、首陽山《しゅようざん》に隠れて餓死したといわれる。

とになる。

(2)「頑」はかどのないことが原義である。なまくらでしまりがなく、ものをほしがる欲張りが頑夫。「廉」はかどがあり、けじめがはっきりし、取るべき筋合いでない金を取らないこと、つまり清廉な人ということになる。

(3)気の弱い人間。

(4)有莘氏《ゆうしん》の娘の料理番として、娘について殷の湯王《とうおう》につかえ大臣になった。殷王朝開国の功労者とされる。

(5)はだ脱ぎになること。

(6)丸裸になること。

(7)「淅」は米を洗ったとぎ汁。といで洗った米をたく間もなく、そのまま持って出発したのである。

孟子は、世に伝承されている伯夷《はくい》・伊尹《いいん》・柳下恵《りゅうかけい》の三聖人の行動は矛盾しているが、清潔型・責任感型・調和型と定義して、それぞれ独特のものとして認めたうえで、その諸聖人の歴史的総合型として孔子を規定した。集大成つまり歴史的総合として孔子を理解する点に、『春秋《しゅんじゅう》』学に詳しかった孟子の歴史哲学的な観点がはっきりとあらわれている。孟子の孔子を賛美した最後の段は、『孟子』のなかでも指折りの名文とされている。

孟子の就職観

〔五〕 孟子曰《い》わく、「仕《つか》うるは貧《ひん》の為《ため》にするに非《あら》ざるなり。而《しか》れども時ありてか貧の為にす。妻を娶《めと》るは養《やしな》いの為にするに非ざるなり。而れども時ありてか養いの為にす。貧の為にする者は、尊《たつと》きを辞して卑《いや》しきに居り、富を辞して貧しきに居るべし。尊きを辞して卑しきに居り、富を辞して貧しきに居るには、悪《いずく》か宜《よろ》しき。抱関撃柝《ほうかんげきたく》(1)なり。孔子嘗《かつ》て委吏《いり》(2)と為《な》る。『会計《かいけい》当たらんのみ』と曰えり。嘗《かつ》て乗田《じょうでん》(3)と為る。『牛羊《ぎゅうよう》茁《さつ》(4)として壮長《そうちょう》せんのみ』と曰えり。位《くらい》卑しくして言《げん》高きは、罪なり。人の本朝《ほんちょう》に立ちて道行なわれざるは、恥なり」

孟先生がいわれた。

「就職は貧乏のためにするものではないが、時々貧乏のために就職することもある。妻をめとるのは父母に孝養をつくしてもらうためではないが、時々は父母に孝養をつくしてもらうためにめとることがあるのと同じである。貧乏のために就職するものは、高い役を辞退して低い役につき、待遇のよい職を辞退して待遇の悪い職につくのがよい。高い役を辞退して低い役につき、待遇のよい職を辞退して待遇の悪い職についているならば、どんなところにいてもかまわないではないか。門番でも夜回りでもいいのだ。孔先生が若い時分に倉庫の管理の役人になられたとき、『倉から積み出し、積み込む数量がきっちりと合っているようにすればそれでよろしい』といわれた。孔先生はまた家畜を管理する役人になられたとき、『牛も羊もむくむくと肥えてくれればそれでよろしい』といわれた。低い職について高遠な議論をするのは越権であるとともに、高官として一国の朝廷に立ちながら、自己の主義を主張し実行できないのは恥辱である」

注

(1)門には横木(関)が渡されている。「抱関」はこの横木を抱きかかえる者、それが門番である。「柝」は拍子木、「撃柝」は拍子木をたたいて回る夜警のことである。
(2)倉庫に積まれた穀物などを管理する小役人。
(3)家畜を飼っている牧場を管理する役人。
(4)草木の芽が出ることから、牛羊の成長し肥えることを形容する。

尚論・尚友

〔八〕孟子、万章に謂《い》いて曰わく、「一郷《いちきょう》の善士《ぜんし》は、斯《すなわ》ち一郷の善士を友とす。一国の善士は、斯ち一国の善士を友とす。天下の善士は、斯ち天下の善士を友とす。天下の善士を友とするを以《もっ》て、未《いま》だ足らずと為《な》すや、また古《いにしえ》の人を尚論《しょうろん》す。その詩を頌《しょう》し、その書を読むも、その人を知らずして可ならんや。是《こ》れを以てその世を論ず。是れ尚友《しょうゆう》なり」

孟先生が万章に向かって、話された。

「ある郷村で優秀な人物は、他の郷村の優秀な人物を友達とする。ある国で優秀な人物は、他の国家の優秀な人物を友達とする。天下で優秀な人物は、同じ天下で優秀な人物を友達とする。天下で優秀な人物を友達としてまだ物足りないときは、さかのぼって歴史上の人物を議論することになる。詩歌を暗唱し、書物を読むだけで、これを著作した人物のことを知らなくては、どうしてもだめだ。そこで、その人物の生きていた時代について議論することが必要となる。これが尚友、つまり歴史上の人物と友達となるということである」

私は、『孟子』というこの書物を、孔子・孟子との人間的な触れ合いの場として役立てねばならない、と考える。私はそのために、孔子と孟子の世、つまり時代的背景を重視して解説してきた。みなさんもどうか『孟子』を、孔子・孟子を尚友とするように読んでいただきたい。

譜代の大臣・外様の大臣

〔九〕斉《せい》の宣王、卿《けい》を問う。孟子曰《い》わく、「王何の卿をこれ問うや」。王曰わく、「卿同じからざるか」。曰わく、「同じからず。貴《き》戚《せき》の卿あり。異《い》姓《せい》の卿あり」。王曰わく、「貴戚の卿を請い問う」。曰わく、「君、大過あれば則ち諌《いさ》む。これを反覆《はんぷく》して聴かざれば則ち位を易《か》うと」。王、勃然《ぼつぜん》として色《いろ》を変ず。曰わく、「王異《あや》しむこと勿《な》かれ。王、臣に問う。臣敢《あ》えて正《せい》を以て対《こた》えずんばあらず、と」。王、色定《さだ》まり、然《しか》る後に異姓の卿を請い問う。曰わく、「君過《あやま》ちあれば則ち諌め、これを反覆して聴かれざれば則ち去る」

斉の宣王が、卿《けい》つまり大臣について質問されたが、孟先生は反問された。

「王様はどういう大臣についてお問いになっているのですか」

王がいわれた。

「大臣に種類があるのか」

「そうです。譜代《ふだい》の大臣があり、外様《とざま》の大臣があります」

王がいわれた。

「まず、譜代の大臣についてご説明をいただきたい」

「主君に大過失があったとします。諌言《かんげん》を申し上げ、いくら繰り返して申し上げても聞きとどけられないときは、主君の退位をおこないます」

宣王は、突然、顔色を変えて怒られた。孟先生はいわれた。

「王様、あまり気にかけられませんように。王様がわたしにお問いになったので、わたしはついほんとうのことをお答えしないわけにはいかなかったのです」

王の顔色がややおさまって、外様の大臣について質問されたので、孟先生が答えられた。

「主君に過失がありますと、諫言を申し上げます。繰り返し諫言を申し上げて、聞きとどけられないと辞職します」

この問答を読んでいると、孟子は少し宣王の信頼になれ、信頼されていることをいいことにして、思いきってものをいいすぎているところがある。戦国時代の譜代の大臣は、ひどい暗君が出てきたら、国家のため協力してこれを退位させることが例であったのかもしれない。しかし、こういうことを王に告げることが、王にたいへんなショックを与えることになることを、孟子は計算しなかったのは、たしかにまずかった。

第十一巻　告子《こくし》章句　上

告子という篇名が示すように、告子という楊朱《ようしゅ》の系統の感覚論者にたいする論争が中心となっている。感覚論の立場に立って、人間の本性は善でも悪でもないとする告子の学説にたいして、儒教の倫理主義に立つ孟子は人間の性は本来善であり、この素質を育て上げれば、人間だれでも善人となるという性善説《せいぜんせつ》を防衛するため大論戦を展開する。これは『孟子』のなかで理論的に重要な部分である。ここではもとの第一・第二・第三・第四・第六・第七の各章をはじめ、もとの第十五・第十六の八章を紹介した。

人間の本性

〔一〕　告子《こくし》(1)曰《い》わく、「性《せい》は猶杞柳《なおきりゅう》(2)のごとく、義は猶桮棬《はいけん》(3)のごとし。人の性を以《もっ》て仁義を為《な》すは、猶杞柳を以て桮棬を為《つく》るがごとし」。孟子曰わく、「子《し》は能《よ》く杞柳の性に順《したが》いて、以て桮棬を為《つく》るか。将《ある》いは、杞柳を戕賊《しょうぞく》して、而《しか》る後以て桮棬を為《つく》るか。如《も》し将《ある》いは、杞柳の戕賊して、以て桮棬を為らば、則《すなわ》ち亦《また》将いは、人を戕賊して、以て仁義を為すか。天下の人を率いて、仁義に禍《わざわ》いする者は、必ず子の言なるかな」

告子がいった。

「性はたとえば杞柳《こぶやなぎ》のようなもので、義はたとえば杞柳でつくった曲げ物の器のようなものだ。人間の本性をためて仁義にかえるのは、ちょうど杞柳をたわめて曲げ物の器をつくるのと同様である」

孟先生が答えられた。

「あなたは杞柳の性質にしたがって曲げ物の器をつくるのか、それとも杞柳の本性を殺して曲げ物をつくるのか、どちらだ。もし杞柳の性質をためて曲げ物をつくるのだとすると、人間を殺害して仁義をなすと考えるのではないか。君の主張こそ、きっと天下の人を残らずひきつれて、仁義を害するものだ」

注

(1)名は不害《ふがい》。墨子の弟子、孟子より少し先輩。

(2)こぶやなぎ。柳の一種。

(3)木の薄板を曲げてつくった杯・盆など。

告子は、人間の性は本来悪であって、その性を仁義によって矯《た》めれば道徳的になると信じた。これにたいし、人間の性は本来善で、それを自然に伸ばせば道徳的になると信じた孟子とは対立し、しばしば論戦を交えた。これはその第一の論争である。

告子は人間の本性を杞柳にたとえ、仁義を曲げ物にたとえた。杞柳は桮棬の材料ではあるが、桮棬そのものではない。仁義は桮棬が杞柳を素材にしてつくられたように、人性を素材としてできたもので、人性そのものと異なると主張している。これにたいして孟子は、告子の論法が木を切り倒し、木屑《きくず》にしてしまって桮棬をつくるように理解しているのだろう。それでは人間を殺してはじめて仁義ができるというのに等しいとして、比喩《ひゆ》を逆用して反論する。告子は人間の本性はたんに素材であり、仁義はこれを材料として形成されたものであるとして区別しているだけである。材料から形成物ができる過程についてはなんとも発言していない。これにたいして、木の本性にしたがって器物をつくるのか、本性を否定してつくるのか、そのどちらかとすれば、告子の説は後者、本性にしたがわずに、本性を殺してつくるほうに属するから、人間を殺して仁義をなすことになると断定する。かりに告子のほうから、本性にしたがって器物をつくるというがどうしてつくるのだ、本性だけにしたがってでは永久に器物をつくることができないではないかと反論されたら、孟子はいかに答えるのだろうか。仁義は本性を全面的に否定するのではなくて、本性を部分的に制限することだというのが、むしろ告子の本旨ではなかろうか。この点では、告子と孟子との議論はまったくかみ合っていないといえるだろう。

人間の善・不善

〔二〕　告子曰《い》わく、「性は猶湍水《なおたんすい》(1)のごとし。諸《これ》を東方に決《けっ》すれば、則《すなわ》ち東流し、諸《これ》を西方に決すれば、則ち西流す。人性の善・不善を分かつことなきは、猶水の東西を分かつことなきがごときなり」。孟子曰わく、「水は信《まこと》に東西を分かつことなきも、上下を分かつことなからんや。人性の善なるは、猶水の下《ひく》きに就《つ》くがごときなり。人、善ならざることあることなく、水、下らざることあることなし。今夫《そ》れ水は、搏《う》ちてこれを躍《おど》らさば、顙《ひたい》を過ごさしむべく、激してこれを行《や》れば、山に在《あ》らしむべし。是《こ》れ豈《あに》水の性ならんや。その勢い則ち然《しか》るなり。人の不善を為《な》さしむべき、その性も亦《また》猶是くのごときなり」

告子がいった。

「人間の性は、早瀬のぐるぐる回っている巻き水のようなものだ。東に切って落とすと東に流れる、西に切って落とすと西に流れる。人間の本性に善・不善の区別があるわけではない。それは水の落ちるのに東西の方向の区別がないのと同じである」

孟先生がいわれた。

「水は君のいうように東西の方向を区別はしないが、高低の区別はしないとはいえぬ。人の本性が善におもむくのは、水が低いほうに流れるのと同じだ。しかし、人間だってもちろん善におもむかないこともあれば、水だって低いほうに流れないこともある。たとえば水をはね飛ばすと、人間の額を越させることもできるし、水をせき上げると、山に上げることもできる。しかし、これが水の本性であるはずがない。外から力が加わってそうさせただけである。人間に不善の行為をさせるようにするのは、本性のためでなくて、外力のせいなのだ」

注

(1)谷川の早瀬の水、とくに早瀬でぐるぐる渦《うず》を巻いている水。

第二の論戦は水の流れ方についての比喩からはじまるが、孟子の反論はきわめて適切である。

人間の生と性

〔三〕　告子曰《い》わく、「生《せい》これを性《せい》と謂《い》う」。孟子曰わく、「生これを性と謂うは、猶白《なおはく》これを白と謂うがごときか」。曰わく、「然《しか》り」。「羽《はね》の白きを白しとするは、猶雪の白きを白しとするがごとく、雪の白きを白しとするは、猶玉の白きを白しとするがごときか」。曰わく、「然り」。「然らば則《すなわ》ち、犬の性は、猶牛の性のごとく、牛の性は、猶人の性のごときか」


告子がいった。

「生きることを性という」

孟先生がいわれた。

「生きることを性とよぶのは、白いものを白とよぶのとかわりはないか」

告子が答えた。

「そうだ」

孟先生がいわれた。

「白い羽根の白さは、白雪の白さと同じく、白雪の白さは、白玉の白さと同じか」

告子が答えた。

「そうだ」

孟子がいった。

「それなら、犬の性は牛の性と同じで、牛の性は人間の性と同じということになるではないか」

告子は生と性とが同じ発音であるところから、生すなわち性であるといった。生命あるものが自然に生きること、それが性であって、根源的な性には善も不善もなく、生物的なものであるのが本質だとする。これにたいして孟子は、白羽・白雪・白玉の白さがかわらないことを確認させてから、これでは犬も牛も人間も、性にかわりはないことになると非難する。無生物についての白さという形容詞と、犬・牛・人間などのような生命あるものの性とは、ひじょうに性質が違っている。前者の「白い」ということは述語であり、後者の性は主語であるから、論理的にもまったく異質である。孟子と告子との議論は、ここでもじゅうぶんにかみ合っていない。

仁内義外

〔四〕　告子曰《い》わく、「食と色とは性《せい》なり。仁《じん》は内《うち》なり、外《そと》に非《あら》ざるなり、義《ぎ》は外なり、内に非ざるなり」。孟子曰わく、「何を以《もっ》て仁は内、義は外と謂《い》うか」。曰わく、「彼長《ちょう》じて我これを長とす、我に長あるに非ざるなり。猶《なお》彼白くして我これを白しとするがごとし。その白きは外に従う。故にこれを外と謂うなり」。曰わく、「異なれり。馬の白きを白しとするは、以て人の白きを白しとするに異なることなし。識《し》らず、馬の長を長とするは、以て人の長を長とするに異なることなきか。且《か》つ謂《おも》え、長ずる者義か、これを長とする者義か」。曰わく、「吾が弟は則《すなわ》ちこれを愛し、秦人《しんひと》の弟は則ち愛せざるなり。是《こ》れ我を以て悦《よろこ》びを為《な》す者なり。故にこれを内と謂う。楚人《そひと》の長を長とし、亦《また》吾の長を長とす。是れ長を以て悦びを為す者なり。故にこれを外と謂うなり」。曰わく、「秦人の炙《しゃ》を耆《たしな》むは、以て吾が炙を耆むに異なることなし。夫《そ》れ物は則ち亦然《またしか》る者あるなり。然らば則ち炙を耆むも亦外とするあるか」

告子がいった。

「食欲と性欲は生まれながらの性なのである。あなたのやかましくいう仁は、なるほど性の内に含まれ、性の外には存しない。しかし、義にいたっては性の外にあって、性の内に含まれるものではない」

孟先生が聞かれた。

「あなたはなぜ仁を内にあるとし、義を外にあるとされるのか」

告子が答えた。

「彼は自分より年上である。自分は彼を年上としてそれを敬《うやま》う。この敬う心は、がんらい自分の内にそなわっていたのではない。それはたとえば、彼が色白であり、自分がその色白を好ましく思うのと同じだ。白さは外に客観的に存在しているので、それによって白いと認めるのだから、外だというのだ」

孟先生がいわれた。

「それはちがっている。なるほど馬の白いのを白いと見るのは、人間の白いのを白いとするのとちがいはない。しかし、馬の年上を年上とすることは、人間の年上を年上とするのとはちがいがありそうではないか。それにもうひとつ答えてほしい。彼が年長であることが義なのか、彼を年長として自分が認め敬うことが義なのか、どちらだ」

告子が答えた。

「自分の弟は愛するが、遠国の秦《しん》国人の弟は愛せない。これは自分が心でうれしく思うか否かによっているから、愛すなわち仁を内だというのだ。遠い楚《そ》国の人の年上は年上と認め敬うことができるし、自分の家の年上を年上として敬うこともできる。だから長を長とすること、つまり義は外にあるというのである」

孟先生は答えられた。

「遠国の人というが、秦国人が焼肉を好むのは、自分が焼肉を好むのとまったくちがいはない。ものにはこんなものがたくさんある。焼肉をだれでも同じように好むのは、あなたの論法によると、外にあるということになる。それでもよいのか」

告子は「生は性なり」ということについて、孟子が理解できないので、さらに説明を加えた。性とは生きること、つまり食欲と性欲とをさしているとする、つまり本能を性と認める。そして孟子の尊重している仁義のうち、仁は愛する心であるから、性欲のなかに入れて性の内にあるとし、義のほうは社会的身分に関係するから、性の外にあると考えた。これにたいする孟子の反論は、この時代の論理学者がよく問題にした「白馬は馬にあらず」などの論弁からヒントを得て、白馬の白さを問題にする。白馬の白さは客観的であって、人間の白さとかわらないから、外にあるものだといえるが、人間の年長と馬の年長とはちがっている。人間の年長という客観的な事実に意味があるのか、他人を年長としてこれを敬うという行為のほうに意味があるのかと反問する。もし後者ならば、年長を尊《とうと》ぶこと、つまり義は外にあるのではなく、内にあるのだと主張するのである。

これにたいして告子は、身近にいる自分の弟を愛して、遠くの秦国の弟を愛せないのは、心からよろこんで愛することができないからで、そこから愛すなわち仁は、自分の内にあるのだとする。また楚国の年長者も、自分の家の年長者も、同じように長として仕えることができる。年長という客観的な社会的身分にたいしてつかえるのであるから、外にあるものにたいするものである。したがって、義は外にあるのだと答える。ここまでの議論では、告子は孟子の非難にたいして、ともかくも一歩も引かず、正面から答弁し、告子と孟子の議論は完全にかみ合っている。そして告子が優勢である。ところが、最後の孟子の結論にいたって、またもやまったくおかしなことになり、議論がかみ合わない。秦国人が焼肉を好むのも、自分が焼肉を好むのもちっともかわらないと孟子はいうが、それは食と色とを性とする告子の前提を認めることになる。孟子の弁論は、最後にいたってまったく馬脚をあらわしたといえるだろう。

善か悪か

〔六〕 公都子《こうとし》曰わく、「告子《こくし》、性《せい》は善もなく不善もなしと曰い、或《あ》るひと、性は以《もっ》て善を為《な》すべく、以て不善を為すべし。是《こ》の故に文・武興《おこ》れば則《すなわ》ち民《たみ》善を好み、幽《ゆう》・厲《れい》興れば則ち民暴《ぼう》を好むと曰い、或るひと、性善なるあり、性不善なるあり。この故に堯《ぎょう》を以て君と為《な》して象《しょう》あり、瞽瞍《こそう》を以て父と為して舜《しゅん》あり、紂《ちゅう》を以て兄弟と為し、且《か》つ以て君と為して、微子啓《びしけい》・王子比干《おうしひかん》ありと曰えり。今、性は善なりと曰う、然《しか》らば則ち彼は皆非《ひ》なるか」。孟子曰わく、「若《も》しその情《じょう》は則ち以て善と為すべし、乃《すなわ》ち(1)所謂《いわゆる》善なり。若《も》し夫《か》の不善をなすは、才《さい》(2)の罪に非《あら》ざるなり。惻隠《そくいん》の心は、人皆これあり。羞悪《しゅうお》の心は、人皆これあり。恭敬《きょうけい》の心は、人皆これあり。是非の心は、人皆これあり。惻隠の心は仁《じん》なり。羞悪の心は義なり。恭敬の心は礼なり、是非の心は智なり。仁義礼智は、外より我を鑠《かざ》る(3)に非ざるなり。我固《もと》よりこれを有するなり、思わざるのみ。故に、『求むれば則ちこれを得《え》、舎《す》つれば則ちこれを失う』と曰えり。或《ある》いは相倍蓰《あいばいし》して算なき者は、その才を尽くす能わざればなり。詩に、『天の蒸民《じょうみん》を生ずる、物あれば則《のり》あり(4)。民の夷《い》(5)に秉《したが》うや、是の懿徳《いとく》を好む』と曰えり。孔子は、『この詩を為《つく》れる者は、それ道を知るか』と曰えり。故に物あれば必ず則《のり》あり。民の夷に秉うや、故《もと》より是の懿徳を好むべきなり」と曰《のたま》えり。

公都子がいった。

「告子は人間の本性は善でもなく、悪でもないといいます。ある人は人間の性は善もすることができるし、悪もすることができる。それゆえ、周の文王・武王が出現すると、人民は善を好み、幽王《ゆうおう》・厲王《れいおう》が出現すると、人民は暴虐を好んだといいます。また、本性が善の人もあれば、悪の人もある。それゆえ、堯《ぎょう》のような聖人を主君とした臣のなかに象《しょう》のようなものがあり、瞽瞍《こそう》のようなものを父としながら舜のような聖人が生まれ、紂《ちゅう》王のような横暴なものを兄弟とし、また君主と仰ぎながら、微《び》子《し》啓《けい》・王子《おうし》比《ひ》干《かん》が出てきたと申します。今先生は人間の本性は善だといわれます。それならば、先にあげた人たちはみなまちがっているのですか」

孟先生がいわれた。

「人の生まれつきの情からすると、たしかに善とすることができる。それがわたしのいう人の性は善だということである。悪をなすものがあっても、それは素質のせいではない。なぜならば、同情心は人間だれもがもっている。羞恥《しゅうち》心も人間だれもがもっている。尊敬心も人間だれもがもっている。是非の分別心もまた、人間だれでもがもっている。同情心は仁であり、羞恥心は義であり、尊敬心は礼であり、是非の分別心は智である。仁・義・礼・智は、外部から自分に飾りつけたものではなくて、自分が本来もっているものでありながら、ただ自覚しないために、悪をおこなうようになるのである。そこで『求めれば手に入れることができるが、捨てておくとなくなってしまう』といわれる。そうして人間と人間との差が、二倍・五倍さらに無限の倍数になるのは、素質をじゅうぶんに発揮するかどうかによっている。『詩経《しきょう》』に、『天が万民を生んで、物それぞれに法を与えたもうた。人民は不変の法を保持して、優美な徳を愛好する』といっている。孔先生が、『この詩の作者は、道をよく理解しているね』と批評されたが、じっさい天が物それぞれに法則を与えられたので、人民が不変の法を保持するのであり、またそこから優美な徳を好むようになったのである」

注

(1)下の「若夫」と同じで、「あの……のようなものがある」という意味あいである。
(2)「材」と同じで、原料がもとの意味。ここでは素質を意味する。
(3)注釈家に異説が多いが、伊藤仁斎の「飾る」と読んだのが適訳である。
(4)『詩経』大雅の烝民篇の句である。
(5)『詩経』は「彝」としてある。いつまでも不変なものというのが原義である。

人間の性が本来善であるか悪であるかについてのこの公都子との問答は、孟子の立場を表明したものとして重要である。ただここに出てくる情・才などのことばの意義がはっきりしていないのは弱点である。

心の一致点

〔七〕孟子曰《い》わく、「富歳《ふさい》には子弟頼《らい》(1)多く、凶歳《きょうさい》には子弟暴《ぼう》多し。天の才を降《くだ》すこと爾《かくのごと》く殊《こと》なるに非《あら》ざるなり、その心を陥溺《かんでき》せしむる所以《ゆえん》の者然《しか》るなり。今夫《そ》れ麰麦《ぼうばく》(2)、種を播《ま》きてこれを耰《おお》(3)わんに、その地同じく、これを樹《う》うるの時もまた同じければ、浡然《ぼつぜん》として生じ日《にっ》至《し》(4)の時に至りて皆熟せん。雖《も》し同じからざるあらば、則ち地に肥磽《ひこう》(5)あり、雨露の養い、人事の斉《ひと》しからざればなり。故に凡《すべ》て類《るい》を同じくする者は、挙《みな》相似たり。何ぞ独《ひと》り人に至りてこれを疑わん。聖人も我と類を同じくする者なり。故に龍子《りゅうし》は、『足《あし》を知らずして屨《くつ》を為《つく》るも、我その蕢《あじか》を為らざるを知る』と曰えり。屨の相似たるは、天下の足同じければなり。口の味《あじ》に於《お》ける、同じき耆《たしな》みあり。易牙《えきが》(6)は先ず我が口の耆む所を得たる者なり、如《も》し口の味に於ける、その性、人と殊なること、犬馬の我と類を同じくせざるが若《ごと》くならしめば、則ち天下何ぞ耆むこと、皆易牙の味に従わんや。味に至りては、天下易牙に期す。是《こ》れ天下の口相似たればなり。耳と惟《いえど》も亦然《しか》り。声に至りては、天下師曠《しこう》に期す。是れ天下の耳相似たればなり。目と惟も亦然り。子都《しと》(7)に至りては、天下その姣《こう》を知らざる莫《な》きなり。子都の姣を知らざる者《ひと》は、目なき者なり。故に曰わく、口の味に於ける、同じく耆むことあり。耳の声に於ける、同じく聴くことあり。目の色に於ける、同じく美とすることあり。心に至りては、独《ひと》り同じく然りとする所なからんや、と。心の同じく然りとする所の者は何ぞや。謂《い》わく、理なり、義なり。聖人は先ず我が心の同じく然りとする所を得たるのみ。故に理義の我が心を悦ばすは、猶芻豢《すうかん》(8)の我が口を悦ばすがごとし」

孟先生がいわれた。

「豊年には怠《なま》け者の少年がふえ、不作の年には暴行少年がふえるのは、天が生まれる人間に与える素質にそれほど差異があるからではなく、彼らの心を堕落させる影響のちがいによるものである。たとえば大麦の種をまき、土をかぶせるとする。同じ土地に同時に植えたら、むくむくと育ち、夏至《げし》になるとみな実るであろう。もし一様にいかないとすれば、地味《ちみ》に肥えたのとやせたのとの差異があり、雨や夜露の降りぐあい、農地の手入れの良否があるからである。このように類の同じものはすべて似ているのに、人間だけが似ていないと疑うのはなぜだろうか。聖人だってわれらと同類の人間ではないか。龍子《りようし》も、『人の足の形を知らずにわらじを編んでも、けっして蕢《もっこ》にはならない』といっている。わらじの形が似ているのは、天下の人の足の形が同じであるからである。口は味について同じような嗜好《しこう》をもっている。料理の名人の易牙《えきが》は、この嗜好を人より先に見つけただけにすぎない。かりに人の口によって嗜好がそれぞれまったく違っていて、まるで犬・馬とわれわれ人間ほどの差があるとしたら、天下の人の嗜好が、易牙のつけた味に一致することはあるまい。ひとたび味のこととなると、天下の人が残らず易牙を目当てにすることは、天下の人の味覚が似ている証拠である。耳でも同じである。声のこととなると、天下の人がみな師曠《しこう》を目当てにするのは、天下の人の聴覚が似ているからである。目も同じである。子都《しと》になると、天下の人でその美男子であることを認めない者はない。子都の美男子であることを認めない者は、盲目にちがいない。そこで、口は料理に関して同一の嗜好をもつ。耳は音楽について同一の鑑賞をする。目は人間の顔について同一の美感を感じる。人間の心にしても、どうしてこれだけ一致しないはずがあろうか。でも心が一致する点はどこにあるのか。それが理であり、義であるのだ。聖人はわれわれの心の一致点をだれよりも先につかんでいるだけなのである。だから、理と義とがわれわれの心を喜ばせるのは、牛・羊・犬・豚の肉がわれわれの口を喜ばせるのと、すこしもかわらないのである」

注
(1)「懶《らん》」つまり怠け者。
(2)大麦。

(3)種をまいたあとに土をかけること。
(4)夏至。
(5)「磽」は石砂が多く、やせている土地。
(6)斉の桓公がお気に入りの料理人。
(7)春秋時代、鄭《てい》の荘《そう》公の愛した小姓。
(8)草食獣つまり牛・羊が「芻」、穀食獣つまり犬・豚が「豢」である。

人間の心にも一致点があり、人間は理・義によって、真偽・善悪について同一の判断をくだす。それを、味覚・音感・美感について人々の意見が一致することから類推する。性善説から進んで、人間の真理・正義についての判断が一致すると説くこの孟子のことばは、カント哲学でいえば、先験《せんけん》的なものに当たるであろう。この点で孟子の弁証は、現代でも通用する。

理性の重要さ

〔十五〕 公都子《こうとし》問いて曰《い》わく、「鈞《ひと》しく是《こ》れ人なるに、或《ある》は大人《たいじん》と為《な》り、或は小人《しょうじん》と為るは、何ぞや」。孟子曰わく、「その大体《だいたい》に従えば大人と為り、その小体に従えば小人と為る」。曰わく、「鈞しく是れ人なるに、或はその大体に従い、或は、その小体に従うは、何ぞや」。曰わく、「耳目《じもく》の官は、思わずして物に蔽《おお》わる。物、物に交われば、則《すなわ》ちこれを引くのみ。心の官は則ち思う。思えば則ちこれを得るも、思わざれば則ち得ざるなり。これ天の我に与うる所の者なるも、先《ま》ずその大なる者を立つれば、則ちその小なる者奪う能《あた》わざるなり。これ大人と為すのみ」

公都子がおたずねした。

「同じ人間でありながら、ある人は大人《たいじん》となり、ある人は小人《しょうじん》となるのは、どういうわけなんでしょうか」

孟先生が答えられた。

「肉体の大きなもの、つまり主要な部分の要求にしたがうと大人となり、肉体の小なるもの、つまり末梢《まっしょう》的な部分の要求にしたがうと小人となるのだ」

「同じ人間でありながら、ある人は肉体の主要な部分の要求にしたがい、ある人は末梢的な部分の要求にしたがうようになるのは、なぜでしょうか」

「耳と目の器官は考える能力をもたないので、外物にくらまされる。外物と外物が混ざり合って、耳目の器官を引きつけて混乱させる。心の器官は考える能力を備えており、考えれば対象をつかまえるが、考えないと対象をつかまえることができない。天がわれわれ人間に与えてくれた肉体のうちで、まずその大なるもの、つまり心の上によって立つと、小なるものつまり耳目は、心を引き離すことができなくなる。そこで大人となるだけなのだ」

人間は耳目つまり感覚に引きずられてはならない。心つまり理性の判断の上にしっかりと立って、確固とした信念によって行動すれば、大人つまり高い道徳を備えた人となり、支配者となることができると説いた。孟子が、楊朱《ようしゅ》らの感覚論にたいして、精神の思考を重要視する理性主義の立場をあきらかにしたことばである。

天爵と人爵

〔十六〕　孟子曰《い》わく、「天爵《てんしゃく》なる者あり、人爵なる者あり。仁義忠信、善を楽しみて倦《う》まざるは、これ天爵なり。公《こう》・卿《けい》・大夫《たいふ》は、これ人爵なり。古《いにしえ》の人は、その天爵を脩《おさ》めて、人爵これに従えり。今の人は、その天爵を脩《おさ》めて、以て人爵を要《もと》む。既《すで》に人爵を得て、その天爵を棄《す》つるは、則《すなわ》ち惑《まど》えるの甚《はなは》だしき者なり。終《つい》には亦《また》必ず亡《うしな》わんのみ」

孟先生がいわれた。

「天から与えられた爵つまり天爵というものもあれば、人間から与えられた爵つまり人爵というものがある。仁・義・忠・信の徳を備えて、善行を楽しんでちっとも飽きないのが天爵である。公・卿・大夫などという身分が人爵である。昔の人は自分で天爵を修業していて、人爵がこれについてきた。現在の人は天爵を修業して、人爵を得ようとする。すでに人爵を得てしまうと、天爵を捨ててしまう人があるのは、たいへんな考え違いで、それでは、人爵のほうもついに失うことになるだけだ」

この天爵・人爵についての孟子の考えは、深い教訓を含んでいる。現代でも、ときに天爵・人爵の語が用いられることがある。

第十二巻　告子章句　下

ここでは、孟子の歴史観の基本を示すものとして、きわめて重要な意義をもっている第七章と第九章の二章を紹介する。

『春秋』の解釈

〔七〕　孟子曰《い》わく、「五《ご》覇《は》(1)は、三王(2)の罪人《ざいにん》なり。今の諸侯は、五覇の罪人なり。今の大夫《たいふ》は、今の諸侯の罪人なり。天子の諸侯に適《ゆ》くを巡狩《じゅんしゅ》と曰い、諸侯の天子に朝《ちょう》するを述職《じゅっしょく》と曰う。春は耕すを省《かえり》みて足らざるを補い、秋は斂《おさ》むるを省みて給《た》らざるを助く。その疆《さかい》に入りて、土地辟《ひら》け、田野治まり、老を養い、賢を尊《たっと》び、俊傑位《くらい》に在《あ》れば、則《すなわ》ち慶《けい》あり。慶するに地を以てす。その疆に入りて、土地荒蕪《こうぶ》し、老を遺《す》て賢を失い、掊克《ほうこく》位に在れば、則ち譲《せ》(3)めあり。一たび朝せざれば、則ちその爵《しゃく》を貶《おと》し、再び朝せざれば、則ちその地を削り、三たび朝せざれば、則ち六師《りくし》(4)これを移す。是の故に天子は討《とう》じて伐《う》たず、諸侯は伐ちて討ぜず。五覇は諸侯を摟《ひ》きて以て諸侯を伐つ者なり。故に、五覇は三王の罪人となり、と曰うなり。五覇は桓公《かんこう》を盛なりと為す。葵丘《ききゅう》の会《かい》(5)に、諸侯牲《いけにえ》を束《つか》ね(6)、書を載せて(7)血を歃《すす》らず(8)。初命に曰わく、『不孝を誅《ちゅう》し、樹子《じゅし》を易《か》うることなかれ。妾《しょう》を以て妻と為すことなかれ』、と。再命に曰わく、『賢を尊び才を育《やしな》いて、以て有徳を彰《あら》わせ』、と。三命に曰わく、『老を敬《うやま》い幼を慈《いつく》しみ、賓旅《ひんりょ》を忘るることなかれ』、と。四命に曰わく、『士は官を世《よ》にすることなかれ。官の事は摂《せつ》せしむることなかれ。士を取ること必ず得よ。専《ほしいまま》に大夫を殺すことなかれ』、と。五命に曰わく、『曲《つぶさ》に防《つつみ》をつくることなかれ(9)。糴《かいよね》を遏《とど》むることなかれ。封《ほう》ずることありて告げざることなかれ』、と。曰わく、『凡《およ》そ我が同盟の人、既《すで》に盟《ちか》えるの後は、言《ここ》に好《よしみ》に帰せよ』、と。今の諸侯は、皆この五禁を犯せり。故に、今の諸侯は五覇の罪人なり、と曰うなり。君の悪を長ずるは、その罪小なり。君の悪を逢《むか》うるは、その罪大なり。今の大夫は、皆君の悪を逢う。故に、今の大夫は今の諸侯の罪人なり、と曰うなり」

孟先生がいわれた。

「五覇は、大昔の三王の罪人である。現在の諸侯は、昔の五覇の罪人である。今の大夫《たいふ》は、今の諸侯の罪人である。大昔の制度では、天子が諸侯の本国に行幸されるのを巡狩《じゅんしゅ》と称し、諸侯から天子の都に朝貢《ちょうこう》するのを述職《じゅつしょく》と称する。春には農民の耕作の情況を親しく視察して、不足のものを補足し、秋には取り入れを視察して、不足のものを救済した。

国境を入ると土地が開拓され、田畑が整理され、老人をいたわり、賢者を尊び、すぐれた人才を役につけている諸侯には、恩賞があり、領地を賜《たま》わった。逆にその国境を越えると土地が荒れ果て、老人は忘れられ、賢者は見捨てられ、税をきびしく取り立てるものが役についている諸侯には、責任を問う。一度、期をはずして朝貢しない諸侯はその爵を下げ、二度朝貢しないと領地をけずり、三度朝貢しないと軍隊を出兵して、国替えを命じた。これが天子の巡狩、諸侯の述職の制度であって、天子は諸侯の罪は責めるが、自分で征伐はせず、諸侯は征伐はするが、罪を責めることはしない。五覇は諸侯を率いて、みずから諸侯を征伐した。それで、五覇は三王の罪人だといったのである。五覇のなかでは、斉《せい》の桓公が絶頂であった。葵丘の会議のとき、諸侯は犠牲《いけにえ》の牛を縛って神にささげただけで、屠殺《とさつ》はせず、その血を飲むことなく盟約の文書を定めた。第一条は、『不孝の太子は殺し、すでに定めた子を廃することなく、妾《めかけ》を夫人に昇格してはならない』、第二条は、『賢者を尊び、才能者を育て上げ、徳行ある者を表彰する』、第三条は、『老人を敬い、幼児をかわいがり、賓客《ひんきゃく》の接待を怠《おこた》らない』、第四条は、『士の官職は世襲させず、役所の職は兼任させず、士は必ず適材を採用し、大夫を独断で死刑にしない』、第五条は、『堤防を無制限に築くことなく、穀物の輸出を禁止せず、領地を恩賞するときは通告する』、最後に、『今日、会盟に参加したものは、すでにこの盟約を結んだ以後は、すべて以前の友好を回復しなければならない』と誓って散会した。現在の諸侯でこの五ヵ条の条約に違犯しないものはない。そこで今の諸侯は、五覇の罪人だといったのである。君主の過《あやま》ちをそのまま実行にうつすのは、罪としてはまだ小さい。君主にこびて過ちをさせるように仕向けるほうが、罪はずっと大きい。現在の大夫はみな君主にこびて過ちをさせるように仕向ける。だから今の大夫は、今の諸侯の罪人だといったのである」

注

(1)孟子がここで五覇にかぞえている覇者がだれであるかについては、春秋戦国から秦《しん》・漢時代にかけていろいろの説がおこなわれた。孟子は秦の穆《ぼく》公を覇者に加えた例があるので、斉《せい》の桓《かん》公、晋《しん》の文公、秦の穆公のほか、楚《そ》の荘王と呉王の闔閭《こうりょ》とのふたりを加えて五人としたか、または楚の荘王、宋《そう》の襄《じょう》公を加えて五人としたか、どちらかの説によったのだろうと推定される。
(2)夏《か》の禹《う》王《おう》、殷《いん》の湯王《とうおう》、周の文王。
(3)「責め」と同じ。
(4)六軍と同じ。天子の軍隊のこと。
(5)葵丘は河南省考城《こうじょう》県の東にあたる。前六五一年、斉の桓公は諸侯をこの地に招集して会盟をおこない、覇者となった。臣の覇者の主宰する会盟の模範とされている。
(6)本来は犠牲《いけにえ》を殺して神を祭るべきなのであるが、その犠牲を縛って神にささげるだけで、殺さないことをいう。
(7)「書」は会盟のときの盟約の文書をさす。「書を載せる」から「載書《さいしょ》」という熟語ができた。
(8)盟約のときは犠牲の血をすすり合うのが例だが、桓公はそれをおこなわなかったという。
(9)「曲」は曲げると普通読まれるが、国境に沿っていたるところに堤を造ることが曲である。そうすると、黄河のような各国をへて流れる大河は、逆流・横流して、他国を困らせることになる。

孔子の作ったという『春秋』とよばれる年代記をもとにして、『春秋』の歴史にたいする批判的解釈を説く公羊《くよう》学派が斉国でおこなわれていた。孟子はこの学派の影響を受け、『春秋』学に興味をもち、独自の歴史観を形成した。この孟子のことばは、『春秋』についての素養の深さをあらわすものである。

官僚軍人批判

〔九〕　孟子曰わく、「今の君に事《つか》うる者は皆、『我能《よ》く君の為に土地を辟《ひら》き、府庫《ふこ》を充たす』、と曰う。今の所謂《いわゆる》良臣は、古《いにしえ》の所謂民の賊なり。君、道に郷《むか》わず、仁に志さざるに、これを富まさんことを求むるは、是《こ》れ桀《けつ》(1)を富ましむるなり。『我能く君の為に与国《よこく》を約し、戦えば必ず克《か》たしむ』、と。今の所謂良臣は、古の所謂民の賊なり、君、道に郷わず、仁に志さざるに、これが為に強戦《きょうせん》せんことを求むるは、是《こ》れ桀《けつ》を輔《たす》くるなり。今の道に由《よ》りて、今の俗を変ずることなくんば、これに天下を与うと雖《いえど》も、一朝も居《お》る能《あた》わざるなり」

孟先生がいわれた。

「現代の君主につかえる者はみな、『私は主君のおんために領土をひろげ、国庫を充実します』という。これが現代のよい臣下なのだろうが、昔はこれを人民の賊とよんでいた。その君主を君主は道徳をもととする道に向かわず、仁徳を志さずに、ただ財貨を求める。その君主を富ますのだから、彼らは夏《か》の暴君の桀王を富まそうとするようなものだ。また彼らは、『私は主君のおんために同盟国をつくり、戦えば必ず勝ってみせます』という。現在のよい臣下を、昔は人民の賊とよんでいた。なぜなら、現在の君主は道徳をもととする道に向かわず、仁徳を志さずに、ただ戦争に力を注いでいる。彼らはそれを助けるのだから、まるで夏の桀王の手助けをしているようなものだ。このような現在のやり方をそのまま進め、現在の慣習を改革しなければ、たとえ天下を頂戴《ちょうだい》できても、一日といえども安穏《あんのん》でいることはできないだろう」

注

(1)夏王朝の末帝で、暴政をおこなったため殷《いん》の湯王《とうおう》に滅ぼされる。伝説上の暴君として有名である。

孟子は、戦国時代の列国の君主に奉仕する官僚軍人を痛烈に非難している。現代にも通用することばであろう。

第十三巻　尽心《じんしん》章句　上

「その心を尽くす」という第一章の初めの句を篇名としたこの巻は、短く断片的なことばが多く、合計四十六章を数える。しかし、短文ではあるが、洞察《どうさつ》と英知にあふれた名文がたくさん含まれている。ここではその珠玉のことばを六章紹介した。モラリストに終始したとされている孟子も斉《せい》国の首都臨淄《りんし》に集っている多様な思想家の影響を受けて、自然に形而上学的な発想をおこなっている。この意味では彼もやはり戦国時代の子であったし、また現代に通ずるものをもっているのである。

安心立命の根本

〔一〕　孟子曰《い》わく、「その心を尽くす者は、その性《せい》を知るべし。その性を知れば、則《すなわ》ち天を知るべし。その心を存し、その性を養うは、天に事《つか》うる所以《ゆえん》なり。殀寿《ようじゅ》(1)貳《たが》わず、身を脩《おさ》めて以てこれを俟《ま》つは、命《めい》を立つる所以なり」

孟先生がいわれた。

「自己の本心をじゅうぶんに発展させた人は、人間の本性をさとるであろう。人間の本性をさとれば、また天命をさとるにちがいない。なぜなら、人間の本心を保ち、人間の本性を育てることが、天に奉仕することであるからである。短命でもよく、長命でもよし、道徳を修行しながら、天命つまり寿命の尽きるのを静かに待っているのが、安心立命の根本であるからである」

注

(1)わかじにとながいき。

孟子の主意主義の人生観も、究極的には運命の諦観《ていかん》のうえに立っていることをよく表明している名文句である。おそらく孟子の晩年の心境を吐露《とろ》したものであろう。壮年時代の彼は、もっと野心に富んでいたのであるが、それが枯れてきたことを思わせる。第一段・第二段・第三段を、従来の注釈では並列的に読んでいた。第一段を主題とし、第二段・第三段はその理由説明としたのが、私の解釈である。これによって全文が立体的になり、論理の筋がはっきりしたと信じる。

人事を尽くして天命を待つ

〔二〕 孟子曰《い》わく、「命《めい》に非《あら》ざるは莫《な》きも、その正《せい》を順受《じゅんじゅ》すべし。是《こ》の故に命を知る者は、巌牆《がんしょう》の下《もと》に立たず。その道を尽くして死する者は、正命《せいめい》なり。桎梏《しっこく》して死する者は、正命に非ざるなり」

孟先生がいわれた。

「人生は運命に支配されないことはまれだから、すなおに天命の正しい裁《さば》きを受けなければならない。それにつけても天命をさとる人は、くずれかかった垣《かき》の下に立ったりはしない。(そんな所でみすみす圧死するのは、天命の正しい裁きにしたがうことではないからである) 道にしたがって全力を尽くして死ぬ人は、正しい運命を受けたのである。手かせ足かせをはめられ、獄死する人は、正しい運命を受けたのではない」

冒頭の「命に非ざるは莫し」は、論理学では否定の否定つまり肯定になる。しかし、中国古代の語法では、否定の否定は、かならずしも全面的な肯定ではなく、多少の例外を含んだ肯定である場合がある。この文章もそれに属する。そうでなければ、下文と続かないからである。正しい運命にたいしては、人事を尽くして天命を待たなければならない。人事を尽くさないで、くずれかかった垣根の下に立ってみすみす圧死することは、正しい天命を受けることにはならない。じゅうぶんな準備を整えないで、みすみす冬山などで死ぬことも、正しい天命ではないといえるだろう。孟子は運命論者ではあるが、人事を尽くして天命を待つ運命論者であるから、宿命論者ではない。ここに儒教の英知の伝統があるといえるだろう。

自我のなかにおいて求める

〔三〕　孟子曰《い》わく、「求むれば則《すなわ》ちこれを得《え》、舎《す》つれば則ちこれを失うは、是《こ》れ求むること得るに益《えき》あるなり。我に在《あ》る者を求むればなり。これを求むるに道あるも、これを得るに命あるは、是れ求むること得るに益なきなり。外《ほか》に在る者を求むればなりし」

孟先生がいわれた。

「求めると手に入れることができ、求めることを諦《あきら》めると失ってしまう、これは求めることが、手に入れることに役だつ場合であり、それは求める対象が、自我のなかに存在しているからである。求めるには一定の方式があり、手に入れることが運命にかかっている、これは求めることが、手に入れることに役立たない場合であり、それは求める対象が自我の外に存在しているからである」

これは人生を省察した英知の人が、後人に残した有益な忠言である。自我のなかにおいて求めうる対象は少なく、自我の外において求めうる対象があまりに多いのが、人生であるかもしれない。しかし、自我の外において求めることをしだいに少なくして、自我のなかにおいて求めることを多くしてゆくのが達人の道であろう。

万物皆我に備わる

〔四〕孟子曰《い》わく、「万物皆我に備わる。身に反《かえり》みて誠あらば、楽しみ焉《これ》より大なるは莫《な》し。恕《じょ》を強めて行なう、仁を求むる焉より近きはなし」

孟先生がいわれた。

「いっさいの事物は、わが身のなかに具備されている。わが身をふりかえってみて、誠意に欠けるところがなかったならば、その楽しさより大きいものはないであろう。同情心をもととして少しも怠らずに行動するならば、仁徳を求めるもっとも近い道になるだろう」

「万物皆我に備わる」ということばを、万物についての道理がいっさいわが身のなかに具備されていると説くのは、やや行き過ぎである。万物がわが身のなかに存在するという直観をそのまま述べたものとすべきである。前章の、わが身のなかに求めて得られる対象と、わが身の外にあって必ずしも得られない対象とがあるという発言と、矛盾しているようにみえる。前章の解説で述べたように、わが身の外において求めることを、わが身の内に求めることにしだいに変えてゆくならば、究極的に、「万物皆我に備わる」という心境に到達する。これはその極限の場合を述べたのだと解釈される。

良知・良能

〔十五〕孟子曰《い》わく、「人の学ばずして能《よ》くする所の者は、その良能《りょうのう》なり。慮《おもんぱか》らずして知る所の者は、その良知なり。孩提《がいてい》の童《どう》も、その親を愛することを知らざる者なく、その長ずるに及びて、その兄を敬することを知らざる也《もの》なし。親を親《した》しむは仁なり。長を敬するは義なり。他《た》なし。これを天下に達するなり」

孟先生がいわれた。

「人間が学問をしないのにできること、それを良能という。人間が考えないで知ること、それを良知という。ねんねこのなかに抱かれている幼児でも、親を愛することを知らない者はなく、少し成長すると、その兄を敬うことを知らない者はない。親に親しむのは仁であり、年上を敬うのは義である。ほかでもない、この良知・良能を天下に推し及ぼすと仁となり、義となるのだ」

孟子の性善説は、この良知・良能の直観説を発展させたものである。性善説には、いうまでもなく欠陥があるけれども、この根底となった直観はまことに貴重である。

人間の三楽

〔二十〕 孟子曰《い》わく、「君子に三楽《らく》あり、而《しこう》して天下に王たるは与《あずか》り存せず。父母倶《とも》に存し、兄弟故《こと》なきは、一《いつ》の楽なり。仰いで天に愧《は》じず、俯《ふ》して人に怍《は》じざるは、二の楽なり。天下の英才を得てこれを教育するは、三の楽なり。君子に三楽あり、而して天下に王たるは与り存せず」

孟先生がいわれた。
「君子には三つの楽しみがあるが、天下の王となることは、そのなかに含まれない。父母がおふたりともご存命で、兄弟が息災で暮らしていること、それが第一の楽しみである。上を向いて天に恥じるおこないがなく、下を向いて人に恥じるおこないをしないこと、それが第二の楽しみである。天下の英才を集めて教育すること、これが第三の楽しみである。君子に三つの楽しみがあるが、天下の王となることは、そのなかにふくまれないのだ」

人間の至福は、この三楽に尽きる。総理・総裁・大臣・社長になりたいと野心を燃やし、他人を押しのけてもとあくせくしている人に、このことばを聞かせたい。

第十四巻　尽心章句　下

この巻もまた短いことばを主とする三十八章から成っている。「尽心章句　上」に比べるとやや精彩《せいさい》を欠いている。ここでは、もとの第二・第三・第十四・第二十六章の四章だけを採った。そのなかで第十四章の、

「民を貴しと為し、社稷《しゃしょく》これに次ぎ、君を軽しと為す」

という句は『孟子』のなかでも中華人民共和国でもっとも愛用されている。従来比較的軽視されていた『孟子』は、この句によって現代中国に再生し、生き続けているといえるであろう。

春秋に義戦なし

〔二〕　孟子曰《い》わく、「春秋に義戦なし。彼これより善《よ》きは、則《すなわ》ちこれあり。征《せい》とは上《かみ》、下《しも》を伐《う》つなり。敵国は相征《あいせい》せざるなり」

孟先生がいわれた。

「『春秋』には正義の戦争がひとつも記録されていない。ある国が敵国より比較的よい場合はもちろんある。不正の者を征するのは、上級の者が下級の者を討伐することであり、同格の国は互いに不正をすることはできないからである」

「春秋に義戦なし」とは、まことに名言である。国際戦争というものには、一方が絶対に正義で、他方が絶対に不正だという場合はめったにない。どちらも、ある点で正義であり、ある点で不正である。孟子のいうように、どちらかが比較的よく、どちらかが比較的悪いという場合が大部分であろう。そういう者同士の戦いに義戦はありえないというのは正しい。それにもかかわらず、自己を絶対に正義とし、相手を不正と信ずることによって戦争が起こるのはおかしいと孟子は考える。正義の戦いは上級のもの、いや、国をこえた権威によって、はじめて許されるというのも、私は賛成である。『春秋』学者としての孟子の歴史認識は、歴史の底までよく見通している。

歴史書の読み方

〔三〕　孟子曰《い》わく、「尽《ことごと》く書を信ぜば、則《すなわ》ち書なきに如《し》かず。吾武成《ぶせい》(1)に於《お》いて、二三策を取るのみ。仁人は天下に敵なし、至仁《しじん》を以《もっ》て至不仁《しふじん》を伐《う》つ、而何《いかん》ぞそれ血の杵《きね》を流さんや」

孟先生がいわれた。

「書物に書いてあることを、一から十まで真実と信じるくらいなら、むしろ書物がないほうがましだ。わたしは『書経《しょきょう》』の武成《ぶせい》篇のなかでは、ただ二、三行だけしか採用しない。なぜなら、仁者には天下に敵するものがないはずであり、仁者である周の武王が、不仁者の殷《いん》の紂《ちゅう》王を征伐したのに、どうしてこの篇に書いているように、『激戦のため、血が流れて杵《きね》を浮かべるほどだった』ということがあろうか」

注

(1)『書経』の篇名で、現在の武成篇の本文は後世の偽作であるが、孟子の時代には原文が読まれていたのである。周の武王が殷《いん》の紂王を攻めた戦闘の様子が記述されていたらしい。

孟子が武成篇の記事を信用しなかったのは、「仁人に敵なし」という原則に反するからという、はなはだ公式主義の批判であるから、その限りでは承服しがたい。しかし、書物に書かれていること、とくに歴史書については、どこまでが真実か、じゅうぶんに批判しなければいけないという精神そのものはりっぱである。歴史哲学者、あるいは歴史学者としての孟子は、中国の史学史上に独自の位置を占めている。

民主主義的思想

〔十四〕　孟子曰《い》わく、「民を貴《たっと》しと為《な》し、社稷《しゃしょく》(1)これに次ぎ、君を軽しと為す。是《こ》の故に丘《きゅう》民《みん》に得られて天子と為り、天子に得られて諸侯と為り、諸侯に得られて大夫《たいふ》と為る。諸侯社稷を危うくすれば、則《すなわ》ち変置《へんち》す。犠牲既《すで》に成《な》り、粢《し》盛《せい》既に絜《きよ》く、祭祀《さいし》時を以《もっ》てす。然《しか》るに旱乾《かんかん》水溢《すいいつ》あれば、則ち社稷を変置す」

　孟先生がいわれた。

「人民がもっとも重要で、土地の神と穀物の神である社稷はこれに次ぎ、君主はもっとも軽い。だから衆民の人望を得ると天子になり、天子のお気に入ると諸侯になり、諸侯のお気に入ると大夫となる。諸侯が社稷つまり国家を危機に陥れると、退位させられる。肥え太った獣を犠牲とし、清浄なお供《そな》えをささげ、決まった時期に祭祀《さいし》しているのに、干害・水害が起こったならば、社稷の神自体を新しい神にかえる」

注

(1)直接には土地の神と穀物の神とをさす。しかし「社稷」は、国家を象徴し、国家の意味に使われている。

人民を最重要とし、社稷つまり地域団体としての国家を次におき、君主をもっとも重要度が低いとしたところに、孟子の民主主義的政治思想の一面があらわれている。

儒教への確信

〔二十六〕　孟子曰《い》わく、「墨《ぼく》を逃《さ》れば必ず楊《よう》に帰し、楊を逃れば必ず儒《じゅ》に帰す。帰すれば斯《すなわ》ちこれを受けんのみ。今の楊・墨と弁ずる者は、放豚《ほうとん》を追うが如し。既にその苙《おり》(1)に入れば、また従いてこれを招く」

孟先生がいわれた。

「墨子《ぼくし》の学派から去る者は、きっと楊朱《ようしゅ》にやってくる。楊朱学派から去る者は、必ず儒家にやってくる。やってきた者をそこで受け入れればよいだけだ。現在、楊朱・墨子と弁論している者は、追い払われた豚がすでに豚小屋のなかに納まっているのを、また招き出そうとしているようなものだ」

注

(1)家畜を家に飼っておく柵《さく》。

孟子は、楊朱・墨子の思想の意義はすでに失われ、今や儒教の思想が指導すべきだという自信と確信を述べ、すでに楊・墨から儒教に帰した者を、だまって受け入れろと述べているのである。

孟子関係年表

西暦	中国年代	孟子および中国関係事項	世界情勢
前四八一	周敬王三九	孔子編集の『春秋』がこの年をもって終わる	前四八〇　サラミスの海戦
四七九	四一	孔子、死す	
四七三	元王　三	呉が越に敗れ、滅亡する	
四六八	貞定王　元	越が瑯琊に遷都する	
四五三	一六	韓・魏・趙が晋国を三分して独立する	前四五一　ローマで十二銅板法制定
	←（戦国時代前期）		
四四七	二二	楚が蔡を滅ぼす	前四三八　パルテノン建造
四四五	二四	魏文侯が即位し、以後魏の勢いが強くなる	前四三一　ペロポネソス戦争始まる 前四二八　プラトン生まれる
四〇三	威烈王二三	韓・魏・趙三国が周王に諸侯として認められる	前三九九　ソクラテス死す

三八六	安王一六	斉の田和が諸侯として認められる	
三七五	周烈王 元	韓が鄭を滅ぼし、鄭に遷都する	
三七〇	六	このころ孟子が魯の南隣の鄒という小国に生まれる。名は軻《か》、字は子車または子輿といったと伝えられる。魯の孟孫《もうそん》氏の分家なので孟子と称したが、父母の名はわかっていない	
三六九	七	韓・魏・趙三国のうちでは魏がこのころ最も有力	
三六七	顕王 二	周に内乱が起こり、趙・韓両国は出兵して周を分裂させ、西周にたいする分家として東周を立てる	前三六七 ローマでリキニウス・セクスティウス法成立
三六四	五	秦は献公の即位以来、しだいに国力を充実させ、この年、魏を石門に討って大勝を収める	
三六一	八	魏は秦の東進に抗することができず、また趙・韓両国にたいする必要もあって、故都の安邑から大梁に遷都する。以後魏は梁と称する	
三五九	一〇	秦の孝公が商鞅を任用し、第一回の改革すなわち変法をおこなう	前三五九 マケドニア、フィリッポス二世即位
三五六	一三	梁の恵王は覇業の樹立につとめ、韓・宋・魯・衛の諸国に圧力を加えて君主たちを来朝させる	
三五四	一五	このころ趙の勢いが強く、梁の与国である衛を攻め	

		たので、梁は趙の都邯鄲を包囲する。趙は斉に救援を求め、共同して梁に当たるが、屈服させることはできない	
三五三	一六 ←(戦国時代中期)	魏が桂陵で斉に大敗を喫する。以後斉の勢いが強くなる	
三五一	一八	このころ孟子は魯に遊学したと想像される。孔子にあこがれた孟子は、魯に赴いて孔子の孫にあたる子思の門人に学ぶ	
三五〇	一九	秦が咸陽に遷都し、県制を施行する。商鞅が第二回の変法をおこなう。以後秦の勢いが強くなる	
三四四	二五	このころ梁の勢力が最も盛大となる。恵王は韓・宋・衛・魯各国の君主を逢沢に招集し、秦の代表も引きつれて周の顕王に朝見する。恵王が自ら王と称するのはこのときからである	
三四二	二七	梁が韓を攻め、韓は斉に救援を求める	
三四一	二八	梁・斉の間に戦争が起こる。梁は馬陵で斉の孫臏に大敗し、将軍龐涓は戦死、太子の申は捕虜となる。 梁の恵王の覇業は衰えはじめる	前三四一　ペルシアがエジプトを征服
三三八	三一	秦の孝公が死に、商鞅が車裂きの刑にされる。秦は	前三三八　ケーロネアの戦

		梁の岸門を攻めて大勝、梁の将軍魏錯を捕虜とする	前三三六　アレクサンダー大王即位
三三五	三四	このころ孟子は斉の都臨淄に行く。斉の威王は学問を好んで、天下の学者を集め、臨淄の西門である稷門外に邸宅を与え住まわせたので、彼らは稷下の学士といわれる。まだ若かった孟子は学士の仲間には加えられなかったが、淳于髡から雄弁術を習い、公明高から『春秋』の解釈学を学び、宋銒や尹文ら原始道家の学者たちと交際したと思われる	
三三四	三五	秦・斉両国から挟撃された梁の恵王が、やむなく宰相恵施の方針を採用し、斉の徐州に赴き威王と会見する	前三三四　アレクサンダー大王の東征
三三三	三六	斉が徐州で楚に大敗を喫する	
三三〇	三九	梁が離陰で秦に大敗し、黄河以西の領土を秦に献上する	前三三〇　ペルシア帝国滅亡
三二八	四一	秦が張儀を大臣に任命する。梁が上郡の十五県を秦に割譲する	
三二五	四四	秦の恵文君が自ら王と称する。この年、趙の武霊王が即位する	

三二三		四六	梁の恵王が与国の団結を強めるため、公孫衍の意見をいれて、韓・趙・燕・中山の四国の君主によびかけ、みな梁と同じく王と称することにする。これに対し、秦はますます攻勢に出る。楚は昭陽を派遣し襄陵で梁軍を破り、八邑を奪取する
三二二		四七	梁の恵王が張儀を大臣として連衡政策をとり、恵施を解任する。しかし、合縦派は東方諸国の支持を得てこれに反対し、梁の国論は二分さる
三二〇	周慎靚王	元	このころ孟子は梁に来て恵王に会い、国論の帰趨に迷う王に対して仁義の道を説く。これが孟子の政界への初進出（前半生が不明であったその事績が明らかになるのは、ようやくこれ以後である）。燕王噲が即位する
三一九		二	梁の合縦派の公孫衍が、斉・楚・燕・趙・韓五国の支持を得て梁の大臣となり、張儀が解任される。梁の恵王死す
三一八		三	梁の襄王が即位する。孟子は襄王に会って失望、梁を去って斉に行き、宣王の信任を得て、国政の最高顧問となる。宋君の偃が自ら王と称する。梁・趙・

		韓・燕・楚の五国が合縦して秦を攻めたが、函谷関で大敗を喫する	
三一六	五	燕王噲が禅譲の考えによって、大臣の子之に王位を譲る。これを不満とする貴族たちが内乱を起こす	前三一七　インドにマウリア王朝成立
三一五	六	孟子は、このころ母が亡くなったため斉から魯に帰り、あつく葬る	
三一四	周赧王　元	燕のもとの太子平と将軍市被が子之を攻めるが大敗する。斉の宣王は、秦と並ぶ大国になったのに勢いを得て、燕に出兵して干渉しようとする。王道国家実現の夢を宣王に託していた孟子は、これを積極的にすすめたという。匡章に率られた斉軍は、わずか五十日で燕の全土を征服し、噲と子之とを捕えて殺す。しかし、斉は占領政策の不手際から燕人の信用を失い、これに乗じた趙は燕の公子職を王位（昭王）につける	
三一二	三	斉の燕占領によって勢力均衡の破れることを恐れた梁・韓・秦の各国は、趙とともに斉に圧迫を加えよ	

		うとする。処置に窮した宣王は孟子の意見を求め、孟子は占領政策が失敗なら当然軍を引きあげるべきだと主張する。これによって孟子は宣王と感情の不和を生じ、この年不本意ながら斉国を去る。このころ、秦・梁・韓・趙の四国同盟と、斉・楚同盟との二陣営に分かれていた
三一一	四	孟子は、斉から故郷の鄒に帰国の途中、宋に滞在。このとき滕の太子（のちの文公）は、楚に使いしての往復に孟子をたずね、性善説などの話を聞く
三一〇	五	張儀がふたたび梁の大臣となる
三〇八	七	このころ孟子は薛に立ち寄り、鄒にもどる。薛は当時斉の所領で、領主は孟嘗君田文。鄒では君主の穆公から、魯との戦争に国民の協力が得られなかったことを聞き、その責任は為政者に仁の心がないからだと説く
三〇七	八	滕の定公が亡くなったため、太子は臣下の然友を鄒に派遣して孟子に喪制のことをたずねさせ、その意見に従って自ら三年の喪に服する。やがて孟子は文公に招かれて滕の政治顧問となり、この小国を理想

		的なモデル国家にしたてようとする意気ごみをもって、井田制などを実行しようとする。この評判は諸国にきこえ、農家派の許行などもその学説を実行に移そうと、楚から来る	
三〇六	九	この年、秦は韓の要地である宜陽をとり、これを足場として中原侵略を積極化する 楚が越の内乱に乗じてこれを滅ぼす。趙武霊王が北辺経略をはじめ、楡中に達する	
三〇五	一〇	このころ孟子は滕の顧問を辞任して魯に行き、自分の門人で魯の執政であった楽正子の紹介で、平公に面会しようとするが、人の中傷のために果たせず、まもなく孟子は故郷の鄒に帰って隠退生活に入る。亡くなるまでわずか一、二年にすぎなかったようであるが、毎日公孫丑や万章らの愛弟子の教育に専念した	前三〇五　エジプトにプトレマイオス王朝成立
二九九	一六	楚の懐王が秦に捕えられ死す	
二八八	二七	斉が東帝、秦が西帝と称することになる	

ラ　行

楽歳《らくさい》には粒米狼戻《りゅうまいろうれい》す（滕文公章句　上）　164

良人《りょうじん》は、仰ぎ望みて身を終うる所なり（離婁章句　下）　230

離婁《りろう》の明《めい》、公輸子《こうゆし》の巧《こう》も、規矩《きく》を以《もつ》てせざれば、方員《ほうえん》を成すこと能《あた》わず（離婁章句　上）　199

礼義は賢者より出ず（梁恵王章句　下）　119

老を敬《うやま》い幼を慈《いつく》しみ、賓旅《ひんりょ》を忘るることなかれ（告子章句　下）　275

ワ　行

我が後人を佑《たす》け啓《みちび》きて、咸《ことごと》く正《せい》を以《もつ》てし、欠くることなし（滕文公章句　下）　190

吾が進退は、豈綽綽然《あにしゃくしゃくぜん》として余裕あらざらんや（公孫丑章句　下）157

吾が老を老として、以て人の老に及ぼし、吾が幼を幼として、以て人の幼に及ぼさば、天下は掌《たなごころ》に運《めぐ》らすべし（梁恵王章句　上）　85

我は力を竭《つ》くして田を耕し、子たるの職《つとめ》を共《きょう》するのみ（万章章句　上）　234

（滕文公章句　上）　174
父子は恩を主とし、君臣は敬を主とす（公孫丑章句　下）　150
父母に順《よろこ》ばれざるが為に、窮人《きゅうじん》の帰《き》する所なきが如し（万章章句　上）　234
墨《ぼく》を逃《き》れば必ず楊《よう》に帰し、楊を逃れば必ず儒《じゅ》に帰す（尽心章句　下）　292

マ　行

誠は、天の道なり。誠を思うは、人の道なり（離婁章句　上）　210
守《まも》り約《やく》なり（公孫丑章句　上）　124
自《みずか》ら反《かえり》みて縮《なお》ければ、千万人と雖《いえど》も吾往《ゆ》かん（公孫丑章句　上）　124
自ら暴《そこ》なう者は、与《とも》に言うあるべからざるなり。自ら棄《す》つる者は、与《とも》に為《な》すあるべからざるなり（離婁章句　上）　208
水の下《ひく》きに就《つ》きて沛然《はいぜん》たるがごとくならん。誰か能くこれを禦めんや（梁恵王章句　上）　80
水益《ますます》深きが如く、火益《ますます》熱きが如くならんには、亦運《またうつ》らんのみ（梁恵王章句　下）　111
身に反《かえり》みて誠あらば、楽しみ焉《これ》より大なるは莫《な》し（尽心章句　上）　284
命《めい》に非《あら》ざるは莫《な》きも、その正《せい》を順受《じゅんじゅ》すべし（尽心章句　上）　282
命を知る者は、巌牆《がんしよう》の下《もと》に立たず（尽心章句　上）　282
求むれば則《すなわ》ちこれを得《え》、舎《す》つれば則ちこれを失うは、是《こ》れ求むること得るに益《えき》あるなり（尽心章句　上）　283

ヤ　行

幽谷《ゆうこく》を出《い》でて喬木《きようぼく》に遷《うつ》る（滕文公章句　上）　175
楊・墨を距《ふせ》ぐ者は、聖人の徒なり（滕文公章句　下）　191
世衰え道微《び》にして、邪説暴行また作《おこ》る（滕文公章句　下）　190

盍《なん》亦ぞその本に反《かえ》らざる（梁恵王章句　上） 86

ハ　行

伯夷《はくい》は聖《せい》の清《せい》なる者なり。伊尹《いいん》は聖の任なる者なり。柳下恵《りゅうかけい》は聖の和なる者なり。孔子は聖の時《とき》なる者なり（万章章句　下） 245
伯夷は目に悪色《あくしょく》を視《み》ず、耳に悪声を聴かず（万章章句　下） 244
頒白《はんぱく》の者道路に負《に》戴《お》わず（梁恵王章句　上） 70
万物皆我に備わる（尽心章句　上） 284
詖辞《ひじ》はその蔽《おお》わるる所を知り、淫辞《いんじ》はその陥《おちい》る所を知り、邪辞《じゃじ》はその離るる所を知り、遁辞《とんじ》はその窮《きわ》まる所を知る（公孫丑章句　上） 126
人に教うるに善を以てする、これを忠《ちゅう》と謂《い》う。天下の為《ため》に人を得る、これを仁と謂う（滕文公章句　上） 174
人の患《うれ》いは、好みて人の師と為《な》るに在《あ》り（離婁章句　上） 214
人の学ばずして能《よ》くする所の者は、その良能《りょうのう》なり。慮《おもんぱか》らずして知る所の者は、その良知なり（尽心章句　上） 285
人皆、人に忍《しの》びざるの心あり（公孫丑章句　上） 139
人を愛して親しまれずんば、その仁に反《かえ》れ。人を治めて治まらずんば、その智に反れ。人を礼して答えられずんば、その敬に反れ（離婁章句　上） 203
人を愛する者は、人恒《つね》にこれを愛し、人を敬する者は、人恒にこれを敬す（離婁章句　下） 227
人を殺すことを嗜《たしな》まざる者、能《よ》くこれを一にせん（梁恵王章句　上） 80
人を存《み》るには、眸子《ぼうし》より良《よ》きは莫《な》し（離婁章句　上） 211
富貴も淫《いん》すること能《あた》わず、貧賤《ひんせん》も移すこと能わず、威武《いぶ》も屈すること能わず（滕文公章句　下） 188
富歳《ふさい》には子弟頼《らい》多く、凶歳《きょうさい》には子弟暴《ぼう》多し（告子章句　上） 267
父子親《ふししん》あり、君臣義あり、夫婦別あり、長幼敍《ちょうようじょ》あり、朋友《ほうゆう》信あり

（滕文公章句　下）　188
天下の性を言うや、則《すなわ》ち故《こ》のみ（離婁章句　下）　225
天下の民、匹夫匹婦《ひつぷひつぷ》も堯舜《ぎようしゆん》の沢《たく》を被《こうむ》らざる者あれば、己《おの》れ推《お》してこれを溝中《こうちゆう》に内《い》るるが如し（万章章句　下）　244
天下の本《もと》は国に在《あ》り、国の本は家に在り、家の本は身に在り（離婁章句　上）　205
天子は天下を以て人に与うること能《あた》わず（万章章句　上）　238, 239
天子は能《よ》く人を天に薦《すす》むれども、天をしてこれに天下を与えしむること能《あた》わず（万章章句　上）　238
天爵《てんしやく》なる者あり、人爵なる者あり（告子章句　上）　272
天の高き、星辰《せいしん》の遠き、苟《いやし》くもその故《こ》を求めば、千歳《せんざい》の日至《につし》も、坐《ざ》して致《いた》すべきなり（離婁章句　下）　225
天の時は地の利に如《し》かず、地の利は人の和に如かず（公孫丑章句　下）　146, 148
天《てん》の視《み》るは我が民の視るに自《したが》い、天の聴《き》くは我が民の聴くに自う（万章章句　上）　239
天物言《ものい》わず、行ないと事《こと》とを以てこれを示すのみ（万章章句　上）　238
歳を罪することなくんば、斯《すなわ》ち天下の民至らん（梁恵王章句　上）　70
徒善《とぜん》は以て政《まつりごと》を為《な》すに足らず、徒法《とほう》は以て自《みずか》ら行なわるること能わず（離婁章句　上）　199
富《とみ》は人の欲する所なり。富天下を有《たも》てども、而も以て憂いを解くに足らず（万章章句　上）　234
富を為《な》せば仁《じん》ならず、仁を為せば富まず（滕文公章句　上）　164

ナ　行

永く言《わ》れ命に配《かな》えば、自《みずか》ら多福を求む（離婁章句　上）　203
為《な》さざるなり。能《あた》わざるに非《あら》ざるなり（梁恵王章句　上）　84
何ぞ必ずしも利を曰《い》わん。亦《ただ》仁義あるのみ（梁恵王章句　上）　65

知る（公孫丑章句　上）　127
それ何ぞ能く淑《よ》からん、載《すなわ》ち胥及《あいとも》に溺《おぼ》る（離婁章句　上）　206

タ　行

大旱《たいかん》の雲霓《うんげい》を望むが若《ごと》し（梁恵王章句　下）　115
大孝《たいこう》は終身父母を慕う（万章章句　上）　234
大人《たいじん》とは、その赤子《せきし》の心を失わざる者《ひと》なり（離婁章句　下）　219
大人なる者は、言《げん》必ずしも信ならず、行ない必ずしも果たさず。惟《ただ》義の存《あ》る所のままにす（離婁章句　下）　218
大体《だいたい》に従えば大人《たいじん》と為り、その小体に従えば小人《しようじん》と為る（告子章句　上）　270
高きを為《な》すには必ず丘陵《きゆうりよう》に因《よ》り、下《ひく》きを為すには必ず川沢《せんたく》に因る（離婁章句　上）　199
助け寡なきの至《いた》りは、親戚《しんせき》もこれに畔《そむ》き、助け多きの至りは、天下もこれに順《したが》う（公孫丑章句　下）　147
民と楽しみを同じくす（梁恵王章句　下）　102
民に厲《や》ましめて以て自ら養うなり（滕文公章句　上）　173
民を罔《あみ》して而《しこう》して為《おさ》むべけんや（滕文公章句　上）　164
民を貴《たつと》しと為《な》し、社稷《しやしよく》これに次ぎ、君を軽しと為す（尽心章句　下）　288, 291
簞食《たんし》壺漿《こしよう》して以て王師を迎えたる（梁恵王章句　下）　111, 115
仲尼《ちゆうじ》は已甚《はなは》だしきことを為《な》さざる者なり（離婁章句　下）　218
長者の為に枝《てあし》を折《ま》ぐる（梁恵王章句　上）　85
仕《つか》うるは貧《ひん》の為《ため》にするに非《あら》ざるなり。而《しか》れども時ありてか貧の為にす（万章章句　下）　248
敵を量《はか》りて後に進み、勝つを慮《おもんぱか》りて後に会《かい》する（公孫丑章句　上）124
天下に達尊《たつそん》三あり。爵一《しやくいつ》、歯一《しいつ》、徳一（公孫丑章句　下）　150
天下の広居《こうきよ》に居《お》り、天下の正位《せいい》に立ち、天下の大道《だいどう》を行く

仁は、天の尊爵《そんしやく》なり。人の安宅《あんたく》なり（公孫丑章句　上）　142
仁は人の安宅《あんたく》なり。義は人の正路なり（離婁章句　上）　208
人倫上《じんりんかみ》に明らかにして、小民下《しも》に親しむ。王者起こるあらば、必ず来たりて法を取らん（滕文公章句　上）　165
親を親《した》しむは仁なり。長を敬するは義なり（尽心章句　上）　285
性《せい》は善もなく不善もなし（告子章句　上）　264
性は猶杞柳《なおきりゆう》のごとく、義は猶桮棬《なおはいけん》のごとし（告子章句　上）　254
性は猶湍水《なおたんすい》のごとし（告子章句　上）　257
声聞情《せいぶんじつ》に過ぐるは、君子これを恥ず（離婁章句　下）　221
生を養い死を喪して憾《うら》みなきは、王道《おうどう》の始めなり（梁恵王章句　上）69
千万人と雖も吾往《ゆ》かん（公孫丑章句　上）　124
善を陳《の》べ邪《じゃ》を閉《と》ずる、これを敬と謂い（離婁章句　上）　200
惻隠《そくいん》の心は仁《じん》なり。羞悪《しゅうお》の心は義なり。恭敬《きようけい》の心は礼なり、是非の心は智なり（告子章句　上）　264
惻隠の心は、仁《じん》の端《たん》なり。羞悪の心は、義の端なり。辞譲の心は、礼の端なり。是非の心は、智の端なり（公孫丑章句　上）　139
惻隠の心は、人皆これあり。羞悪《しゅうお》の心は、人皆これあり。恭敬《きようけい》の心は、人皆これあり。是非の心は、人皆これあり（告子章句　上）　264
その言を聴《き》きて、その眸子《ぼうし》を観《み》れば、人焉《いずく》んぞ廋《かく》さんや（離婁章句　上）　212
その心を存し、その性《せい》を養うは、天に事《つか》うる所以《ゆえん》なり（尽心章句　上）　280
その心を尽くす者は、その性《せい》を知るべし（尽心章句　上）　280
その妻妾の羞《は》じず、而も相泣かざる者、幾《ほとん》ど希《まれ》なり（離婁章句　下）　230
その民を得れば、斯《すなわ》ち天下を得べし（離婁章句　上）　206
その身正しければ而《すなわ》ち天下これに帰せん（離婁章句　上）　203
その礼を見て而してその政を知り、その楽《がく》を聞きて而してその徳を

去りて三年反《かえ》らず、然《しか》る後にその田里《でんり》を収《おさ》む。これこれを三有礼《さんゆうれい》と謂《い》う（離婁章句　下）　215
残賊《ざんぞく》の人は、これを一夫《いっぷ》と謂《い》う（梁恵王章句　下）　109
師曠《しこう》の聡《そう》も、六律《りくりつ》を以てせざれば、五音《ごいん》を正すこと能《あた》わず（離婁章句　上）　199
四十にして心を動かさず（公孫丑章句　上）　124
至誠《しせい》にして動かされざる者は、未《いま》だこれあらざるなり（離婁章句　上）　210
終身の憂《うれ》いあるも、一朝の患《うれ》いなきなり（離婁章句　下）　227
周は旧邦《きゅうほう》なりと雖も、その命《めい》惟《こ》れ新たなり（滕文公章句　上）　165
春秋に義戦なし（尽心章句　下）　288
舜《しゅん》は庶物《しょぶつ》を明らかにし、人倫を察《つまび》らかにす（離婁章句　下）　223
順《じゅん》を以て正《せい》と為《な》す者は、妾婦《しょうふ》の道なり（滕文公章句　下）　188
上下交《しょうかこもごも》利を征《と》らば、而《すなわ》ち国危うからん（梁恵王章句　上）　65
食と色とは性《せい》なり（告子章句　上）　260
諸侯社稷《しゃしょく》を危うくすれば、則《すなわ》ち変置《へんち》す（尽心章句　下）　291
恕《じょ》を強めて行なう、仁を求むる焉《これ》より近きはなし（尽心章句　上）　284
仁義礼智は、外より我を鑠《かざ》るに非ざるなり（告子章句　上）　264
仁者《じんしゃ》は射《しゃ》の如《ごと》し（公孫丑章句　上）　142
仁者は敵なし（梁恵王章句　上）　78
仁人は天下に敵なし（尽心章句　下）　290
人性の善なるは、猶《なお》水の下《ひく》きに就《つ》くがごときなり（告子章句　上）　257
人性の善・不善を分かつことなきは、猶《なお》水の東西を分かつことなきがごときなり（告子章句　上）　257
仁政は必ず経界《けいかい》より始む（滕文公章句　上）　165
仁に居《お》り義に由《よ》る能《あた》わざる、これを自棄と謂《い》う（離婁章句　上）　208
仁に里《お》るを美《よ》しと為《な》す（公孫丑章句　上）　142
仁にして且《か》つ智ならば、夫子は既に聖《せい》なり（公孫丑章句　上）　126

君子は仁を以て心を存し、礼を以て心を存す（離婁章句　下）　226
君子は庖厨《ほうちゅう》を遠ざくるなり（梁恵王章句　上）　84
鶏豚狗彘《けいとんこうてい》（梁恵王章句　上）　70,87
桀紂《けつちゅう》の天下を失えるは、その民を失えばなり（離婁章句　上）　205
賢君は必ず恭倹《きょうけん》にして下《しも》を礼し、民に取るに制《せい》あり（滕文公章句　上）　164
賢者は民と並び耕して食し、饔飧《ようそん》して治む（滕文公章句　上）　173
源泉は混混《こんこん》として、昼夜を舎《お》かず。科《あな》に盈《み》ちて而《しか》る後に進み、四海《しかい》に放《いた》る（離婁章句　下）　221
言《げん》、礼義《れいぎ》を非《そし》る、これを自暴と謂《い》う（離婁章句　上）　208
賢を尊び才を育《やしな》いて、以て有徳を彰《あら》わせ（告子章句　下）　275
江漢《こうかん》以てこれを濯《あら》い、秋陽《しゅうよう》以てこれを暴《さら》すも、皜皜乎《こうこうこ》として尚《くわ》うべからざるのみ（滕文公章句　上）　175
恒産《こうさん》ある者は恒心《こうしん》あり。恒産なき者は恒心なし（滕文公章句　上）　164
恒産無ければ、因《よ》りて恒心無し（梁恵王章句　上）　86
孔子、春秋を成《な》して乱臣・賊子《ぞくし》懼《おそ》る（滕文公章句　下）　191
行止《こうし》は人の能《よ》くする所に非ず（梁恵王章句　下）　119
浩然《こうぜん》の気を養う（公孫丑章句　上）　125
故国とは、喬木《きょうぼく》あるの謂《いい》を謂《い》うに非《あら》ざるなり（梁恵王章句　下）　106
志《こころざし》を得れば民とこれに由《よ》り、志を得ざれば独《ひと》りその道を行なう（滕文公章句　下）　188
志は気の帥《すい》なり（公孫丑章句　上）　125
五十歩を以《もつ》て百歩を笑わば、則《すなわ》ち何如《いかん》（梁恵王章句　上）　69
尽《ことごと》く書を信ぜば、則《すなわ》ち書なきに如《し》かず（尽心章句　下）　289
五覇《ごは》は、三王の罪人《ざいにん》なり（告子章句　下）　274

サ　行

采薪《さいしん》の憂《うれ》い（公孫丑章句　下）　149

必ず事とするありて、正《さだ》めること勿《な》かれ。心に忘るること勿かれ。助けて長ぜしむること勿かれ（公孫丑章句　上）　125
上《かみ》に道もて揆《はか》ることなく、下《しも》に法もて守ることなく（離婁章句　上）　199
彼はその富を以てし、我は吾が仁《じん》を以てす。彼はその爵《しゃく》を以てし、我は吾が義《ぎ》を以てす。吾何ぞ慊《けん》せんや（公孫丑章句　下）　150
棺槨衣衾《かんかくいきん》の美（梁恵王章句　下）　119
旱乾水溢《かんかんすいいつ》あれば、則ち社稷《しゃしょく》を変置す（尽心章句　下）　291
官守《かんしゅ》ある者は、その職を得ざれば則ち去り、言責《げんせき》ある者は、その言を得ざれば則ち去る（公孫丑章句　下）　157
木に縁《よ》りて魚《うお》を求むるがごとし（梁恵王章句　上）　86
堯《ぎょう》・舜《しゅん》の道も、仁政《じんせい》を以てせざれば、天下を平治《へいじ》すること能《あた》わず（離婁章句　上）　199
郷人《きょうじん》と処《お》るは、朝衣朝冠《ちょういちょうかん》を以て塗炭《とたん》に坐するが如し（万章章句　下）　244
胸中正しからざれば、則ち眸子《ぼうし》眊《くら》し（離婁章句　上）　212
胸中正しければ、則ち眸子瞭《あき》らかなり（離婁章句　上）　212
義を後にして利を先にすることをせば、奪わざれば饜《あ》かず（梁恵王章句　上）　65
禽獣に於《お》いてまた何ぞ難《なん》ぜん（離婁章句　下）　227
叢《くさむら》の為に爵《すずめ》を敺《か》る者は、鸇《せん》なり（離婁章句　上）　206
位《くらい》卑しくして言《げん》高きは、罪なり（万章章句　下）　249
君過《あやま》ちあれば則ち諫《いさ》め、これを反覆して聴かれざれば則ち去る（万章章句　下）　252
君子なくんば野人を治《おさ》むる莫《な》く、野人なくんば君子を養う莫し（滕文公章句　上）　165
君子に三楽《らく》あり、而《しこう》して天下に王たるは与《あずか》り存せず（尽心章句　上）　286

語句索引

ア　行

集めて大成すとは、金声《きんせい》して玉振《ぎよくしん》するなり（万章章句　下）　245
愆《あや》まらず忘れず、旧《ふる》き章《おきて》に率《したが》い由《よ》る（離婁章句　上）　199
一郷《いちきよう》の善士《ぜんし》は、斯《すなわ》ち一郷の善士を友とす。一国の善士は、斯ち一国の善士を友とす。天下の善士は、斯ち天下の善士を友とす（万章章句　下）　250
一不義《いちふぎ》を行ない、一不辜《ふこ》を殺して、而して天下を得るは、皆為《な》さざるなり（公孫丑章句　上）　127
一朝の患《うれ》いあるが如きは、則ち君子は患いとせず（離婁章句　下）　227
一廛《てん》を受けて氓《たみ》と為らん（滕文公章句　上）　172
泄泄《えいえい》とは猶《なお》沓沓《とうとう》のごときなり（離婁章句　上）　200
王者の迹《あと》熄《や》んで『詩』亡《ほろ》ぶ（離婁章句　下）　223
行《おこ》ない心に慊《こころよから》ざるあれば、則ち餒《う》う（公孫丑章句　上）　125
行ないて得ざる者あれば、皆諸《これ》を己《おの》れに反求《はんきゆう》す（離婁章句　上）　203
治まるも亦《また》進み、乱るるも亦進む（万章章句　下）　244
思えば則ちこれを得るも、思わざれば則ち得ざるなり（告子章句　上）　271
虞《おもんぱか》らざるの誉《ほま》れあり、全《まつた》きを求むるの毀《そし》りあり（離婁章句　上）　213
恩を推《お》せば、以て四海を保《やす》んずるに足るも、恩を推さざれば、以て妻子をも保んずることなし（梁恵王章句　上）　85

カ　行

下位《かい》に居て上《かみ》に獲《え》られざれば、民得て治むべからざるなり（離婁章句　上）　209

KODANSHA

本書は小社刊「人類の知的遺産」シリーズの『孟子』（一九八五年）を底本としました。

貝塚茂樹（かいづか　しげき）

1904年東京生まれ。京都大学文学部史学科卒業。東洋史専攻。京都大学人文科学研究所教授（所長），東方学会会長などを歴任。『中国古代史学の発展』『甲骨文字研究』『貝塚茂樹著作集』（全十巻），『諸子百家』，学術文庫に『古代中国』（共著），『韓非』などの著書がある。1987年没。

講談社学術文庫

定価はカバーに表示してあります。

孟《もう》子《し》

貝《かい》塚《づか》茂《しげ》樹《き》

2004年９月10日　第１刷発行
2023年６月27日　第17刷発行

発行者　鈴木章一
発行所　株式会社講談社
東京都文京区音羽2-12-21 〒112-8001
電話　編集（03）5395-3512
販売（03）5395-4415
業務（03）5395-3615
装　幀　蟹江征治
印　刷　株式会社広済堂ネクスト
製　本　株式会社国宝社

ISBN4-06-159676-4

「講談社学術文庫」の刊行に当たって

これは、学術をポケットに入れることをモットーとして生まれた文庫である。学術は少年の心を養い、成年の心を満たす。その学術がポケットにはいる形で、万人のものになることは、生涯教育をうたう現代の理想である。

こうした考え方は、学術を巨大な城のように見る世間の常識に反するかもしれない。また、一部の人たちからは、学術の権威をおとすものと非難されるかもしれない。しかし、それはいずれも学術の新しい在り方を解しないものといわざるをえない。

学術は、まず魔術への挑戦から始まった。やがて、いわゆる常識をつぎつぎに改めていった。学術の権威は、幾百年、幾千年にわたる、苦しい戦いの成果である。こうしてきずきあげられた城が、一見して近づきがたいものにうつるのは、そのためである。しかし、学術の権威を、その形の上だけで判断してはならない。その生成のあとをかえりみれば、その根は常に人々の生活の中にあった。学術が大きな力たりうるのはそのためであって、生活をはなれた学術は、どこにもない。

開かれた社会といわれる現代にとって、これはまったく自明である。生活と学術との間に、もし距離があるとすれば、何をおいてもこれを埋めねばならない。もしこの距離が形の上の迷信からきているとすれば、その迷信をうち破らねばならぬ。

学術文庫は、内外の迷信を打破し、学術のために新しい天地をひらく意図をもって生まれた。文庫という小さい形と、学術という壮大な城とが、完全に両立するためには、なおいくらかの時を必要とするであろう。しかし、学術をポケットにした社会が、人間の生活にとってより豊かな社会であることは、たしかである。そうした社会の実現のために、文庫の世界に新しいジャンルを加えることができれば幸いである。

一九七六年六月　野間省一

中国の古典

玄奘三蔵《げんじょうさんぞう》
慧立《えりゅう》・彦悰《げんそう》著／長澤和俊訳
西域・インド紀行

天竺の仏法を求めた名僧玄奘の不屈の生涯。七世紀、大唐の時代に中央アジアの砂漠や天に至る山巓を越えて聖地インドを目ざした求法の旅。更に経典翻訳の大事業に生涯をかけた玄奘三蔵の最も信頼すべき伝記。

1334

呂氏春秋
町田三郎著

秦の宰相、呂不韋《りょふい》が作らせた人事教訓の書。始皇帝の宰相、呂不韋と賓客三千人が編集した『呂氏春秋』は天地万物古今の事を備えた大作。天道と自然に従い人間行動を指示した内容は中国の英知を今日に伝える。

1692

孝経
加地伸行全訳注
大文字版

この小篇は単に親孝行を説く道徳書ではない。中国人の死生観・世界観が凝縮されている。『女孝経』「法然上人母へのことば」など中国と日本の資料も併せ、精神的紐帯としての家族を重視する人間観を分析する。

1824

十八史略
竹内弘行著

神話伝説の時代から南宋滅亡までの中国の歴史を一冊に集約。韓信、諸葛孔明、関羽ら多彩な人物が躍動し、権謀術数は飛び交い、織りなされる悲喜劇――。簡潔な記述で面白さ抜群、中国理解のための必読書。

1899

論語　増補版
加地伸行全訳注

人間とは何か。溟濛の時代にあって、人はいかに生くべきか。儒教学の第一人者が『論語』の本質を読み切り、独自の解釈、達意の現代語訳を施す。漢字一字から検索できる「手がかり索引」を増補した決定新版！

1962

倭国伝　中国正史に描かれた日本　全訳注
藤堂明保・竹田　晃・影山輝國訳注

古来、日本は中国からどう見られてきたか。漢委奴国王金印受賜から遣唐使、蒙古襲来、勘合貿易、倭寇、秀吉の朝鮮出兵まで。中国歴代正史に描かれた千五百年余の日本の姿を完訳する、中国から見た日本通史。

2010

《講談社学術文庫　既刊より》

中国の古典

荘子　内篇
福永光司著
中国が生んだ鬼才・荘子が遺した、無為自然を基とし人為を拒絶する思想とはなにか？　荘子自身の手によるとされる「内篇」を、老荘思想研究の泰斗が実存主義的に解釈。荘子の思想の精髄に迫った古典的名著。
2058

訳注「淮南子」
池田知久訳注
淮南王劉安が招致した数千の賓客と方術の士に編纂させた思想書『淮南子』は、道家、儒家、法家、兵家、墨家の諸子百家思想と、天文・地理などの知識を網羅した古代中国の百科全書である。その全貌を紹介する。
2121

茶経　全訳注
布目潮渢訳注
中国唐代、「茶聖」陸羽によって著された世界最古の茶書。茶の起源、製茶法から煮たて方や飲み方など、茶のあらゆる知識を科学的に網羅する「茶の百科全書」を豊富な図版を添えて読む、喫茶愛好家必携の一冊。
2135

荘子（上）（下）全訳注
池田知久訳注
「胡蝶の夢」「朝三暮四」「知魚楽」「万物斉同」「庖丁解牛」「無用の用」……。宇宙論、政治哲学、人生哲学まで、森羅万象を説く、深遠なる知恵の泉である。達意の訳文と丁寧な解説で読解・熟読玩味する決定版！
2237・2238

三国志演義（一）〜（四）
井波律子訳
中国四大奇書の一冊。後漢王朝の崩壊後、群雄割拠の時代から魏、蜀、呉の三つ巴の戦いを活写する。時代背景や思想にも目配りのきいた、最高の訳文で、劉備、関羽、張飛、諸葛亮たちが活躍する物語世界に酔う。
2257〜2260

杜甫全詩訳注（一）〜（四）
下定雅弘・松原　朗編
国破れて山河在り、城春にして草木深し──。「詩聖」と仰がれ、中国にとどまらず日本や周辺諸国の文化や文芸に影響を与え続ける中国文学史上最高の詩人。その全作品が、最新最良の書きおろし全訳注でよみがえる！
2333〜2336

中国の古典

荘子（上）（下）　全現代語訳
池田知久訳
「無」からの宇宙生成、無用の用、胡蝶の夢……。宇宙論から人間の生き方、処世から芸事まで。幅広い思想を展開した、汲めども尽きぬ面白さをもった『荘子』を達意の訳文でお届けする『荘子　全訳注』の簡易版。
2429・2430

水滸伝（一）～（五）
井波律子訳
中国武俠小説の最大傑作にして「中国四大奇書」の一つ。北宋末の乱世を舞台に、好漢百八人が暴力・知力・胆力を発揮し、戦いを繰り広げながら、「梁山泊」へと集結する！　勢いのある文体で、完全新訳！
2451～2455

顔氏家訓
顔之推著／林田愼之助訳
王朝の興亡が繰り返された乱世の古代中国を生き抜いた名門貴族が子孫に書き残した教えとは。家族の在り方、教育、養生法、仕事、死をめぐる態度まで、人生のあらゆる局面に役立つ英知が現代語で甦る！
2476

孟子　全訳注
宇野精一訳注
王の正しいあり方、人として心がけること、なしてはならぬこと、理想の国家、性善説――『大学』『中庸』『論語』と並び「四書」の一つとされ、儒教の教えの根幹を現代まで伝える必読書を、格調高い現代語訳で。
2534

老子　全訳注
池田知久著
無為自然、道、小国寡民……。わずか五四〇〇字に込められた、深遠なる宇宙論と政治哲学、倫理思想と養生思想は今なお示唆に富む。二〇〇〇年以上読みつがれる大古典の全訳注。根本経典を達意の訳文で楽しむ。
2539

説苑《ぜいえん》
劉《りゅう》　向《きょう》著／池田秀三訳注
前漢の大儒・劉向の編纂になり、皇帝の教育用の書として作られた故事説話集の全訳が文庫に。本書には精選された九十五を収録。「君子の徳は風」「忠臣は君に殉ぜず」など、君と臣のあり方や、身の処し方を説く。
2589

中国古代の文化
白川　静著
中国の古代文化の全体像を探る。斯界の碩学が中国の古代を、文化・民俗・社会・政治・思想の五部に分ち、日本の古代との比較文化論的な視野に立って、その諸問題を明らかにする画期的作業の第一部。
441

ガリア戦記
カエサル著／國原吉之助訳
ローマ軍を率いるカエサルが、前五八年以降、七年にわたりガリア征服を試みた戦闘の記録。当時のガリアとゲルマニアの事情を知る上に必読の歴史的記録として有名。カエサルの手になるローマ軍のガリア遠征記。
1127

十字軍騎士団
橋口倫介著
秘密結社的な神秘性を持ち二百年後に悲劇的結末を迎えたテンプル騎士団、強大な海軍力で現代まで存続した聖ヨハネ騎士団等、十字軍遠征の中核となった修道騎士団の興亡を十字軍研究の権威が綴る騎士団の歴史。
1129

内乱記
カエサル著／國原吉之助訳
英雄カエサルによるローマ統一の戦いの記録。前四九年、ルビコン川を渡ったカエサルは地中海を股にかけ政敵ポンペイユスと戦う。あらゆる困難を克服し勝利するまでを迫真の名文で綴る。ガリア戦記と並ぶ名著。
1234

秦漢帝国　中国古代帝国の興亡
西嶋定生著
中国史上初の統一国家、秦と漢の四百年史。始皇帝が初めて中国全土を統一した紀元前三世紀から後漢末までを兵馬俑の全貌も盛り込み詳述。皇帝制度と儒教を軸に劉邦、項羽など英雄と庶民の歴史を泰斗が説く。
1273

隋唐帝国
布目潮渢《ちょうふう》・栗原益男著
三百年も東アジアに君臨した隋唐の興亡史。律令制の確立で日本や朝鮮の古代国家に多大な影響を与えた隋唐帝国。則天武后の専制や玄宗と楊貴妃の悲恋など、波乱に満ちた世界帝国の実像を精緻に論述した力作。
1300

外国の歴史・地理

モンゴルと大明帝国
愛宕《おたぎ》松男・寺田隆信著

征服王朝の元の出現と漢民族国家・明の盛衰。チンギス＝カーンによるモンゴル帝国建設とそれに続く元の中国支配から明の建国と滅亡までを論述。耶律楚材の改革、帝位簒奪者の永楽帝による遠征も興味深く説く。

1317

朝鮮紀行　英国婦人の見た李朝末期
イザベラ・バード著／時岡敬子訳

百年まえの朝鮮の実情を忠実に伝える名紀行。英人女性イザベラ・バードによる四度にわたる朝鮮旅行の記録。国際情勢に翻弄される十九世紀末の朝鮮とその風土、伝統的文化、習俗等を活写。絵や写真も多数収録。

1340

アウシュヴィッツ収容所
ルドルフ・ヘス著／片岡啓治訳（解説・芝　健介）

大量虐殺の責任者R・ヘスの驚くべき手記。強制収容所の建設、大量虐殺の執行の任に当ったヘスは職務に忠実な教養人で良き父・夫でもあった。彼はなぜ凄惨な殺戮に手を染めたのか。本人の淡々と語る真実。

1393

古代中国　原始・殷周・春秋戦国
貝塚茂樹・伊藤道治著

北京原人から中国古代思想の黄金期への歩み。原始時代に始まり諸子百家が輩出した春秋戦国期に到る悠遠な時間の中で形成された、後の中国を基礎づける独自の文明。最新の考古学の成果が書き換える古代中国像。

1419

中国通史　問題史としてみる
堀　敏一著

歴史の中の問題点が分かる独自の中国通史。中国の歴史をみる上で、何が大事で、どういう点が問題になるのか。書く人の問題意識が伝わることに意を注ぎ古代から現代までの中国史の全体像を描き出した意欲作。

1432

コーヒー・ハウス　18世紀ロンドン、都市の生活史
小林章夫著

珈琲の香りに包まれた近代英国の喧噪と活気。十七世紀半ばから一世紀余にわたりイギリスの政治や社会、文化に多大な影響を与えた情報基地。その歴史を通し、爛熟する都市・ロンドンの姿と市民生活を活写する。

1451